传承师道
立德树人

中华文化涵养师德的理论与实践

王文静 杜霞 张翠平◎编著

CHUANCHENG SHIDAO

LIDE SHUREN

北京师范大学出版集团
BEIJING NORMAL UNIVERSITY PUBLISHING GROUP
北京师范大学出版社

图书在版编目（CIP）数据

传承师道 立德树人：中华文化涵养师德的理论与实践／王文静，
杜霞，张翠平编著． —北京：北京师范大学出版社，2019.5（2023.9重印）
　ISBN 978-7-303-24657-1

　Ⅰ.①传… Ⅱ.①王… ②杜… ③张… Ⅲ.①师德－研究－
中国 Ⅳ.①G451.6

中国版本图书馆CIP数据核字（2019）第079068号

本成果得到教育部人文社会科学研究规划基金项目"促进儿童发展的
数字化学习资源评估体系研究"（项目批准号：14YJAZH081）的资助。

营 销 中 心 电 话　010-58808083
少 儿 教 育 分 社　010-58806648

CHUANCHENG SHIDAO LIDE SHUREN
出版发行：北京师范大学出版社　www.bnupg.com
　　　　　北京市西城区新街口外大街12-3号
　　　　　邮政编码：100088
印　　　刷：保定市中画美凯印刷有限公司
经　　　销：全国新华书店
开　　　本：787 mm×1092 mm　1/16
印　　　张：16.75
字　　　数：270千字
版　　　次：2019年5月第1版
印　　　次：2023年9月第4次印刷
定　　　价：48.00元

策划编辑：尹莉莉　　　　　责任编辑：尹莉莉
美术编辑：袁　麟　　　　　装帧设计：锋尚制版
责任校对：段立超　王志远　责任印制：乔　宇

前言

　　教育是国之大计、党之大计。党的十八大以来，围绕培养什么人、怎样培养人、为谁培养人这一根本问题，中国教育改革发展坚持党对教育事业的全面领导，坚持把立德树人作为根本任务，坚持优先发展教育事业，坚持社会主义办学方向，坚持扎根中国大地办教育，坚持以人民为中心发展教育，坚持深化教育改革创新，坚持把服务中华民族伟大复兴作为教育的重要使命，坚持把教师队伍建设作为基础工作，在培养德、智、体、美、劳全面发展的社会主义建设者和接班人，加快推进教育现代化、建设教育强国、办好人民满意的教育方面取得了重要进展。2018 年 9 月 10 日，全国教育大会在北京召开。中共中央总书记、国家主席、中央军委主席习近平出席会议并发表重要讲话，强调要把立德树人融入思想道德教育、文化知识教育、社会实践教育各环节，贯穿基础教育、职业教育、高等教育各领域，学科体系、教学体系、教材体系、管理体系要围绕这个目标来设计，教师要围绕这个目标来教，学生要围绕这个目标来学。凡是不利于实现这个目标的做法都要坚决改过来。

　　教师是人类灵魂的工程师，是人类文明的传承者，承载着传播知识、传播思想、传播真理，塑造灵魂、塑造生命、塑造新人的时代重任。2014 年 9 月 9 日，第三十个教师节前夕，习近平总书记到北京师范大学看望师生并发表《做党和人民满意的好老师》重要讲话，要求广大教师严肃认真对待自己的职责，自觉坚守精神家园、坚守人格底线，带头弘扬社会主义道德和中华传统美德，以自己的模范行为影响和带动学生，做"有理想信念、有道德情操、有扎实学识、有仁爱之心"的"四有"好老师。2018 年 5 月 2 日，五四青年节前，习近平总书记在北京大学同师生座谈时对"四有"好老师的标准再次进行强调并指出，育人的根本在立德，人才培养的关键在教师。评价教师队伍素质的第一标准应该是师德师风。要坚持教育者首先受教育，引导教师把教书育人和自我修养结合起来，做到以德立身、以德立学、以德施教，更好地担当起学生健康成长指导者和引路人的责任。

师德是深厚的知识修养和文化品位的体现。师德养成需要外界引导，更需要教师自我修学，是内外兼修方可小成的慢功夫。改革开放以来，针对好老师标准和好老师培养的问题，国家从教师道德行为规范、师德师风建设和教师专业标准等角度出台了大量政策文件，从法律和制度层面为好老师的成长和发展提供了有力支持。但由于诸多因素，特别是经济社会高速发展对传统伦理道德带来的巨大冲击，师德"失范"问题时有发生。与此同时，师德培训却依然存在表面化、形式化、走过场，不能触动教师情感和无法引起教师内心共鸣等问题，无法切实有效地帮助教师在师德提升方面获得进步。

2010年《国家中长期教育改革和发展规划纲要（2010—2020年）》把努力造就一支师德高尚、业务精湛、结构合理、充满活力的高素质专业化教师队伍作为加强教师队伍建设的首要目标，并对"加强师德建设"进行专门论述。党的十九大报告特别强调师德师风建设，指出要"加强师德师风建设，培养高素质教师队伍，倡导全社会尊师重教"，师德师风建设成为引领新时代教师队伍建设的先手棋和风向标。2018年1月20日发布的《中共中央 国务院关于全面深化新时代教师队伍建设改革的意见》明确将"突出师德"作为新时代教师队伍建设的五大基本原则之一，指出"把提高教师思想政治素质和职业道德水平摆在首要位置，把社会主义核心价值观贯穿教书育人全过程，突出全员全方位全过程师德养成，推动教师成为先进思想文化的传播者、党执政的坚定支持者、学生健康成长的指导者。"教师的道德成长和生命质量提升成为事关广大教师在岗位上能否有幸福感、在事业上能否有成就感、在社会上能否有荣誉感，以及教师能否成为让人羡慕的职业的迫切任务。

在中国特色社会主义进入新时代，新时代教育改革发展对好老师的需求日益迫切的形势下，我们该如何有效提升广大教师的师德师风水平，让越来越多的教师在不断的教书育人和自我修养中实现"经师"与"人师"的统一，切实做到以德立身、以德立学、以德施教，成为引领学生健康成长的"四有"好老师，成为塑造学生品格、品行、品味的"大先生"呢？

文化是道德的源泉，道德是文化的灵魂。文化对道德的发展具有强大的滋养作用，道德的发展反过来又对文化的发展与壮大具有重要的引领作用。中华民族五千多年的发展历程积淀出了光辉灿烂的中华文化，孕育出了独特的中华传统美德。也正是由于中华文化和中华美德的引领与支撑，中华民族才创造了人类文明史上唯一未曾中断的文明，培养了一代又一代圣贤君子和仁人志士。2013年8月19日，习近平总书记在全国宣传思想工作会议上的讲话指出，宣传阐释中国特色，要讲清楚每个国家和民族的历史传统、文化积淀，基本国情不同，其发展道路必然有着自己的特色；讲清楚中华文化积淀着中华民族最深沉的精神追求，是中华民族生生不息、发展壮大的丰厚滋养；讲清楚中华优秀传统文化是中华民族的突出优势，是我们最深厚的文化软实力；讲清楚中国特色社会主义根植于中华文化沃土、反映中国人民意愿、适应中国和时代发展进步要求，有着深厚历史渊源和广泛现实基础。在 2018 年 8 月 21 日至 22 日召开的全国宣传思想工作会议上，习近平总书记再次强调指出："中华优秀传统文化是中华民族的文化根脉，其蕴含的思想观念、人文精神、道德规范，不仅是我们中国人思想和精神的内核，对解决人类问题也有重要价值。"

2017 年 1 月，中共中央办公厅、国务院办公厅印发《关于实施中华优秀传统文化传承发展工程的意见》，要求围绕立德树人根本任务，遵循学生认知规律和教育教学规律，按照一体化、分学段、有序推进的原则，把中华优秀传统文化全方位融入思想道德教育、文化知识教育、艺术体育教育、社会实践教育各环节，贯穿于启蒙教育、基础教育、职业教育、高等教育、继续教育各领域。要加强面向全体教师的中华文化教育培训，全面提升师资队伍水平。党的十九大报告进一步指出，文化是一个国家、一个民族的灵魂。文化兴则国运兴，文化强则民族强。没有高度的文化自信，没有文化的繁荣兴盛，就没有中华民族的伟大复兴。要坚持中国特色社会主义文化发展道路，激发全民族文化创新创造活力，建设社会主义文化强国。坚持创造性转化、创新性发展，不断铸就中华文化新辉煌。

中华文化为新时代教师队伍的师德师风建设提供了丰厚的精神资源与充沛的道德思想。那么，通过什么抓手、桥梁或者媒介才能将中华文化，特别是中华优秀传统文化，与全球化时代中国教师的道德发展与生命成长关联起来？把教师作为"一个人"与作为"一个教师"的生活世界联结在一起，让中华文化的精髓在当代中国教师的师德养成与心灵建设中发出时代的光辉？

2018 年 5 月 2 日，习近平在北京大学师生座谈会上的讲话指出："爱国，是人世间最深层、最持久的情感，是一个人立德之源、立功之本。""我们是中华儿女，要了解中华民族历史，秉承中华文化基因，有民族自豪感和文化自信心。要时时想到国家，处处想到人民，做到'利于国者爱之，害于国者恶之'。"

顺应中华文化蓬勃发展和中国教育需要"大国良师"的时代背景，针对当前教师

队伍中存在的突出师德师风问题，近8年来，我们在北京师范大学"学为人师，行为世范"校训的指引下，从"学以成人"这一具有普世价值的哲学命题出发，尝试从理论与实践两个层面对"中华文化涵养师德"这一极具理论与现实意义的教师发展问题进行探讨，力图为我国教师队伍建设，特别是师德师风建设这一具有普世价值的重大现实问题的解决提供一些新的思考与经验。本书是我们依托"京师好老师生命成长营"这一探索中的中国好教师发展模式，不断"学、思、践、悟"取得的成果之一。全书"一体两翼"，紧扣"四有"好老师培养这一时代使命，从"中华文化养德"和"西方心理学启德"这两个视角进行整体架构，充分吸纳了《论语》提出的"志于道，据于德，依于仁，游于艺"的思想，融入了西方心理学和本土心理学研究领域有关教师道德意识、道德认知、道德情感和道德行为发展等方面的研究成果。围绕"中华文化为何、何以、如何涵养师德"这三个核心问题，全书分为"中华文化涵养师德：时代背景""中华文化涵养师德：理论探索""中华文化涵养师德：实践探索""中华文化涵养师德：课程体系""中华文化涵养师德：典型案例"五章。

第一章"中华文化涵养师德：时代背景"，立足于中国特色社会主义进入新时代，特别是新时代中国特色社会主义教育事业，从"大起来"转向"强起来"的整体背景，从教师教育改革与发展的视角，结合国家相关政策与文件对教师职责的最新要求，对新时代教师的使命与角色定位进行论述。同时，对当前我国师德师风建设需要进行理论与实践创新的必要性进行论述。

第二章"中华文化涵养师德：理论探索"，从师德内涵的界定、师德养成的多学科观点和中华文化涵养师德的内在机制三个方面探讨中华文化涵养师德的相关理论问题，特别是为何要从"中华文化"入手探讨中国教师的师德涵养问题，为什么中华文化能涵养师德以及中华文化如何涵养师德等。

第三章"中华文化涵养师德：实践探索"，对我们探索"中华文化涵养师德新模式"的历程进行论述。这一历程的开展以我们对习近平总书记提出的"四有"好老师的本质意蕴的理解为基础，起步于北京师范大学继续教育与教师培训学院持续4年开展的"品读经典·做好老师"内部培训，并在"京师好老师生命成长营""105师德涵养新模式""中华文化涵养师德公共必修课"和"中华优秀传统文化传习坊系列"等一系列的实践活动中逐步发展完善。

第四章"中华文化涵养师德：课程体系"，重点呈现我们探索出的"中华文化涵养师德新模式"的课程体系。这一课程体系以培育和造就新时代"四有"好老师为目标，以"怎样去做一个人"为指向，以"明道立德，中西融通"为整体设计理念，围绕"内心净化、志向高远、智慧生成"的师德内化模式，设计系列"主题式"研修课程。课程框架主要包括"思想引领——心灵觉知——生命唤醒——经典培德——激扬高远"五个主题课程系列，分别实现"确保方向——觉察反思——榜样感召——温润滋养——坚定信念"的重要功能。

第五章"中华文化涵养师德：典型案例"，从课程安排、专题讲座和学员家书三个方面对中华文化涵养师德课程体系的实施方案——2018年教育部"国培计划"中小学名师名校长领航工程"师德第一课"——作一简要介绍，以帮助读者更直观、深入地了解我们建构出的课程体系在师德培训实践中的实际应用。

八年上下求索，四年深悟笃行。在培养"四有"好老师这一时代使命的召唤下，我们切己体察，实修实证，在新时代教师师德师风建设方面积累了一些经验，初步探索出了一条"中西融通，明道立德"的大道。最重要的是，我们坚持"教育者首先受教育"，用自己的生命成长来体悟"内心净化、志向高远、信念坚定"的无穷力量，在不断省思与践行中汇聚了一批又一批的优秀教师，孕育了一支敢于"明道、信道、传道"的教师队伍，为改变中国教师的群体生命状态、推动中国教育改革发展迈出了万里长征的第一步。我们坚信，"志于道，据于德，依于仁，游于艺"既是好老师成长的标准，又是好老师的成长路径。真正富有成效的课程是要育有德之人，让教师不仅成为合格的学问之师，更成为幸福的品行之师。要实现"让尊师重教蔚然成风，让教师成为让人羡慕的职业"这一远大目标，有关师德师风建设的理论与实践探索必须时刻牢记教育要"培养什么样的人"这一核心问题，心里装着亿万儿童青少年的健康成长和远大前程，装着1600多万专任教师的道德发展和生命质量提升，装着中国教育现代化和中华民族伟大复兴的中国梦。

本书的出版既是北京师范大学一群追求生命觉醒的教师们9年成长之旅，也是一群来自全国各地"干在实处，走在前列"的教育工作者勇攀新时代教师教育高峰的行动见证。本书由王文静、杜霞和张翠平编著。九年来，还有一批老师们积极参与了相关的理论研究、标准研制和实践探索等多个层面的工作。他们是（按姓氏笔画排序）：马娜、田佳、史为磊、史敏、吕文倩、孙立建、苏永铭、李欣、李娜、李嘉玲、杨一鸣、宋茂蕾、陈沫、罗容海、岳曲、赵晓晨、胡莹莹、夏红、崔欣、谢秋葵和樊颖等。

我们愿意将生命求索中所感受到的光明与美好，分享给更多有需要的人。我们诚恳地希望得到有识之士的指教与斧正，更真诚地呼唤志同道合的老师们加入我们的行列中，一起"传承师道，立德树人"，为中国教师的生命成长和中国教育的改革发展贡献力量！

目录

第三章
中华文化
涵养师德：
实践探索

第一章

中华文化涵养师德：
时代背景

2017年10月18日，中国共产党第十九次全国代表大会胜利召开，向世界宣告中国特色社会主义进入了新时代。在新的时代背景与教育征程上，教师的使命与角色定位发生重大转变，师德师风建设成为新时代教师队伍建设的关键。教师需要担负起培养担当民族复兴大任的时代新人、推动中国教育质量全面提升、在传承文化薪火中坚定文化自信和向世界展示中国教师新形象的使命；从培育和践行社会主义核心价值观的践行者、承担国家公共教育服务职责的专业人员和落实立德树人根本任务的"四有"好老师三个方面对自身角色进行定位。有关师德师风建设的理论与实践也面临新的挑战，如何立足中华文化，特别是中华优秀传统文化这一中华民族的精神命脉，推动师德师风建设的理论与实践创新，是新时代教师队伍建设中亟待突破的重要现实问题。

第一节

新时代教师的使命

使命决定方向，使命决定担当。《中共中央 国务院关于全面深化新时代教师队伍建设改革的意见》指出："当今世界正处在大发展大变革大调整之中，新一轮科技和工业革命正在孕育，新的增长动能不断积聚。中国特色社会主义进入了新时代，开启了全面建设社会主义现代化国家的新征程。我国社会主要矛盾已经转化为人民日益增长的美好生活需要和不平衡不充分的发展之间的矛盾，人民对公平而有质量的教育的向往更加迫切。"面对新方位、新征程、新使命，我们首先要问，新时代教师的使命到底是什么？

使命是一个历史范畴，在不同时期和文化背景下有不同的内涵。无论哪一个内涵，都离不开"职责、任务或命令"的核心意蕴。在西方尤其是欧美国家，"使命"一词源于宗教领域，对应的英文单词是"calling"或"mission"，德文单词是"Beruf"，表示"上帝的召唤"或"神定之事"。[1] 后经宗教改革逐渐世俗化，指个体在探寻生命意义的过程中，发自内心地觉察和感知到的自己应该和必须去完成的职责（duty）、任务（task）或工作（job）。[2] 在中国古代，"使命"是指"使者所奉之命令"或奉"天命"、"君令"出使[3]，今天则引申为一定历史条件下的重大任务或责任。

围绕中华民族伟大复兴的中国梦，党的十九大对新时代中国特色社会主义的发展做出了战略安排，明确 2020 年全面建成小康社会后，分两个阶段各 15 年，一共 30 年的时间把我国建成富强民主文明和谐美丽的社会主义现代化强国。第一个阶段，从 2020 年到 2035 年，在全面建成小康社会的基础上，再奋斗 15 年，基本实现社会主义现代化；第二个阶段，从 2035 年到 21 世纪中叶，在基本实现现代化的基础上，

---

1 张春雨，韦嘉，张进辅：《Calling 与使命：中西文化中的心理学界定与发展》，载《华东师范大学学报（教育科学版）》，第 30 卷，第 3 期，2012。
2 张丽敏：《教师使命的内涵及特征探讨》，载《教师教育研究》，第 24 卷，第 6 期，2012。
3 李艳梅：《中国特色高校教师发展与使命自觉》，博士论文，吉林大学，2017。

再奋斗 15 年，把我国建成富强民主文明和谐美丽的社会主义现代化强国。

同时，党的十九大报告明确指出：建设教育强国是中华民族伟大复兴的基础工程，必须把教育事业放在优先位置，深化教育改革，加快教育现代化，办好人民满意的教育。要全面贯彻党的教育方针，落实立德树人根本任务，发展素质教育，推进教育公平，培养德智体美全面发展的社会主义建设者和接班人。推动城乡义务教育一体化发展，高度重视农村义务教育，办好学前教育、特殊教育和网络教育，普及高中阶段教育，努力让每个孩子都能享有公平而有质量的教育。在这一宏伟壮阔的时代背景和任重而道远的教育改革发展要求下，教师作为中华民族伟大复兴中国梦的奠基者和筑梦人，必须牢牢把握历史浩荡奔流的大势，明确自己所处的历史方位，自觉担负培养担当民族复兴大任的时代新人，推动中国教育质量全面提升，在传承文化薪火中坚定文化自信以及向世界展示中国教师新形象的历史使命，在不断推进中国特色社会主义教育事业的伟大实践中充实自己的教育人生，实现自己的生命价值。

一 培养担当民族复兴大任的时代新人

一个时代有一个时代的主题，一代人有一代人的使命。根据不同时代的主题和使命提出国家教育要"培养什么人"和"怎样培养人"的总目标和总要求，是中国共产党领导人民不断夺取革命、建设和改革新胜利的成功做法和宝贵经验。1957 年，我国社会主义制度基本确立之后，毛泽东在《关于正确处理人民内部矛盾的问题》的报告中指出："我们的教育方针，应该使受教育者在德育、智育、体育几方面都得到发展，成为有社会主义觉悟的有文化的劳动者。" 20 世纪 80 年代，针对党和国家工作重点转移的历史性转折，《中共中央关于教育体制改革的决定》指出，教育要面向现代化、面向世界、面向未来，大规模地准备新的能够坚持社会主义方向的各级各类合格人才。邓小平在 1980 年年底的中央工作会议上指出，"要努力使我们的青少年成为有理想、有道德、有知识、有体力的人。"同时，在 1985 年 3 月全国科学工作会议上进一步强调，要教育全国人民做"有理想、有道德、有文化、有纪律"的"四有"新人。

进入 21 世纪以来，随着中国经济社会的高速发展，"培养德智体美全面发展的社会主义建设者和接班人"成为党的十六大、十七大、十八大、十九大报告中有关教育培养目标的核心表述。2018 年 5 月 2 日，五四青年节前，习近平总书记在北京大学与师生座谈时再次明确："我们的教育要培养德智体美全面发展的社会主义建设者和接班人。"目标既定，宗旨亦明，新时代青年当乘新时代春风，在祖国的万里长空中放飞青春梦想，以社会主义建设者和接班人的使命担当，为全面建成小康社会、全面建设社会主义现代化强国而努力奋斗。

显然，教育要为社会主义建设服务，学校教育要培养社会主义建设者和接班人是党的教育方针对我国教育事业发展一以贯之的要求，只是根据社会主义发展阶段和发展任务的不同，社会主义建设者和接班人的基本内涵与具体要求会与时俱进地有所侧重。中国特色社会主义新时代，是承前启后、继往开来，在新的历史条件下继续夺取中国特色社会主义伟大胜利的时代；是决胜全面建成小康社会，进而全面建设社会主义现代化强国的时代；是全国各族人民团结奋斗，不断创造美好生活，逐步实现全体人民共同富裕的时代；是全体中华儿女勠力同心，奋力实现中华民族伟大复兴中国梦的时代；是我国日益走近世界舞台中央，不断为人类做出更大贡献的时代。在这样一个需要进行伟大斗争、建设伟大工程、推进伟大事业，以实现伟大梦想的时代里，社会主义事业建设与发展对优秀人才的需要，比以往任何时候都更为迫切。只有造就一大批堪当大任、敢于创新、能做大事的领军人才和各类高素质劳动者，才能为社会发展进步提供坚实的人才基础。党的十九大报告指出，要以培养担当民族复兴大任的时代新人为着眼点，强化教育引导、实践养成、制度保障，发挥社会主义核心价值观对国民教育、精神文明创建、精神文化产品创作生产传播的引领作用，把社会主义核心价值观融入社会发展各方面，转化为人们的情感认同和行为习惯。"以培养担当民族复兴大任的时代新人为着眼点"这一重要论断，与中国特色社会主义进入新时代、提出新任务新要求相适应，为新时代中国教育改革发展提供了新的重要路线，也为教师按照新的人才培养目标，实践新作为明确了新的方向。

三　推动中国教育质量全面提升

教育质量提升是现代化语境下历久弥新的话题。新中国成立后，随着中国社会主义建设的曲折发展历程，教育改革的现代化之路也充满了艰辛。突出表现在"穷国办大教育"的不易与水平有限上。改革开放以来，在"面向现代化，面向世界，面向未来"方针的指引下，教育围绕"提高民族素质，多出人才、出好人才"这一根本目的，

实施大刀阔斧的体制机制改革，从为我国经济和社会发展"造就数以亿计的工业、农业、商业等各行各业有文化、懂技术、业务熟练的劳动者"[1]出发，开始大踏步前进。经过30多年的不懈努力，终于在21世纪前10年，在一个有13亿人口的发展中大国里，建成了世界最大规模的教育体系，保障了亿万人民群众受教育的权利，基本解决了"有学上"的问题[2]。最重要的是，成功地释放了我国的人口红利，走出了一条从人口大国向人力资源大国转变[3]的中国特色社会主义教育发展道路，为世界其他发展中国家的教育改革提供了典范，也为我国赶上第三次工业革命浪潮，在世界工业化进程中赢得一席之地做出了重大贡献。

党的十八大以来，伴随着改革开放进入"深水区"和中国特色社会主义现代化建设取得飞跃性历史成就，中国教育改革的现代化进程再上新台阶。全国有51.2万所学校，1578万名教师，2.65亿名在校学生，各级各类教育规模均居世界首位，教育总体发展水平进入世界中上行列[4]。

虽然与过去相比，我国教育发生了翻天覆地的变化，从教育穷国变成了世界头号教育大国，但从根本上说，我国离世界一流现代化教育强国还有很远的距离。突出表现表现为：学生综合素质亟待提升；教育发展还存在不平衡、不协调问题；城乡、区域之间教育差距仍较大；优质教育资源总量不足、布局不合理；学校办学活力不强；促进和规范社会力量参与举办教育的法律制度和政策体系急需完善；多方参与教育治理和评价的体制机制还不健全；教育对外开放的水平不够高；教育优先发展地位需进一步巩固等[5]。

与此同时，国际国内环境发生了深刻变革。从国际环境看，新一轮科技革命和产业变革蓄势待发，互联网、云计算、大数据、智能机器人、三维（3D）打印等现代技术深刻地改变着人类的思维、生产、生活和学习方式，人才培养与争夺成为焦点。从国内环境看，统筹推动"五位一体"总体布局和协调推进"四个全面"战略布局，贯彻落实创新、协调、绿色、开放、共享的新发展理念，实现2020年全面建成小康

1　1985年5月27日《中共中央关于教育体制改革的决定》。
2　2010年7月13日胡锦涛《在全国教育工作会议上的讲话》。
3　2010年7月29日《国家中长期教育改革和发展规划纲要（2010—2020年）》。
4　2017年8月16日中共教育部党组《发展具有中国特色世界水平的现代教育——党的十八大以来教育改革发展的成就和经验》。
5　《国家教育事业发展"十三五"规划》。

社会目标，深化供给侧结构性改革，保持经济中高速增长，深入实施创新驱动发展战略，推进大众创业万众创新，实施"中国制造2025""互联网+"行动计划、"大数据""一带一路""京津冀协同发展""长江经济带发展"建设等战略，迫切需要教育优化人才培养结构，加快培养各类紧缺人才。

总之，无论是从推进国内经济转型升级，促进国家经济社会协调发展，还是从完善现代教育治理体系，推动我国教育为人类命运共同体建设做出更大贡献看，我国教育都迫切需要在现有基础上加大内涵建设的力度。为此，党的十八届五中全会把提高教育质量作为"十三五"时期教育改革发展的主要任务。《国家教育事业发展"十三五"规划》以全面提高教育质量作为引领"十三五"时期教育改革发展的主题，并从全面落实立德树人根本任务、改革创新驱动教育发展、协调推进教育结构调整、协同营造良好育人生态、统筹推动教育开放、全面提升教育发展共享水平等方面对如何全面提升教育质量做出了战略部署。教师是以教学为业的行动主体，是国家教育改革发展规划的落实者，也是国家教育质量建设一线的耕耘者与守望者。在我国由教育大国向教育强国迈进，党和国家事业发展对科学知识和优秀人才的需要，比以往任何时候都更为迫切的特殊时期[1]，推动中国教育质量全面提升是每一位新时代中国教师身上沉甸甸的使命与担当。

三 传承文化薪火，坚定文化自信

文化是一个国家、一个民族的灵魂。文化兴则国运兴，文化强则民族强。没有高度的文化自信，就没有坚定的文化生命力，没有持久的文化繁荣兴盛，就没有中华民族的伟大复兴。

党的十九大报告指出，"要坚持中国特色社会主义文化发展道路，激发全民族文化创新创造活力，建设社会主义文化强国""发展中国特色社会主义文化，就是以马克思主义为指导，坚守中华文化立场，立足当代中国现实，结合当今时代条件，发展面向现代化、面向世界、面向未来的，民族的科学的大众的社会主义文化，推动社会主义精神文明和物质文明协调发展。"中华文化包括中华传统文化、革命文化和社会

1　2018年5月2日习近平在北京大学师生座谈会上的讲话。

主义文化，是中华民族在五千多年发展历程中创造出的文明结晶。它凝聚了中华民族共同经历的奋斗历程，蕴含着中华民族共同培育的民族精神，贯穿着中华民族共同坚守的理想信念，是中华民族共同创造的精神家园。中国作为一个历史悠久的多民族文明古国能够持久发展，具有强大凝聚力和包容性的中华文化功不可没[1]。

近代以来，在西方文明的强大冲击下，曾经遥遥领先的中华传统文化，日渐走向衰落，特别是在 20 世纪初，全盘西化论甚嚣尘上[2]，中华传统文化受到了前所未有的批判。直到十月革命一声炮响，给中国送来了马克思列宁主义，中国共产党领导中国人民进行 28 年浴血奋战，完成新民主主义革命，建立新中国，确立社会主义制度，实行改革开放，在不断的淬炼中发展出中国特色的革命文化和社会主义文化，中华文化才得以浴火重生，并在人类社会发展走向全球化的背景下迎来复兴前景。

所谓全球化背景下的中华文化复兴，并非是文化保守主义或文化复古主义所指的"厚古薄今"或者"回到古代"，而是在"取其精华""去其糟粕"原则的指导下，弘扬中华优秀传统文化这一中华民族的"根"与"魂"。同时，积极吸收和借鉴人类文明的一切优秀成果，把世界各国文化蕴含的人类价值与中华文化独特的价值理念有机结合起来，在不断汲取各种文明养分中，实现中华文化的创造性转化和创新性发展。2017 年 1 月 25 日，中共中央办公厅、国务院办公厅印发《关于实施中华优秀传统文化传承发展工程的意见》，要求学校教育围绕立德树人这个根本任务，遵循学生认知规律和教育教学规律，按照一体化、分学段、有序推进的原则，把中华优秀传统文化全方位融入思想道德教育、文化知识教育、艺术体育教育、社会实践教育各环节，贯穿于启蒙教育、基础教育、职业教育、高等教育、继续教育各领域。

教师是知识的传播者与文明的传承人。中华传统文化教育和中华文化传承发展与创新离不开一大批熟悉、热爱、认同和愿意为传承中华文脉，永续中华文明做出贡献的高素质教师。在国家"软实力"日益成为经济社会发展重要支撑、国家核心竞争力重要因素以及国家发展水平重要指标的历史坐标下，以传承文化薪火的方式投身中国特色社会主义文化建设，引领中华文化走进新时代是生于斯长于斯的中国教师义不容辞的责任。

---

1 薛庆超：《习近平与中华优秀传统文化》2017 年 12 月 21 日，http://theory.people.com.cn/nl/2017/1221/c40531-29721765。
2 李先明：《全球化背景下中华文化复兴的基本向度与内在进路》，载《南京社会科学》，第 1 期，2018。

四　展示新时代中国教师的新形象

教师形象是教育形态在教师身上的集中体现与实际表达，是一定历史条件和文化背景下，人们对于教师这一职业的职能、特点、行为所形成的一种较为稳固而概括的总体评价与整体印象，既反映教师职业的固有特征和本性，也具有一定的文化性和时代性，是一种"继承"与"演变"的呈现[1]。

我国自古就有尊师重教的传统。教师被奉为礼的化身、道的代表、德的典范[2]。"国将兴，必贵师而重傅；贵师而重傅，则法度存"就是对这一传统的生动阐释。汉代之后，因为儒家文化的强有力影响，特别是"万世师表""至圣先师"孔子的深刻影响，教师以德为先的"圣贤形象"逐渐成形，为中国传统文化中教师形象的发展奠定了基础。后世中国教师形象的历史演变大多是对这一核心形象的丰富与发展。

例如，鸦片战争特别是五四运动后，西学东渐，国破山河哀，中华民族陷入最危险的时候，教师的启蒙者形象要求其以"天下兴亡，匹夫有责"的道德境界，担负以现代教育为四万万民众开民智、伸民权、谋民主的责任。新中国成立后，备受推崇与赞誉的蜡烛、春蚕、人梯等隐喻彰显的公仆形象，要求教师从事这一"太阳底下最光辉的职业"时，只问耕耘不问收获，甘愿付出、无私奉献。教师专业化运动兴起后，反思型教师、专家型教师、智慧型教师等专业化形象也从教师专业伦理角度明确，教师有责任维护最高道德标准。师德发展需要兼顾底线要求和高层次需要，师德体系需要平衡"崇高"与"底线"两个价值层面[3]。

总之，在"以德为先"这一源远流长的中国教师圣贤形象规约下，人们对"什么样的老师是好老师，好老师应该是什么样的"有了约定俗成的心理预期，也能够观点一致地区分出哪些现象是违背教师职业道德的，哪些现象是遵从的。只是随着中国社会快速发展和教育全球化加速，这种教师形象日益显现出局限性。

近年来，中国教育的快速发展引起了国际社会的广泛关注，世界各国越来越期待

1　袁丽：《中国教师形象及其内涵的历史文化建构》，载《教师教育研究》，第28卷，第1期，2016。
2　阮成武：《论传统教师形象的现代重塑》，载《教育科学研究》，第1期。
3　李敏，檀传宝：《师德崇高性与底线师德》，载《课程·教材·教法》，第6期，2008。

学习中国教育经验，中国也愿意为解决全人类的教育问题贡献中国智慧和中国方案。2017 年，从深化多边教育合作、深度参与国际教育规则制定和开展教育国际援助三个方面，《国家教育事业发展"十三五"规划》就如何积极参与全球教育治理做出部署，要求在未来的五年内，要推动与联合国教科文组织建立高层定期磋商机制，完善上海合作组织、亚太经合组织等多边教育部长会议机制，完善金砖国家教育合作机制，拓展亚太经合组织等平台的教育合作空间，有计划地培养推荐优秀人才到国际组织任职；加强对各类国际重大教育规则的研究，充分利用国际组织平台，主动在全球教育发展议题上提出新主张、新倡议和新方案；推广我国教育评估认证标准和教育改革发展的经验，强化我国在国际教育治理中的负责任形象；进一步做好教育对外援助，加快对外教育培训中心和教育援外基地建设，为发展中国家培养培训管理人员、教师、学者和各级各类技术技能人才，鼓励教师与青年学生到发展中国家参与项目建设和提供志愿者服务。

与此同时，世界重要国家和国际组织正在加快探讨中国教育的独特经验，尤其是创造出这些独特经验的中国教师是怎样的一个群体。以基础教育的"上海模式"和教师教育经验为例，首先，2016 年年初，经济合作与发展组织（OECD）在教师教学国际调查（TALIS）这一"教师 PISA"项目中，按比例对上海各区县 199 所初中学校的3925 名教师进行匿名抽样，以了解上海初中教师的整体表现。其次，世界银行派出首席教育专家领衔的团队，对上海基础教育开展问卷调查，从教育体制、财政投入到教师培养、学生能力等方面进行评价。最后，美国联邦政府教育官员来上海考察后，将第三届中美省州教育厅长对话会议移到上海；英国教育大臣率代表团访华，邀请中国教师到英国小学上公开课；亚洲太平洋经济合作组织（APEC）为帮助经济体间共享基础教育改革的成功经验，推动基础教育公平、均衡发展，委托上海师范大学举办了"PISA、TALIS 与基础教育改革——APEC 成员经济体研修班"。

2017 年 11 月 4 日联合国教科文组织（UNESCO）第三十九届全体大会上，100多个国家和地区的会员代表以"无辩论"通过的方式宣告，联合国教科文组织教师教育中心"花落"中国上海。上海将作为全球教师教育的知识生产与创新平台，为教科文组织成员国提供创新项目建议和政策改善参考。目前，已初步设计了涉及东南亚、中亚、中东、非洲等约 10 个研发与培训项目。中心工作人员需要有国际教育经历，具有不同语种交流能力。

　　总之，放眼全球，各国对教育的意义和目标的认识从来没有像今天这样趋同。这一动态"归一"的整体图景为我国参与全球教育治理体系改革和建设提供了难得的历史机遇。我国的教育改革与发展也正在习近平新时代中国特色社会主义思想的指引下，以道路自信、理论自信、制度自信、文化自信为支撑，努力统筹国内国际两个大局，在不断开放创新与包容互惠中，为全球教育治理体系的改革和建设不断贡献中国智慧。如何在充分理解和深入阐发儒家圣贤教师形象的基础上，塑造一个兼具全球视野和中国特色的中国教师新形象是中国教师教育改革的客观要求，也是现代化教育强国建设的重要维度，更是每一位希望度过一个丰富、广阔、有趣和有意义的人生、矢志不渝地追求成为更好教师的中国教师的新长征！

第二节

新时代教师的角色定位

　　角色原是戏剧、电影中的名词，是指演员扮演的剧中人物。20 世纪 20 年代，美国社会学的芝加哥学派开始系统地借用这一概念，将它作为研究社会结构的起点。1934 年，美国社会心理学家，符号互动论创始人 G. H. 米德又将它运用到社会心理学，使其成为社会学和社会心理学的一个重要概念[1]。之后，角色概念被进一步应用到社会科学研究领域，并对人类社会生活产生广泛影响。当前，"角色"通常是指处于一定社会地位的个体或群体，在实现与这种地位相关联的权利与义务时，所表现出的符合社会期望的行为与态度的总模式。[2] 另外，由于个性特点、文化水平、能力大小和社会化程度的不同，人们在扮演某一具体角色时会带有不同的个人色彩，但从整体上说，个人在社会情境中的角色不是由个人特征决定的，而是由社会对个人行为的一

1　中国社会科学院文献情报中心，重庆出版社合编；汝信主编：《社会科学新辞典》，第 468～498 页，重庆，重庆出版社，1988。
2　陈会昌：《中国学前教育百科全书·心理发展卷》，第 209 页，沈阳，沈阳出版社，1995。

系列角色期待规定的，而这也是角色总是与社会功能、社会责任或者工作使命联系在一起的重要原因。例如，在工作使命感研究领域，Dik and Duffy 将使命感界定为"一种源于自身并超越自我的超然召唤，即以一种能展现或获得目的感或意义感，以及以他人导向的价值观和目标作为基本动机来源的方式去扮演特定生命角色"[1]。

总之，角色规定了占据某一地位的人在特定情境下应有的行为规范和表现。当个人或群体进入某一社会地位扮演某一社会角色后，其价值观念和心理因素均会受社会给这一地位规定的角色期待的制约。正确的角色定位是人们高效出色地完成特定任务的重要前提。

2014 年 8 月 27 日，中共中央总书记习近平在中南海听取兰考县委和河南省委党的群众路线教育实践活动情况汇报时强调，要"坚持不懈强化宗旨意识，解决好党员、干部是人民公仆的角色定位问题"。那么，对教师来说，什么样的角色定位，才有助于教师成为"让人羡慕的职业""最受社会尊重的职业"呢？

按照现代化教育强国建设的总任务和新时代教师肩负的历史使命，我们认为，新时代教师需要扮演和发挥好培养和践行社会主义核心价值观的先行者、承担国家公共教育服务职责的专业人员和落实立德树人根本任务的"四有"好老师的重要角色。最重要的是，要在这些角色提供的社会情境，或者说限定的社会结构中，在与这些角色不断互动与协商的过程中，发挥主观能动性，不断建立自己的教师身份认同感，由教师角色规定的"我应该是一个什么样的教师"向教师身份认同的"我自己要成为一个什么样的好老师"转变，不断实现教师职业生涯的自我超越。

一 培育和践行社会主义核心价值观的示范者

社会主义核心价值观是社会主义核心价值体系的内核，体现社会主义核心价值体系的根本性质和基本特征，反映社会主义核心价值体系的丰富内涵和实践要求，是社会主义核心价值体系的高度凝练和集中表达。2012 年，党的十八大报告提出倡导富强、民主、文明、和谐，倡导自由、平等、公正、法治，倡导爱国、敬业、诚信、友

---

1 谢宝国，辛迅，周文霞：《工作使命感：一个正在复苏的研究课题》，载《心理科学进展》，第24卷，第5期，2016。

善。之后，"三个倡导"中的 24 个字成为社会主义核心价值观的基本内容，并被进一步表述为富强、民主、文明、和谐是国家层面的价值目标，自由、平等、公正、法治是社会层面的价值取向，爱国、敬业、诚信、友善是公民个人层面的价值准则。这不仅准确回答了要建设什么样的国家、建设什么样的社会、培育什么样的公民的重大问题，还为全方位、分层次、体系化地推进社会主义核心价值观建设，使之内化为人们的精神追求、外化为人们的自觉行动指明了方向。

2013 年 12 月，中共中央办公厅印发《关于培育和践行社会主义核心价值观的意见》，指出培育和践行社会主义核心价值观要从小抓起、从学校抓起。教育部门要围绕立德树人的根本任务，把社会主义核心价值观纳入国民教育总体规划，贯穿于基础教育、高等教育、职业技术教育、成人教育各领域，落实到教育教学和管理服务各环节，覆盖所有学校和受教育者，形成课堂教学、社会实践、校园文化多位一体的育人平台。随后，教育部印发《关于进一步深化课程改革落实立德树人根本任务的意见》，明确课程是教育思想、教育目标和教育内容的主要载体，集中体现国家意志和社会主义核心价值观；要把社会主义核心价值观细化为学生核心素养体系和学业质量标准，融入大中小学各学科课程标准、教材编写、考试评价；推动社会主义核心价值观进教材、进课堂、进头脑，努力使学生具有中华文化底蕴、中国特色社会主义共同理想，成为社会主义合格建设者和可靠接班人。

2014 年 5 月 4 日，习近平总书记在与北京大学师生座谈会上从德的角度对社会主义核心价值观做出新论断，指出"核心价值观，其实就是一种德，既是个人的德，也是一种大德，就是国家的德、社会的德。国无德不兴，人无德不立。如果一个民族、一个国家没有共同的核心价值观，莫衷一是，行无依归，那这个民族、这个国家就无法前进。"之后，习近平总书记提出的"明大德、守公德、严私德"成为引领民众，特别是领导干部、公众人物、青少年、先进模范等重点人群，自觉培育和践行社会主义核心价值观，并把此项工作做细、做实、使其深入人心的基本要求。

党的十九大报告指出，社会主义核心价值观是当代中国精神的集中体现，凝结着全体人民共同的价值追求。要强化教育引导、实践养成、制度保障，发挥社会主义核心价值观对国民教育、精神文明创建、精神文化产品创作及生产传播的引领作用。从家庭做起，从娃娃抓起，把社会主义核心价值观融入社会发展各方面，转化为人们的情感认同和行为习惯。

教师是人类灵魂的工程师，从事的是塑造灵魂、塑造生命、塑造人的工作。"师垂典则，范示群伦"这一中国传统价值观在教师身上彰显得最为淋漓尽致。"学高为师，身正为范"也成为中国师范院校的"集体意识"与"共同信念"。面对培育和弘扬社会主义核心价值观这一关乎中国特色社会主义事业建设能否顺利推进的基础工程和战略任务，新时代教师作为国家意识形态工作的直接参与者和具体实践者，必须主动担负起培育和践行社会主义核心价值观的重任，自觉以培育和践行社会主义核心价值观示范者的姿态，立足中国特色社会主义教育改革发展的伟大实践，致力于明道、信道、传道，在不断的明道立德中带动全社会加深对中国特色社会主义的思想认同、理论认同、情感认同，增强道路自信、理论自信、制度自信、文化自信，引领青少年特别是青年学生树立正确的价值取向，扣好人生的第一粒扣子。正如习近平总书记2014年教师节前夕在北京师范大学考察时指出的那样，广大教师要用好课堂讲坛，用好校园阵地，用自己的行动倡导社会主义核心价值观，用自己的学识、阅历、经验点燃学生对真善美的向往，使社会主义核心价值观润物细无声地浸润学生们的心田、转化为日常行为，增强学生的价值判断能力、价值选择能力、价值塑造能力，引领学生健康成长。这是新时代教师角色的应有之义，也是新时代教师特别是党员教师作为新时代社会一员的应有之义。

二　承担国家公共教育服务职责的专业人员

教师作为一种职业古已有之，但教学成为一种专门职业是现代社会才出现的。1966年，国际劳工组织和联合国教科文组织发表《关于教师地位的建议》，指出"应该把教学工作看做一种职业：它是公共服务的一种形式，需要教师通过严格的和持续的学习获得和保持专业知识和专门技能"。同年，日内瓦国际劳工统计专业会议通过的《国际标准职业分类》将教师列入"专家、技术人员和有关工作者"这一大类。之后，随着教师专业化运动的蓬勃发展，将教师视为专门从事教育教学工作的专业人员才逐渐成为国际教育界的共识。各国政府也将教师专业化作为教育改革的重要目标。例如，我国国家统计局和国家标准局1986年发布《中华人民共和国国家标准职业分类和代码》，将教师归入"各类专业、技术人员"。1993年的《中华人民共和国教师法》第三条明确规定："教师是履行教育教学职责的专业人员"，以法律的形式确立了教师作为专业人员的地位。

　　我国是工人阶级领导的、以工农联盟为基础的人民民主专政的社会主义国家。学校，特别是公办学校，是国家发展社会主义教育事业，提高全国人民科学文化素养的公共机构，由国家或地方政府建立，属于事业单位编制。这一国家性质和制度安排决定了教师是学校的工作人员，工资全部或绝大部分由政府财政拨款，是代表政府落实国家意志，执行专门公务并实现教育目标的国家工作人员。我国教师，特别是中小学校教师除了是从事教学工作的"专门人员"之外，还是代表国家落实公共教育服务职责的公职人员，承担着落实党和国家的教育方针，为国民提供现代公共教育服务的职责。他们享有与公务员相当的工资、医疗和退休等待遇。只是由于教育具有给付行政及侵害行政的双重特性[1]，即服务与制约的双重特性，教师与普通公务员又有所不同。相关研究也认为，教师对国家要尽与公务员职业性质相应的义务，并应享受相应的权利。教师的命运和我们的国家及社会主义紧密地联系在一起。我们的教师要永远忠于我们的祖国和人民，永远忠于社会主义。[2]

　　党的十九大向世界宣告，中国特色社会主义进入了新时代。指出，中国特色社会主义是改革开放以来党的全部理论和实践的主题，是党和人民历尽千辛万苦、付出巨大代价取得的根本成就。中国特色社会主义政治发展道路，是近代以来中国人民长期奋斗历史逻辑、理论逻辑、实践逻辑的必然结果，是坚持党的本质属性、践行党的根本宗旨的必然要求。我们走中国特色社会主义道路，具有无比广阔的时代舞台，具有无比深厚的历史底蕴，具有无比强大的前进定力。这意味着，只要中国共产党和中国人民不抛弃、不放弃"中国共产党领导"这一最本质特征，中国特色社会主义就会沿着"不变色""不变质"的方向持续前进。而教师作为承担社会主义国家公共教育职责的国家公职人员的角色定位也不会发生本质变化，只会更加明确、更加巩固。这可以在 2018 年 1 月 31 日中共中央、国务院发布的《关于全面深化新时代教师队伍建设改革的意见》（以下简称《意见》）中有关教师地位待遇的表述中得到印证。《意见》强调，要"突显教师职业的公共属性，强化教师承担的国家使命和公共教育服务的职责，确立公办中小学教师作为国家公职人员特殊的法律地位，明确中小学教师的权利

1　申素平：《对我国公立学校教师法律地位的思考》，载《高等教育研究》，第 9 期，2008。
2　成有信：《教师职业的公务员性质与当前我国师范院校的公费干部学校特征》，载《教育研究》，第 12 期，1997。

和义务，强化保障和管理。各级党委和政府要切实负起中小学教师保障责任，提升教师的政治地位、社会地位、职业地位，吸引和稳定优秀人才从教。公办中小学教师要切实履行作为国家公职人员的义务，强化国家责任、政治责任、社会责任和教育责任。"

总之，正如教育部党组在《求是》刊发的文章《努力培养造就堪当民族复兴大任的大国良师》中指出的一样，育有德之人，需有德之师。教师是意识形态工作的直接参与者和具体实践者。中国教育事业的路怎样走，学生的魂铸成几何，从某种意义上说，决定权就掌握在教师手中。[1]在专业主义之风不断兴盛的时代背景下，平衡好国家公职人员与教学专业人员的角色关系，在把党的教育方针全面贯彻到社会主义社会教育事业中的同时，以高水平专业者的姿态为民众提供公平而有质量的教育服务，是新时代对每一位中国教师发出的挑战。

三　落实立德树人根本任务的"四有"好老师

好老师是对教师的一种赞誉，也是对教师的一种期许。在不同时代和不同时期，人们对好老师的理解和期待不尽相同，但都折射了所在时代或时期的特殊色彩。2014年9月9日，第三十个教师节前夕，习近平总书记到北京师范大学看望师生，并发表题为《做党和人民满意的好老师》的讲话，从"有理想信念、有道德情操、有扎实学识、有仁爱之心"四个方面对好老师的形象进行了描绘。自此，"四有"好老师成为统领中国教师教育改革，特别是师德师风建设的"国家标准"。

有理想信念是指教师心中有国家、有民族，意识到自己要培养的是社会主义事业建设者和接班人，从事的是为人民服务、为中国特色社会主义服务、为改革开放和社会主义现代化建设服务的工作，自觉做中国特色社会主义的坚定信仰者和忠实实践者，把党的教育方针贯彻到教学管理工作全过程，积极引导学生热爱祖国、热爱人民、热爱中国共产党，做中国特色社会主义共同理想和中华民族伟大复兴中国梦的积极传播者。

1　教育部党组：《努力培养造就堪当民族复兴大任的大国良师》，载《云南教育（视界综合版）》，第3期，2018。

有道德情操是指教师以德施教、以德立身，有强大的人格魅力与高尚的道德情操，无论是在是非、曲直、善恶、义利、得失，还是为人处世、于国于民、于公于私等方面都能率先垂范、以身作则，具有"捧着一颗心来，不带半根草去"的奉献精神，自觉坚守精神家园、坚守人格底线，带头弘扬社会主义道德和中华传统美德，以自己的模范行为影响和带动学生。

有扎实学识是指教师学识深厚、视野宽广，具备学习、处世、生活、育人的智慧，既能授人以鱼，又能授人以渔，始终处于学习状态，站在知识发展前沿，刻苦钻研、严谨笃学，不断充实、拓展、提高自己，是名副其实的"智者"。

有仁爱之心是指教师将爱视为教育的灵魂，关爱学生、信任学生、尊重学生，有在学生遇到危难时挺身而出的勇气和为了学生健康成长不断攻克新知新学的锐气。在宽严相济的前提下尽到教书育人、立德树人的责任，让学生"亲其师""信其道"。

2018年5月2日，五四青年节前夕，习近平总书记到北京大学看望师生，再次提到"四有"好老师标准。他指出，人才培养，关键在教师，"高素质教师队伍是由一个一个好老师组成的，也是由一个一个好老师带出来的。2014年教师节时我同北京师范大学的师生代表座谈时就如何做一名好老师提出了4点要求，即：要有理想信念、有道德情操、有扎实学识、有仁爱之心。我今天再强调一下。"在此之前，习近平还提出了"教师不能只做传授书本知识的教书匠，而要成为塑造学生品格、品行、品味的'大先生'""广大教师要做学生锤炼品格的引路人，做学生学习知识的引路人，做学生创新思维的引路人，做学生奉献祖国的引路人""高校教师要坚持教书和育人相统一，坚持言传和身教相统一，坚持潜心问道和关注社会相统一，坚持学术自由和学术规范相统一"等与教师角色密切相关的思想，从不同角度对"四有"好老师标准进行了补充说明或进一步深化。

概言之，"大先生""四有好老师""四个引路人""四个相统一"是新时代教师角色定位的集中表述，体现了习近平总书记对好老师标准要求的一以贯之，也彰显了新时代教师角色内涵的国家意志，反映了新时代中国特色社会主义教育事业对教师的新要求与新期待。另外，"四有"好老师的"四有"中有"三有"（有理想信念、有道德情操、有仁爱之心）与"德"相关，从这一点不难看出"四有"好老师标准继承了古代以德为先"圣贤"教师形象的内核，是社会主义核心价值观在教育行业与教师职业的细化与具体化，也是习近平以德治国、以德施教、立德树人等思想在新时代教师角

色的反映与落实。如何扎扎实实践行"四有"好老师的角色内涵，在自觉培育与践行社会主义核心价值观，不断加强自身修养与师德建设，积极传承创新中华优秀传统价值理念和道德规范中，努力实现"经师"与"人师"相统一，成为一名党和人民满意的好老师，把"教书育人"这一"良心活"做好，是摆在每一位新时代教师面前的挑战。

第三节

师德师风建设是新时代教师队伍建设的关键

　　新时代教师的使命为教师角色的界定锚定了航向。教师角色的界定将教育改革发展的重点指向了师德师风建设。必须高度重视师德师风在教师队伍的重要性，将师德师风作为评价教师队伍素质的第一标准，从理论与实践两个层面推动教师队伍的师德师风建设工作。这是对党的十九大关于"加强师德师风建设，培养高素质教师队伍，倡导全社会尊师重教"等重要精神的贯彻落实，也是落实立德树人根本任务，造就党和人民满意的高素质专业化创新型教师队伍，为中华民族伟大复兴树立社会道德新风尚，推动中华文明和国家"软实力"更强、更大、更美好的客观要求。

一　师德师风是评价教师队伍素质的第一标准

　　师德是教师在从事教育教学工作时体现出的道德观念、行为规范和道德品质。师风是教师作为师者在职业生涯中体现出的整体风格、风范或风度，是师德的外在表现。高尚的师德和高洁的师风是对学生最直接、最有力和最深远的教育。世界各国教师专业标准中，教师的伦理道德占据了越来越重要的位置。

　　例如，英国的教师专业标准（2012年版）在"个人和专业操守"部分，对教师个人和专业行为方面提出3项要求：第一，教师在校园内外都要展现高尚的道德素养和良好的行为举止，并维护教师的社会形象；第二，教师必须遵守并恪守自己所在学校的校风、校纪、校规；第三，教师必须明确他们所应承担的法定职责和义务，并以此作为个人从事教育教学活动的依据。法国的教师专业标准（2013年版）要求教师通过自身的行为表率对学生产生影响作用，包括了解并向学生传递法兰西共和国的价值观，即自由、平等、博爱、世俗主义，拒绝歧视；参与教育的公共服务，激发学生的批判性思维、兼容并包的精神，帮助学生了解并尊重不同文化、信仰和思想等。

我国自古以来就有"师道尊严""尊师重教"的传统。《学记》有言："古之王者建国君民，教学为先""凡学之道：严师为难。师严然后道尊，道尊然后民知敬学。"《大戴礼记·保傅》有录："昔者，周成王幼，在襁褓之中，召公为太保，周公为太傅，太公为太师。保，保其身体；傅，傅之德义；师，导之教顺，此三公之职也。于是为置三少，皆上大夫也。曰少保、少傅、少师，是与太子宴者也。"西汉贾谊在《治安策》中进一步指出，"三公、三少固明孝仁礼义"，需从"天下之端士孝悌博闻有道术者"中选拔，确保"太子乃生而见正事，闻正言，行正道，左右前后皆正人"，达到孔子所言之"少成若天性，习惯如自然"。这些文献说明，师在我国古代特别是秦汉时期有着非常崇高的社会地位，与天、地、君、亲并列。而其之所以被如此尊崇，源于其极高的道德品质与极出众的学识，是传承古圣先贤道脉的"传道者"，即"师者，所以传道授业解惑也。""道之未闻，业之未精，有惑而不能解，则非师也。"

新中国成立后，随着国家政治、经济、社会的发展，教育战线确立了"早出人才、早出成果"的大方针。"学高为师，身正为范"这一源远流长的传统师德观得到更为现代、明确与规范的表达形式。首先是《中华人民共和国教师法（1993年）》将教师界定为履行教育教学职责的专业人员，明确教师要"忠诚于人民的教育事业"，有"遵守宪法、法律和职业道德，为人师表"的义务。然后是《中华人民共和国教育法（1995）》对教师"忠诚于人民的教育事业"再次进行强调。另外，我国还先后于1984年、1991年、1997年、2008年颁布、修订了《中小学教师职业道德规范》，从国家认同、社会责任、职业特质和个人修养等层面对教师的道德品质与职业行为提出了要求。例如，2008年教育部颁布的《中小学教师职业道德规范（2008年修订）》从爱国守法、爱岗敬业、关爱学生、教书育人、为人师表、终身学习六个方面对教师应该具备的道德品质做出了规定，对教师在每项道德品质中需要体现出的行为规范也有详细描述。

不过，值得深思的是，改革开放 40 多年来，由于多元价值观和市场经济，尤其是受拜金主义、享乐主义、功利主义等思想的影响，虽然国家以法律、法规的形式对教师需要具备的道德品质和职业行为作了明确阐述，有关师德培训的政策与文件要求也很全面，教师的师德状况从整体仍然不乐观。教师道德失范现象时有发生。这些现象虽属个别，但在让教师这个光辉的职业蒙上一层阴影的同时，也让公众对师德产生了困惑甚至焦虑。[1]有关教师职业认同的调查研究也发现，越来越多的教师把教师职业看作一种谋生手段而非塑造灵魂、塑造生命、塑造人的工作。

为切实解决日益严峻的师德师风问题，党的十九大报告把"加强师德师风建设"放在"培养高素质教师队伍"前面，凸显了师德师风建设的极端重要性。中共中央、国务院印发的《关于全面深化新时代教师队伍建设改革的意见》要求各级党委和政府全面加强师德师风建设，把教师队伍建设作为一项重大政治任务和根本性民生工程切实抓紧抓好。争取到 2035 年，尊师重教蔚然成风，广大教师在岗位上有幸福感、事业上有成就感、社会上有荣誉感，让教师成为令人羡慕的职业。

正如教育部部长陈宝生在 2018 年"两会"期间强调的那样："我们不能期望一个坏人、师德不健康的人能够教育出好学生，能够教育出合格的建设者和接班人，能够教育出担当民族复兴大任的一代新人。"没有一支师德高尚、业务精湛、结构合理、充满活力的高素质专业化教师队伍，特别是一大批"四有"好老师作保障，"落实立德树人根本任务，培养德智体美全面发展的社会主义建设者和接班人，全面提升国民素质和人力资源质量，加快教育现代化，建设教育强国，办好人民满意的教育，为决胜全面建成小康社会、夺取新时代中国特色社会主义伟大胜利、实现中华民族伟大复兴的中国梦奠定坚实基础"[2]也注定无法实现。

总之，师德师风是教师"为人师表"之魂。重振师道尊严，为新时代教师"明初心、养正气、铸真魂"，是新时代教师队伍建设最难啃的"硬骨头"，也是新时代教师教育振兴行动计划（2018—2022 年）提出的各项目标任务能否如期实现的关键。

---

1 丁雅诵：《师者应"德"字当头》，载《人民日报》，第 17 期，2016。
2 2018 年 1 月 20 日中共中央国务院《关于全面深化新时代教师队伍建设改革的意见》。

二　新时代师德师风建设亟待加强理论与实践创新

师德师风建设是在一定的教师观与师德观指导下进行的教师学习与培训活动，旨在改善教师的心灵品质，提升教师的道德修养，为教师履行"教书育人"职责提供更明确的行为方向与更有力的现实指导。

根据教师观与师德观的不同，师德师风建设实践存在不同的要求与行动走向。新中国成立后，随着我国的教师观从"劳动者"[1]向"履行教育教学职责专业人员"[2]转变，师德观念也发生了从"职业道德"向"专业伦理"的转变。二者的区别在于，前者是一种个人意义上的相对低层次的道德要求，主要回答"是什么"的问题，教师无需对规约自己进行职业劳动的规范进行理性思考，只需被动接受和遵守这些规范；后者属于社会体系中较高层次的道德追求，主要回答"为什么"的问题，教师需要通过专业思想和价值观进行理性思考，并将规范内化为自身行动的指南，更加体现了行为主体的自律性特征[3]。另外，职业道德更为强调教师的知识、技能与行为规范等外在要素，专业伦理更为强调教师的精神、信念、态度与价值观等涉及教师心灵品质的要素。

虽然我国师德观在过去40年发生了重要转变，但师德师风建设的实践长期以来一直在"职业道德"观的指导下进行。这一点可以从1984年我国颁布第一部教师职业道德守则，即《中小学教师职业道德要求（试行）》以来，"职业道德"一词频繁出现在重要教育政策或者文件中窥见一斑。

例如，2000年发布的《关于加强中小学教师职业道德建设的若干意见》指出，教师队伍职业道德素质的高低，直接关系到素质教育的顺利实施，直接关系到亿万青少年的健康成长，直接关系到国家和民族的未来。2010年发布的《国家中长期教育改革和发展规划纲要（2010—2020年）》指出，要加强教师职业理想和职业道德教育，增强广大教师教书育人的责任感和使命感。教师要关爱学生，严谨笃学，淡泊名利，自尊自律，以人格魅力和学识魅力教育感染学生，做学生健康成长的指导者和引路人。

1　邓小平：《关于科学和教育工作的几点意见》，1977。
2　1994年1月1日《中华人民共和国教师法》。
3　廖志诚：《由职业道德走向专业伦理——美国教师专业伦理建设对我国的启示》，载《教师发展研究》，第4期，2017。

虽然 2012 年教育部颁布了《幼儿园教师专业标准（试行）》《小学教师专业标准（试行）》和《中学教师专业标准（试行）》，第一次从国家层面明确了教师队伍建设要走"专业化"的道路，但是有关教师"专业伦理"视角下的师德师风建设主要停留在学术探讨层面，迟迟没有出现在国家师德师风建设的相关文件中。即便是学界发起的关于教师专业伦理建设的实践探讨也存在"重制度和规范发布，轻信念和心灵培育；重教师正规学习，轻教师非正规学习；重个体经验成长，轻学习发展共同体文化建设；重政治化，轻专业化；重约束，轻激励；重道德理想，轻道德实践"[1]等问题。当前教师专业伦理建设中折射出的这些问题，其实不过是以往教师职业道德建设的"新瓶装旧酒"，即当前师德师风建设并没有真正从教师"专业伦理"的角度进行系统设计与实施，遵循的仍然是教师"职业道德"的精神内核。

与此同时，师德师风建设收效甚微，甚至无效现象日趋严重。无论是学生、家长还是社会公众，包括教师在内都对师德师风建设发出了"理想很丰满，现实很骨感"的感慨，即似乎没有人不承认师德很重要，但在实际的教育教学实践中，师德师风建设总是曲高和寡。国家教育行政部门发布的有关师德师风建设的一项项政策、一份份文件、一个个通知，不过是束之高阁的"外在规定"，并没有与教师的日常生活紧密关联起来，更别说走进教师的内心，成为教师自觉接受、认同与践行的道德准则了。

到底怎样做，中国教师的师德师风问题才有可能得到切实的改观？有研究者指出，德性教化意义上的教育，本质上是一个"精神同道"的过程，而不是一个单纯的传授道德理论、灌输道德规范的过程。教育者通过引导受教育者追随一个善的人格，从而使受教育者变得有德；道德教化首先需要关注的是人的品格、人的精神[2]。进一步来说，教化是生活的一种形式，其支柱乃是精神之修养和思想的能力[3]。"在教化（bildung）概念里最明显地使人感觉到的，乃是一种极其深刻的精神转变。"[4]1992年，美国教育与管理领域的杰出教授托马斯·萨乔万尼在《道德领导：抵及学校改善的核心》（*Moral Leadership Getting to the Heart of School Improvement*）一书中也明确指

---

1 杨晓平，刘义兵：《论教师专业伦理建设》，载《中国教育学刊》，2011。

2 吕狂飚：《从崇高到底线——近四十年我国师德观的脉络与问题》，载《南京师范大学》，2017。

3 卡尔·雅斯贝斯：《时代的精神状况》，上海，上海译文出版社，2013。

4 汉斯-格奥尔格·伽达默尔：《诠释学》，见《真理与方法——哲学诠释学的基本特征》，北京，商务印书馆，2007。

出，遵守一种规范但没有对它的理想和价值做出承诺，意味着只有伦理行为的外在表现；只有当具体的规范的行为与潜在的理想和价值相联系时，即教师所做的与教师为什么这样做相联系时，专业规范才会停止作为专业礼仪的规则，并成为强有力的道德声明[1]。

我国著名教育理论家、道德教育研究领域的知名学者鲁洁教授也认为，道德就是人们所选定的特定的生活价值，为的是要以它作为参照来确立生活的方向和道路，使人能够生活得"更像一个人"。生活论理学的"成人之道"绝不是背离人的生活和存在建构起来的先天的、外在的决定人生活和存在的、绝对的、终极的理性过程；它源于人的存在和生活，是在关于生存和生活的批判与反思中探寻人之生成为可能；它是人的实际生成发展、人的自我完善的自觉显现和澄明；它的着眼点是人的生存的觉醒与展开，而不是人的行为和活动的统治与束缚；它的目光投向的是人的现实意义和价值创造的生活世界，而不是某种抽象的、与生活无关的虚幻世界；它的宗旨是人的自由和解放，是人的自由联合体的建立[2]。

道德养成指的是人的精神成长与生命自觉。离开这一根本点，任何道德建设，包括师德师风建设都不过是他人强加的精神枷锁，无法切实温暖教师漫长而艰苦的职业生涯之旅。有关师德师风建设的理论与实践探索必须正视这一点。

总而言之，师德是人类道德中一个特殊而重要的范畴。根据不同历史时期教师使命与角色的不同，不同国家对师德师风建设的要求与期待也有所不同，但自从教师成为一个独立的职业并逐渐以专业的姿态与力量为人类教育与社会生活不断做出贡献以来，人们从未放弃对教师道德典范的想象与期待。如何立足于中国教育改革与发展的历史与实践脉络，提出新时代教师师德师风建设的新理论、新模式，为中国特色社会主义教育事业培养大批德才兼备的"好老师"，是当代中国教师教育研究，特别是中国教师发展，迫切需要解决的重大现实问题。2014年2月24日，习近平在中共中央政治局第十三次集体学习时的讲话中指出，中华传统美德是中华文化的精髓，蕴含着丰富的思想道德资源。要认真汲取中华优秀传统文化的思想精华和道德精髓，大力弘扬以爱国主义为核心的民族精神和以改革创新为核心的时代精神，深入挖掘和发扬中

---

1 托马斯·J.萨乔万尼：《道德领导：抵及学校改善的核心》，上海，上海教育出版社，2002。
2 鲁洁：《做成一个人——道德教育的根本指向》，载《中国德育》，第4期，2008。

华优秀传统文化讲仁爱、重民本、守诚信、崇正义、尚和合、求大同的时代价值，使中华优秀传统文化成为涵养社会主义核心价值观的重要源泉。2018 年 5 月 4 日，习近平在纪念马克思诞辰 200 周年大会上的讲话中进一步强调："国家之魂，文以化之，文以铸之。我们要立足中国，面向现代、面向世界、面向未来，……发展社会主义先进文化，加强社会主义精神文明建设，把社会主义核心价值观融入社会发展各方面，推动中华优秀传统文化创造性转化、创新性发展，不断提高人民思想觉悟、道德水平、文明素养，不断铸就中华文化新辉煌。"在中华民族伟大复兴和教育现代化强国建设对高素质创新型中国教师队伍的需求从来没有这么迫切的今天，有必要立足中华文明五千年"德行天下"的优良传统，汲取中国教师"以德为先"的历史经验，开辟一条以中华文化涵养师德的师德师风建设新路径，给新时代教师队伍建设提供参考。

第二章

中华文化涵养师德：
理论探索

　　师德是教师在教育教学过程中不断发展出的一种获得性的内在精神品质，具有教育性、实践性、自律性、整体性和渐进性的特征。中华文化具有深厚的历史渊源和丰富的人文内涵，能为师德涵养提供重要的道德资源和精神宝藏。在中华民族伟大复兴和中华文化繁荣发展的新时代背景下，充分发挥以儒家文化为代表的中华优秀传统文化的道德涵养功能，有助于推动中国教师群体的整体生命状态，引领中国师德建设的创新与发展。本章从师德内涵的界定、师德养成的多学科关点和中华文化涵养师德的内在机制三个方面对中华文化涵养师德的学理基础进行探讨。

第一节

师德内涵的解读

概念内涵界定是研究"大厦"之基。当前，相关研究对师德概念内涵的解读主要从师德的内容、结构和特性三个方面展开。

一　师德的内容

（一）道德的溯源与界定

道德在我国最早是"道""德"两个概念。"道"原意是指道路，后米引申为道理或学说；"德"的最初含义有直视行走的意思，后来扩大为一切正直的行为都可称为"德"。张岱年这样进行总结："中国伦理思想史上，'道'与'德'本是两个概念，一般认为，'道'是行为应当遵循的原则，'德'是实行原则而有所得，亦即道的实际体现[1]。""道""德"合在一起成为一个概念始于荀子，指人类行为应合于礼、利于人。在西方古代文化中，"道德"一词源于拉丁语"mores"，意为风俗和习惯；后来古罗马思想家西塞罗根据 mores 一词创造了一个形容词 moralis，是指社会的道德风俗和人们的道德个性；以后英文的道德 morality 一词则沿用了这一含义。

学界关于"何谓道德"的研究见仁见智。有学者认为，道德有两重含义，既是指某一共同体中施行的、涉及主体间关系的外在规范——习俗，也是指内化于个体行为之中的由个体自身所信奉的内在规范——品性[2]。还有学者认为，道德具有三个方面的内涵："原则规范"即德目，"心理意识"是道德品性的核心内容，属于德性，"行为活动"即德行。德目、德性、德行共同构成人类社会生活所特有的道德[3]。实际上，

1　张岱年：《中国伦理思想研究》，上海，上海人民出版社，1989。

2　甘绍平：《道德概念的两重涵义》，载《伦理学研究》，第 5 期，2013。

3　刘志山，李燕燕：《道德的三层涵义与得道的三重境界》，载《伦理学研究》，第 3 期，2011。

从道德的词源释义来看，不管是中国还是西方，道德一词的基本含义是一致的，它既包括规范准则与个人品质修养，也包括社会的风俗习惯，是社会人伦秩序与个体品德修养二者的统一。道德源自人们的生活实践，渗透在人们生活实践的一切领域。它承担着规范、约束、塑造和引导社会、人生之重任，表征一个社会、一个人的发展水平和程度。

（二）师德概念的多重理解

师德的概念内涵主要回答"师德是什么"这个问题。到目前为止，尚没有公认的师德概念内涵。根据研究者理解师德概念的不同角度和侧重点，有代表性的观点主要有四种。

第一种观点认为，师德是教师职业道德的简称，是一般社会道德在教师职业中的特殊体现。例如，认为"教师职业道德（师德），是指从事教师职业的人应该遵循的行为准则和必备品德的总和，是一般社会道德在教师职业中的特殊体现"[1]。又如，认为"教师职业道德，在我国简称师德，是一般社会道德或职业道德在教师职业生活中的具体体现，它在教师的职业实践中形成，反过来又指导着教师正确地处理教育工作中的各种关系，成为教师在教育工作中必须遵循的行为准则。"[2]

第二种观点认为，师德是教师的专业道德，比职业道德高一个层级，是随教师专业化的不断发展而发展的师德观。例如，认为"专业道德是指一种职业全体为更好地履行职业责任、满足社会需求、维护职业声誉而制定的自我约束的行为规范——一套一致认可的伦理标准"[3]。又如，认为"教师的专业道德是教师能够基于自己的专业知识和专业技能，在自己的专业领域内能够合理行使自己的专业权力来履行自己的专业职责和专业使命，使专业服务对象得到高质量的专业服务，获得应有的收益"[4]；相当于在承认教师个人品德影响专业道德实现的前提下，提出了外在的客观条件和制度

1　申继亮，赵景欣：《中小学教师职业道德的现实思考》，载《北京师范大学学报（社会科学版）》，第1期，2006。

2　兰英：《中美教师职业道德规范的文本分析及建议》，载《西南大学学报（社会科学版）》，第38卷，第5期，2012。

3　刘捷：《专业化：挑战21世纪的教师》，第62页，北京，教育科学出版社，2002。

4　蔡辰梅，徐萍：《制度下生存与教师的专业道德困境》，载《教师教育研究》，第1期，2007。

规则同样会影响教师的专业道德。还有研究认为，"教师专业道德是教师在从事教育教学这一专业工作时所遵循的能体现教师专业特性、教师道德价值以及教师人格品质的道德规范和行为准则"[1]。这个界定已经开始把教师人格品质与专业特征、社会价值结合起来。

第三种观点认为，师德是教师的伦理。这一观点在西方国家较为主流。主要原因在于西方国家一般称职业道德为职业伦理（professional ethics），并认为教师职业伦理规范是调节教师工作所涉及的各种关系的行为准则，这些关系主要包括教师与学生的关系、教师与同事的关系、教师与家长的关系。由于教师职业的特点，有些教师伦理规范还把教师与知识学术的关系列入其中[2]。我国近代著名美学家朱光潜先生20世纪20年代曾提出道德的二元区分：问心的道德与问理的道德[3]。西方教师职业伦理主要属于问理的道德，职责分明，是典型的底线伦理规范；我国的教师职业伦理属于问心的道德，强调教师的综合素养和全身心投入，是典型的引导型伦理规范。

第四种观点认为，师德是教师道德的简称，是教师个体道德和职业道德的综合体，并将教师师德界定为：作为职业行为主体的教师在一般道德基础上，发自内心对职业行为各种要求的认同，是教师所秉持的职业道德认识、职业情感以及在从业活动中所表现出来的职业行为，对职业伦理规范的自觉遵守并践行，以德性的面貌展示出来的一种品质，是对教师职业生活的一种整体把握[4]。基于教师道德和职业道德的统一体，有研究也指出对师德内涵研究所针对的对象已经由教师个体转向教师群体，由点扩展到面；当教师作为个人存在时，指的是一个人，当教师作为群体存在时，指的是一个职业，而不仅仅强调个体道德抑或是职业道德[5]。

（三）相关概念的分析比较

由于对师德概念理解的角度和侧重点不同，产生了与师德概念密切相关的教师职业道德、专业道德、专业伦理和教师道德等相关概念。对这些容易混淆的概念加以区

---

1 张凌洋，易连云：《专业化视域下的教师专业道德建设》，载《教育研究》，第35卷，第4期，2014。
2 王维荣，约瑟夫·布朗：《美加等国教师职业道德教育的特点》，载《教育科学》，第3期，1999。
3 朱光潜：《给青年的十二封信》，桂林，广西师范大学出版社，46页，2004。
4 李清雁：《师德建设研究的现状、问题与展望》，载《河北师范大学学报（教育科学版）》，第11卷，第8期，2009。
5 刘万海，张明明：《近年我国师德研究的主题、特征与趋向》，载《教育科学研究》，第2期，2014。

分有助于更为深入与全面地了解师德的概念内涵。

1."教师道德"与"教师职业道德"

"教师道德"并非"教师职业道德"的简称，二者存在深刻的不同。教师道德是指教师作为"人"所涉及的所有道德问题，而教师职业道德则体现了"教师之为教师"的角色和责任。作为"人"的教师和作为"教育者"的教师是很难完全区分开来的。作为"人"的教师是作为"教育者"的教师的道德根基和人格基础，教师职业道德是教师道德的职业化表征。另外，"教师职业道德"无法将教师作为"人"的道德排除在外。教师是完整的人、完整的教师，而不仅仅是职业的教师。[1]因此，有学者指出"教师道德至少包括两个层面：教师作为'人'的道德和教师作为教师的道德，也就是教师个体道德（德性）和教师的职业道德（职业规范）"，两者具有不同的内涵。前者属于私德，主要靠个人修养，后者是底线道德，依靠法律法规和社会舆论制约[2]。

简言之，教师道德包括教师的个体道德和职业道德两个方面。个体道德是教师的必备品德，是指教师在从事教育活动时所表现出来的职业行为，在职业行为中表现出来的比较稳定的品德特征与倾向，这种品德是教师在教育实践中可以不断地获得发展和超越，我们可以称之为德性伦理[3]；职业道德是教师从事教育活动所必须遵守的调节各类教育关系的道德规范和行为准则，是社会对教师职业行为的基本要求和规范体系，是外在的，有待行为主体的内化，我们可以称之为规范伦理。

2."教师道德"与"教师伦理"

"教师道德"与"教师伦理"也是经常相互混淆的两个概念，甚至有些学者认为这只是中西方表述的不同，实则两个概念既存在相同点，又存在明显的不同。首先，从"道德"和"伦理"两个概念加以区分。道德更加注重个体和内在操守，强调主体的自主和自律；伦理侧重社会和客观因素的不同，强调外在伦理规范对个体的规约。其次，"教师道德"与"教师伦理"都是根植于教师这一特殊的职业和身份，是教师

---

1 赵秀文：《困境与重塑：当代中国教师道德问题审思》，第44~45页，南昌，江西人民出版社，2013。
2 王艳：《教师道德反思——从教师德性和教师职业道德关系角度分析教师德性建设》，载《天津市教科院学报》，第4期，2008。
3 李清雁：《困惑与选择：基于身份认同的教师德性养成论》，22页，北京，人民出版社，2016。

作为"道德人"存在的两个必要维度，两者共同构成和诠释了教师这一特殊主体。最后，"教师道德"和"教师伦理"也存在明显的不同，例如教师道德更多关注教师个体，是内在的自觉自律，强调自我监督；教师伦理更多关注教师群体，是外在的规范，来自社会舆论及教师群体成员的相互监督。

三 师德的结构

师德的结构主要回答"师德包括哪些成分"这个问题，是对师德外延的探讨。目前，相关学者一般将师德结构划分为道德认知、道德情感、道德良心与道德行为四个方面。其中，道德情感以教师对各种伦理关系和规范的道德认知为基础；道德良心则是教师在道德认知和情感长期积淀和反思基础上形成的相对稳定的道德立场、信念和品质；道德行为则是教师道德认知、道德情感、道德良心的具体外化与体现[1]。四者逐步提升、相互促进，共同促进师德的发展与完善。

结合教师职业的特点和我国的传统师德，也有研究者提出了不同的观点。例如，宋福元认为教师职业道德的核心要求包括三个方面：（1）爱岗敬业（2）教书育人（3）为人师表[2]。张景春等在中国古代师德观的基础上，提出师德应该包括四个方面：（1）热爱教育，终身不渝的献身精神；（2）热爱学生，关心学生的师德情感；（3）以身作则，为人师表的师德风范；（4）学而不厌、诲人不倦的敬业精神[3]。

林崇德在分析、总结他人有关师德构成的观点基础上，结合时代对教育和教师提出的新要求，基于中华民族文化中的师德观，从师业、师爱、师能、师风四个方面归纳和解读了师德的内涵，对职业道德规范制定和师德培训提供了学术参考。（1）爱岗敬业——师业。爱岗敬业是师德的基本要求，师德的实质就是教育事业的"业"字，师德体现的正是对教育事业、教育岗位及其社会地位的认同、情感和行为。（2）关爱学生——师爱。师爱是师德之魂，以神圣无私为特征，以尊重学生为出发点，以严慈相济为手段，以一视同仁为原则，以学生成长或成才为目的。（3）严谨治学——师能。师能主要表现在教师能力上，具体包括教育能力、教学能力、反思能力和创新

1 赵秀文：《困境与重塑：当代中国教师道德问题审思》，32～40页，南昌，江西人民出版社，2013。
2 宋福元：《强化师德建设，提高育人水平》，载《教师与职业》，第3期，1998。
3 张景春，赵春华，宋涛：《论教师职业道德》，载《教育与人》，第2期，1999。

教育能力。（4）为人师表——师风。为人师表的内涵极其丰富，《中小学教师职业道德规范》（2008年修订）指出，"为人师表"要求教师"坚守高尚情操，知荣明耻，严于律己，以身作则。衣着得体，语言规范，举止文明。关心集体，团结协作，尊重同事，尊重家长。作风正派，廉洁奉公。自觉抵制有偿家教，不利用职务之便谋取私利"[1]。

另外，国内外有关中小学教师职业标准的制定和研究，也给我们了解师德的内涵与结构提供了丰富资料和理论基础。例如，有关教师专业标准的分析发现，当前世界各国教师的专业标准主要包括理念与态度、专业知识、专业能力（技能）三个维度的内容。其中教师的专业能力是世界各国教师专业标准的核心部分，教师的伦理道德占据了越来越重要的位置[2]。这为我们更为客观、深入、全面地认识和揭示师德的内涵与结构提供了重要参考。总体而言，前人对师德的研究主要聚焦于教师作为一个"教师"的道德，忽视了教师作为一个"人"的道德。随着新时代中国教育改革发展对高素质教师的要求日益迫切，特别是习近平总书记继2014年提出"四有"好老师之后，陆续提出了"四个引路人"和"四大责任"，有必要结合当前我国社会发展的新需要，从国家、社会、职业和个人等方面对师德的内容与结构进行建构。

三 师德的特性

从上述有关师德内容与结构的论述中不难发现，师德不仅具有一般职业道德的共同特性，还具有教育性、实践性、自律性、整体性和渐进性等职业特性。

1. 教育性

"师者，人之模范也。"师德的价值之一在于具有鲜明的教育意义，师德是影响学生最有效的教育手段之一。首先，教师职业的对象是正在成长的儿童青少年。他们正处于渴求知识、汲取智慧和养成品德的重要成长阶段。教师专业发展的最终目标是促进学生的成长，在实际的教育活动中，师德体现在日常教学行为之中，进而对学生产生潜移默化的影响。因此，教师与从事其他职业的人相比，具有更强的教育性。其

1　林崇德：《基于中华民族文化的师德观》，载《西南大学学报（社会科学版）》，第40卷，第1期，2014。
2　刘霞，罗良，黄四林：《中小学教师师德内涵的理论研究》，2017。

次，师德直接构成和影响教育内容，例如教师根据自己的价值观来理解和处理每一节课的教学内容，会偏重一些教育内容，也会忽略一些教育内容。最后，教师的敬业精神、受师德影响的教学方式，以及教师对课程以外许多问题的看法，都会对学生产生不同程度的影响。因而，师德具有教育性。

2．实践性

将道德要求运用于专业工作、专业活动、专业发展，是道德建设的基本要求，在实践中感知、体悟与发展，是教师道德的重要特征[1]。师德总是离不开具体的教育情境。首先，教师在道德规范和行为准则的约束中进行道德实践，逐步体悟道德的要求及内涵。其次，在道德评价中产生的道德荣辱感，有助于提升教师道德认知水平，甚至是幸福感和成就感，进而提升道德境界。最后，教师在实践中持续提升道德自觉和自律的程度，不断提升内在的涵养，最终以外在的德性作为表征。

3．自律性

道德是一种特殊的规范调节方式，道德调节的独特性之一在于其自律性。它通过自觉自律程度很高的方式来达到自动调节人际关系的目的。所谓自律性，是指教师在专业活动过程中表现出来的自觉自为的道德精神。首先，教育工作的特点是教育主体和手段具有合一性，教师既是教育活动的主体又是教育实践的手段，教育对象的主体性、劳动关系的复杂性、制度空间的弹性都要求教师具有自觉和自律的德性。教师在知晓、理解和遵循的过程中，逐步达到自觉自律。其次，教师行为虽有各种规范制约，然而道德发展更在于自律。我国教育一直有重视教师的自律精神和个人道德修养的优良传统，古代教育名家所推崇的"反求诸己"，也是旨在突出自觉自律性对教师的重要性。

4．整体性

首先，教育活动是一项复杂的社会活动，存在广泛和复杂的人际关系，只靠单个教师的努力难以形成合力。它的有效实施离不开教育活动主体的通力配合，作为教

---

1 陆道坤，张芬芬：《论教师专业道德——从概念界定到特征分析》，载《教师教育研究》，第28卷，第3期，2016。

育劳动成果的学生实际上是集体性劳动的结果。正如苏联教育家马卡连柯说的那样："如果没有这样团结一致的教师集体，那么完成所谓正常的学校教育工作是很难想象的。"其次，从影响性质来看，师德具有一定的整体性。每个教师对学生的影响都是整体的，不仅仅是教师主观上希望影响的部分。教师对学生的影响具有集体性，因为面对的是学生集体，往往不会只影响某一个或者部分学生。

5. 渐进性

教师专业化运动的实质是不断提升教师专业特性与品质，师德的发展同样也不可能一蹴而就，而是一个不断"涵养"并不断生成的过程。首先，从师德形成的外部环境来看，师德氛围塑造及制度建设都是一个逐渐完善的过程。其次，专业工作认知的深化和专业身份意识的养成是一个过程，立足专业工作和专业身份的专业道德认知深化和道德自觉程度提升，是一个"涵养"的结果。最后，从"他律"向"自律"的转变，同样是一个过程。专业道德规范、行为准则的特殊性还在于，对于教师个体不仅在认识上需要一个过程，付诸实践同样需要一定时日，一个逐渐"习惯化"的过程。

总之，师德是人类社会道德在教师职业的一种特殊表现，是教师在扮演教师角色，即"教书育人"过程中发展出的一种精神品质与行为规范。它源于教师作为一个"人"的完整的生活实践，指向教师的心灵成长、行为重塑与智慧生成，既是教师人格特质的呈现、张扬与外化，也是教师教育教学实践与日常生活的沉淀、内化与升华；具有教育性、实践性、自律性、整体性和渐近线等特点；预示了师生关系、同侪关系和家校关系的质量，也表征一所学校、一个社会，甚至是一个民族未来的道德水平和精神风貌。

第二节

师德养成的多学科观点

师德养成是教师在反复而持续的熏染过程中实现道德涵育与精神滋养的过程。这是教师德性动态生成的过程，也是教师行为不断得到"校正"的过程。它会使教师从现有的生命状态向更好的生命状态演变，变成一个更好的教师，更好的人。与此同时，由于德育是一个涉及诸多方面的复杂问题，只通过一个学科来探讨师德问题不仅有限，还有可能因为认知的片面性给师德养成实践带来潜在危险。因而，随着教师生活世界的不断扩大和人类道德观念的日益多元，从多个视角对师德问题进行透视成为一种共识。当前，有关师德涵养的研究主要从哲学、教育学和心理学的视角进行论述。

一 师德养成的哲学视角

哲学主要探讨人的生活意义、目的以及人的行为道德标准。它是人的生命本性的需要，是人必需的生活方式[1]。著名教育哲学家乔治·奈勒认为，"大多数一般性的教育问题归根结底都是哲学本身的问题"[2]。哲学在明确师德养成的目标、内容和方法等方面具有最高意义的规范和指导作用。目前，哲学视角下的师德养成研究主要探讨以下两个方面的内容：一是师德养成的人性基础；二是师德养成的伦理取向。

（一）师德养成的人性基础

道德能力培养既是人性的需要，也是人性的生成与改善的过程[3]。要对师德涵养的目标、内容和方法进行正确的设定，必须对人性有充分的了解。当前，中西方关于人性的理论假设主要有四种：性善论（孟子、苏格拉底），性恶论（荀子、奥古斯丁），性有善有恶论（韩愈），性无善论（告子的"湍水说"、洛克的"白板说"）。

1. 性善论

孔子认为，人的天性都是相近的，后来的不同，皆由于习的缘故：性相近也，习相远也（《论语·阳货》）[4]。孟子在继承孔子人性的基础上主张人性向善，"人性之善也，

---

1 冯建军：《教育哲学中的"人"与人的"教育哲学"》，载《教育学术月刊》，第10期，2016。
2 陈友松：《当代西方教育哲学》，北京，教育科学出版社，1982。
3 吕卫华：《实践性与生成性——道德能力培养的人性之基》，《求实》，第9期，2011。
4 班高杰：《传统人性论与启蒙德育》，载《伦理学研究》，第4期，2011。

犹水之就下也"(《孟子·告子上》)。孟子还强调人的社会性才是人性的根本，这就是人之所以为人体现出来的道德性。人之所以异于禽兽（《孟子·离娄下》），就是"君子所性，仁义礼智根于心"（《孟子·尽心上》）。他由人性向善而衍生出"四端"说，"恻隐之心，仁也；羞恶之心，义也；恭敬之心，礼也；是非之心，智也。仁义礼智，非由外铄我也，我固有之也"（《孟子·告子上》）。孟子所谓四心是与生俱来的善端。正是由于这种善端，为每个人完善自我，提高道德修养，成为圣人贤人提供了内在依据，同时也给出了道德教育的可能性和必要性。所以，孟子说要向内体察，求其放心，就是要扩展这个善端，通过后天长期不懈的培育，把善端变为现实的品德。

西方的性善论以苏格拉底、柏拉图与康德等为代表。他们认为，人具有潜在的善性，主张设计一个理性的社会，通过教育使人性得到发展。古希腊著名哲学家苏格拉底提出了有关人性的一条重要原则，即无人自愿为恶，趋善避恶是人的本性。苏格拉底指出，人具有的理性超越了动物的"理性"。"知识就是美德。"这也是其人性善的表现，并且善是人生的最高目的[1]。柏拉图也提出"善本体论"。他说："每个灵魂都在追求善，把善作为自己全部行动的目标"[2]。康德的善良意志论也是西方道德哲学反思进程中的理论枢机，它以人性能力的实践方面为依托，通过对意志选择能力的截取，指明了意志走向道德规则之路的必然性，为普通的理性主体成为道德自觉的行为人提供了实践理性的保证[3]。

2. 性恶论

荀子推崇"性恶论"，其中心命题为"人之性恶，其善者伪也。"（《荀子·性恶》）"好利而恶害"（《荀子·荣辱》）。荀子强调先天本性与后天人为努力的不同，认为人性自然只能导向恶，所谓善只是后天人为努力的结果。他认为，"性"的对立面是"伪"，"伪"即人为的意思。它是人出生以后可以学到的、可以塑造的品格因素。"可学而能，可事而成在人者，谓之伪。"（《荀子·性恶》）[4]他认为，只有通过后

---

1 汪子崇等：《古希腊哲学史》第 2 卷。445-446 页，北京，北京人民出版社，1997。

2 ［古希腊］柏拉图：《柏拉图全集》第 4 卷，501 页，北京，北京人民出版社，2003。

3 戴兆国：《孟子性善论与康德善良意志论之比较》，载《陕西师范大学学报（哲学社会科学版）》，第 47 卷，第 5 期，2018。

4 牛慧光：《孟子性善论与荀子性恶论之比较》，载《湖南医科大学学报（社会科学版）》，第 6 卷，第 4 期，2004。

天的人为——"化性起伪"才能改变人性。所以，他倡导用圣人制定的礼仪、规范来教化人，对人性之恶予以抑制，实现"涂之人可以为禹"（《荀子·性恶》），达到高尚的道德境界。正如他所说的那样："凡礼义者，是生于圣人之伪，非故生于人之性也……故圣人化性而起伪，伪起而生礼义，礼义生而制法度；然则礼义法度者，是圣人之所生也。"（《荀子·性恶》）

西方性恶论的代表人物有奥古斯丁、马基雅维利、霍布斯与休谟等。奥古斯丁是基督教性恶论的集中论述者。他认为，每个人与生俱来都有"原罪"。"原罪"是整个人类的罪。这种罪恶靠人自身是无能为力的，罪恶的存在意味着我们任何人都有可能采取最野蛮、无人性的行为，任何行为都摆脱不了邪恶的自私自利的腐蚀和玷污。文艺复兴时期著名哲学家马基雅维利则从现实出发看到了人性罪恶的一面。他认为，人天生就是恶的，人性向恶不向善，亘古不变。霍布斯认为，利己主义是人类的天性。趋利避害即自我保存是支配人类行为的基本原则[1]。近代英国经验论心理学思想家休谟也认为，人的本性是自私的。他说："我们承认人们有某种程度的自私，因为我们知道，自私是与人性不可分离的，并且是我们的组织和结构中所固有的。"[2]

从中西方人性论的对比发现，孟子的"性善论"在我国占据主导地位，注重人文情怀。西方则以"性恶论"为主导，强调理性约束。结合师德养成的目标取向，前者与"创生论"一致，主张人性内蕴含的巨大潜能，要不断扩展善端，提升人的精神境界；后者与"规范论"契合，主张通过道德规范、法律等抑制本性中的本能冲动或破坏性倾向。总之，正如相关研究者所指出的那样，中西方道德教育理论中不同的人性预设导致各自道德教育的方式方法和价值取向的迥异。西方"人性论"取向于"人""神"之殊，其道德教育强调通过"自愿""自然"的方式追求"超凡入神"的"理想人格"。中国"人性论"取向于"人""禽"之别，其道德教育强调通过"自觉""自律"的方式追求"超凡入圣"的"理想境界"[3]。因此，师德养成需要以人性论为前提，既要发挥教师的道德主体作用，扩展善端，提升自己的生命境界，也要遵守道德规范，抑制人性的消极冲动。

1　达恒：《论荀子、霍布斯人性论的差异》，博士论文，东北师范大学，2008。

2　[英]休谟：《人性论》，北京，625页，商务印书馆，1980。

3　李建国：《中西方道德教育理论中的人性预设之比较与启示》，载《江汉大学学报（社会科学版）》，第3卷，第5期，2015。

（二）师德养成的伦理取向

美德和规范作为伦理学中非常重要的范畴，对师德养成的目标定位具有重要的启示意义。美德伦理聚焦于品德、美德和行为，关注"应该是什么样的人"，侧重于为人们提供内心应该建立的品质原则；规范伦理以道德、规范和行为作为关注的焦点，更关注"应该做什么"，侧重于为人们提供外在的规范体系[1]。

1. 美德伦理

以苏格拉底、柏拉图、亚里士多德为代表的美德伦理学一直是传统道德教育的基石。以亚里士多德为代表的古希腊美德伦理学认为，人应该具有四种基本美德：智慧、勇敢、正义和节制。在神学笼罩的中世纪，阿奎那在古希腊"四主德"的基础上加入了三项适应神学要求的"美德"——"信仰、希望、仁爱"。20世纪八九十年代新品格教育时期，美国构建了以"尊重、责任、关心、公正"等美德为核心的品格教育体系[2]。它的主要观点如下：

（1）德性具有终极性，有助于追求幸福、美好生活。德性或品质是构成幸福生活的必要和核心的部分，做一个有德性的人，核心要求是自我完善。这些内容应当着眼于"好生活"的一切美德或品格，包括"硬性"品格，例如自制、勇敢、忠诚等，和"软性"品格，例如关心、友爱、善良等。

（2）个体德性实现必须在社会共同体中进行，只有这样才能实现个人幸福与社会和谐的统一。正如亚里士多德所说的那样："城邦之外无德性"。一个人真正拥有某种德性，必须使他的德性整体通过生活的整体表现出来，而不能区分不同的场合。

（3）德性养成需要与习惯培养、行为训练与理性指导相结合，强调实践智慧的获得。亚里士多德把德性分为理智德性和伦理德性，理智德性主要由教导生成，因培养而增长，需要时间和经验才能获得；伦理德性由风俗习惯沿袭而来，通过习惯形成，必须先进行实践活动才能获得。

（4）德性养成需要确保道德认知、道德情感和道德行为的统一。德性在认知、情

1　王夫艳：《规则抑或美德：教师专业道德建构的理论路径与现实选择》，载《教育研究》，第36卷，第10期，2015。
2　蔡春：《德性与品格教育论》，博士论文，复旦大学，2010。

感、行为方面表现为向善的定式。从认知方面看，具有关于善恶的理性辨析能力；从情感方面看，具有对善的情感认同感；从行为方面看，具有向善的行为表现。德性作为一种实践的品质，它的养成不仅需要知和行的统一，同时也需要特定的情感，强调与情感的结合。除了不断地、反复地行动并形成习惯之外，也要将个人实践领域扩大到整个社会的协作交往领域，赋予德性的践行以更丰富的社会内涵。

基于美德伦理视角下，我国学者对师德养成的目标定位有如下观点。周治华（2015）认为，师德的要求源于教师追寻完善或幸福而产生的一种自我关切。它的核心目标在于教师的卓越品性和良善人格养成。这个过程具有长期性、复杂性和渐进性，而且需依赖伦理共同体和核心价值观的构建。因此，师德养成应予重视的历史观念和中国特色，要树立教师对儒家伦理共同体的归属感，对传统社会核心价值观的认同感[1]。王夫艳（2015）指出，美德对善的承诺凸显了教师专业的独特品性，而且美德关乎人性改善，有助于塑造有道德的教师[2]。由此，教师要辨识"有道德的教师"所应具有的美德，培植美德信念，恪守基本的道德承诺，按照理想人格来塑造自我的道德品格、提升内在的道德涵养，以符合美德的方式进行专业实践，从而打造有品质的、卓越的专业道德生活。

2．规范伦理

规范伦理以道德规则为中心，以责任、义务等为基本概念，旨在通过制定一套具体的、普遍有效的道德标准来规范、评判人们的道德行为。道德规则即行为命令，往往用简短的语言式来规范个体应该如何行动。规范伦理的主要代表人物有康德、边沁等，其主要思想观点表现为"义务论"和"功利论"[3]。

（1）义务论的主要代表人物有康德、罗尔斯等。它从人的理性出发提出人们普遍应该遵守的道德规范和应尽的道德义务。它强调人的道德行为动机的超功利性、善良意志性和自律性。义务论认为，由特殊关系产生的特殊义务对我们的行为施加了约束[4]，推崇的道德行为，是对道德规范的遵守，是一种纯粹的"道德义理"行为。在履

1　周治华：《德性伦理学视域中的师德定位》，载《教育伦理研究》，2015。
2　王夫艳：《规则抑或美德：教师专业道德建构的理论路径与现实选择》，载《教育研究》，第36卷，第10期，2015。
3　王淑芹，武林杰：《美德论与规范论的互济共治》，载《哲学动态》，第7期，2018。
4　徐向东：《后果主义与义务论》，23页，杭州，浙江大学出版社，2011。

行义务过程中，行为主体需要克服自己的种种不当欲望和感情，不但需要行为主体"自律"，还需要行为主体"他律"。在当前盛行追求享乐、金钱至上和权力崇拜的世俗环境下，义务论有助于督促行为主体守住承担义务和责任的底线，促使个体的他律与自律相统一。不过，义务论也遭受到一些人的质疑。因其推崇的是较高层次的美德与圣德，强调的是道德的纯粹与崇高，凸显的是道德特性。这会使一些人对义务论倡导的美德与圣德虽心生敬仰但望而却步。在面对市场经济的利益诱惑以及后现代社会感觉主义盛行的背景下，大多数人会认为超越个人功利的纯粹道德虽好但难以做到。

（2）功利论的代表人物有边沁、密尔等。功利主义遵循最大多数人的最大幸福原则。它从人的感性出发，认为"趋乐避苦"是人的本性。人在这种本性的驱使下追求"快乐"。功利主义者认为，判断人的行为是否符合道德规范要根据这个行为是否促成了"幸福"，促成了"幸福"的行为就是"善"的行为，与"幸福"背道而驰的行为就是"恶"的行为[1]。功利主义将道德原则与社会立法、公共福利、政治制度结合起来，使功利原则不仅成为人们日常行为的标准，也成为批判制度优劣及公共政策好坏的标准。功利主义提倡"人人价值平等，绝无尊长显贵"。将一切人当作平等的人来给予尊重，以及功利原则的务实性，使它成为当前伦理学界最重要的道德思想资源之一，对整个人类发展产生了深远的影响。边沁指出，道德的、正义的行为就是能够最大限度地增加绝大多数人幸福的行为。这一思想对鼓励公民通过正当合法的途径实现自己的人生价值，要求人们遵守社会公德和道德规范。这对调整人际关系有重大意义。不过，功利主义对善恶的片面区分、对个体德性的忽略也引发后世更多伦理学家的批判。因为人的本性不是完全他律的结果，也包括了自律的成分，而自律的最大表现就是人的精神美德。

基于规范伦理视角的师德养成观点存在一定的分歧。强调规范伦理具有积极作用的学者认为，规范伦理注重标准化、程序性，能给予教师一套清晰、确定的道德标准和演绎性的形式化语言，帮助教师以一种正式的方式系统思考专业实践中所面对的复杂道德难题，例如体罚、处理学生作弊等。冯璇坤（2018）认为，对具有义务论特征

---

1 ［英］约翰·斯图亚特·穆勒：《功利主义》，17页，北京，九州出版社，2006。

的底线伦理的重视可以避免教师道德失范，陷入道德"知情意行"的迷途[1]。不过，也有学者持不同意见，童建军（2013）强调师德最终取得成效的标准不仅仅依据规范订立的多少或者规范是否得到遵守，而且要深入理解这些教师遵守这些规范的主观情感、动机和愿望等品格因素[2]。李清雁（2018）也认为，规范伦理过分强调理性的作用，一旦离开了时代性和民族性的规范和要求，对师德的养成就没有任何作用了。[3]

总之，人性预设是道德教育理论的逻辑前提，并在某种程度上决定了道德教育理论所主张的目标、功能、内容、言说话语和方式[4]。哲学视角下的师德养成研究结果表明，师德养成是让教师的人性无限趋善的过程。师德养成要正视人性的复杂性与深刻性，充分吸收各种不同"人性论"的合理成分，在"帮助教师实现人性的建构与圆满"这一最高原则下进行理论建构和实践探索，特别是要注重"美德伦理"与"规则伦理"的互济共治。这也意味着，新时代的师德养成需要从"学以成人"这一核心命题出发，引导教师不仅要去思考"我是一个什么样的人"，也要了解"我"将如何去践行。

二　师德养成的教育学视角

教育学是一门关于人类教育生活实践的学科，人类生命智慧提升过程是其发展原点[5]。围绕教师的道德智慧生成与道德实践改进，教育学视角下的师德养成研究围绕教师德性生成和教师行为规范塑造，形成了"内生论"与"外塑论"两大流派的学说。

1．内生论

道德养成的内生论以德性伦理为基础，强调人本身对德性养成的重要作用，认为人的理性和主观性是德性养成的本源，注重对人生意义的探寻，重视良心、情感与修

1　冯璇坤，刘春雷：《底线伦理视域下幼儿教师道德行为的失范与重构》，载《教育评论》，第5期，2018。
2　童建军：《教师德性研究的三个基本维度》，载《上海师范大学学报（哲学社会科学版）》，第6期，2013。
3　李清雁：《论教师德性的本质及养成》，载《教师发展研究》，第2卷，第1期，2018。
4　李建国：《中西方道德教育理论中的人性预设之比较与启示》，载《江汉大学学报（社会科学版）》，第32卷，第5期，2015。
5　巴登尼玛，李松林，刘冲：《人类生命智慧提升过程是教育学学科发展的原点》，载《教育研究》，第6期，2014。

行的作用。例如，在古希腊，针对"美德是否可教"这一道德命题，苏格拉底从美德即知识的角度指出，美德作为知识具有特殊性。这种知识来源于自觉主体的理性反省而非外部世界或主观感觉，只有超越具体感官经验对自己的生命进行整体的内在反省，到灵魂深处去洞察自己的自然本性才能获得美德观照[1]。柏拉图提出的"善理念"理论也认为，善的理念是正义、勇敢、智慧等德性的根源，德性的生成需要追寻内心的善念。在我国，孟子从性善论出发，认为人皆有恻隐、羞恶、恭敬、是非之心，只要努力发挥这四个善端，人就能够除去私弊，成为圣人。正可谓"尽其心者，知其性也。知其性，则知天矣。存其心，养其性，所以事天也。"王阳明继承孟子的思想提出"心即理"。德性的养成需要靠"致良知"。这些理论主要是指道德主体具有个性化和感性化的非理性因素，尊重人的个体性和差异性，突出个体的道德情感和道德自主。

基于"内生论"的思想观点，现代德性养成理论衍生出永恒主义、人本主义、生活德育论等理论。永恒主义的德育理论以美国教育家、永恒主义教育流派的领军人物以赫钦斯为代表。赫钦斯认为，"人是理性的动物"，理性是人最重要的和永远不变的特性，"改善人即意味着最充分地发展人的理性""如果教育被正确理解的话，那么教育就是理性的培养"[2]。人本主义德育理论的代表人物有马斯洛、罗杰斯等。罗杰斯推崇人的天性是善的，人天生存在"自我实现"的倾向。"自我实现"是人格发展的内在动力。道德养成需要挖掘、发展人的道德潜能，培养和发展人的"自我意识"，即"善"的本质，让个体自主学习，进行"自我选择、自我发现、自我教育、自我实现"，从而使人的善行得到充分自由的发展。生活德育论的代表人物有陶行知、鲁洁等。陶行知推崇以人为中心，强调人要做自己的主人、做社会的主人。他"教人求真，求做真人"的教育目标以求真为基础，以求善为旨意。同时，他强调自治是养成道德习惯的有效手段，以"团体"的形式共同管理，通过不断地自我反省、自我锻炼、自我提高，有助于养成良好的道德习惯[3]。鲁洁强调，道德要回到成人之道的原点，"怎样去做一个人"的根本生存方式是道德的核心，而不只是"应该怎样去行动"

---

1 张济洲，黄书光：《美德是否可教——论苏格拉底的德性教化》，载《教育研究》，第4期，2013。
2 罗石：《现代西方德育理论综述》，载《比较教育研究》，第1期，1999。
3 沈道海：《陶行知生活德育的精神内涵及其现代启示》，载《教育探索》，第1期，2014。

的具体规范问题[1]。由此，她强调运用现实生活资源培育道德情感，在真实可感的生活场景之中领悟道德规范，在回归生活世界中促进德性品质的生成[2]。生活高于道德，不仅是因为可以设想一个无道德的生活世界，却无法设想一个无生活的道德世界，而且是因为生活或生命在逻辑上具有在先性或独立自存性 。只有根植于生活世界，德育才能具有深厚的基础和强大的生命力[3]。

德性养成的"内生论"得到诸多师德研究者的认可。例如，李方安（2015）认为，做一个有德性的教师，其自我发展的内在动力来源于自我意识，只有将这种自我意识付诸行动并转化为自我更新、自我塑造的能力时，教师发展的内生动力才能源源不断，才能根本解决教师发展功利化倾向问题[4]。李子建等（2015）认为，教师德性生成的过程是以教师专业身份认同为基础的。它强调教师对"我是谁""我是怎样一个教师"和"我能获得什么样的发展"等一系列高度涉及自我的命题的反思与回答，即教师对自我的图像（image）[5]。2004年荷兰学者科瑟根在其提出的"好教师"洋葱模型中，就将教师的使命感和身份认同置于核心地位，由内而外依次为使命、身份认同、教师的能力、教师的行为和环境。教师具有怎样的身份认同，向外可以影响教师发展怎样的能力、做出怎样的行为，向内则关系教师的使命感[6]。教师德性的生成也需要一定的条件支持，以确保教师身份认同需要的实现。例如，通过收集职前教师的自我叙事，来判断他们的身份确立的需要；建立教师成长档案以跟踪教师身份确立的历程；组织不同实践主题的在线讨论社群，为职前教师营造安全的环境进行有效协商；通过跨文化的沉浸式实习，促使职前教师反思自己的教学理念等[7]。

2. 外塑论

道德养成的"外塑论"以规范伦理为基础，认为道德品质的培养和身体一样也需

1　鲁洁：《做成一个人——道德教育的根本指向》，载《教育研究》，第11期，2007。

2　杨金华：《生活德育论的理论隐忧与现实困境——对近年"生活德育热"的冷思考》，载《高等教育研究》，第36卷，第8期，2015。

3　王啸，鲁洁：《德育理论：走向科学化和人性化的整合》，载《中国教育学刊》，第3期，1999。

4　李方安：《论教师自我发展》，载《教育研究》，第36卷，第4期，2015。

5　李子建，邱德峰：《实践共同体：迈向教师专业身份认同新视野》，载《全球教育展望》，第4卷，第5期，2016。

6　Korthagen F A J, *In search of the essence of a good teacher: Towards a more holistic approach in teacher education*, Teaching and Teacher Education, 2004, pp. 77-97.

7　张倩，李子建：《论教师的养成——以"学为人师"为视角》，载《教育学报》，第12卷，第6期，2016。

要锻炼[1]。德育的重要目标是直接而系统地改变人的道德行为，通过人的道德行为，即"怎样做"来检验道德教育的成效。因而，道德养成需要社会习俗的教化，依赖于教育灌输与权威教导，通过行为习惯的训练和培养不断实现品格的提升。传统德性养成的"外塑论"的代表人物有荀子、程朱三人与康德等。荀子从"性恶论"出发，提出"化性起伪"，遵循外部礼制达到对人的本心的约束，通过"隆师、道问、强学、积学"等过程，化性去伪，使之合乎礼仪。程朱理学从心性论出发来论述德性养成思想。程颐认为，"在天为命，……在人为性，……论其所主为心"。朱熹认为，"心与理一""心与性为体"。程、朱将对外在宇宙的认识转移到人的内心世界，将对天道的认识归结为对人道的体验，将天之德性与人之德性直接而内在地联系起来。康德认为，道德律令来源于人的纯粹理性，理性是自然立法。这个法则具有普遍性。康德推崇，"在道德上的善良不在于随激情和利己之心而行动，而是遵循一种超乎人的对别人和自己都有效的原则而行动，这就是道德的本质。"普遍的道德法则如何成为自身的内在法则？康德认为，这就是道德的自律性。

基于道德"外塑论"的思想，最有代表性的道德教育理论有社会学习理论、价值澄清理论与道德内化理论等。社会学习理论以美国心理学家班杜拉为代表。他主张，个体的行为是个体与社会环境相互作用的结果，因而个体的道德判断取决于社会学习中的环境因素。例如，社会文化关系以及各种客观条件、榜样和强化等。同时，他也认为，人的道德发展需要纪律的约束，纪律使人的行为合乎道德规范[2]。价值澄清理论的代表人物有路易斯·拉斯、西米西蒙等。他们认为，社会不存在一套公认的道德准则或价值观念，不同的个体因经验的不同会产生不同的价值观。而在价值相对性和多元性的现实中，个体将会感到迷惘困惑和无所适从，进而形成不同乃至相互矛盾混乱的价值观。因此，道德教育应通过对价值概念多样化分析和评价的手段，帮助个体进行价值澄清，做出其自身的判断与选择[3]。道德内化理论强调，只有个体将外部道德规范不断转化为内部需要，才能确保秩序的建立和稳定。这个过程具有认知和训练的作用。马克思主义唯物辩证法也认为，道德行为是社会道德规范经过主体内化而表现出来的行为结果。

师德研究者对"外塑论"也有很多认同的观点。例如，张家军（2015）认为制

1　罗石：《现代西方德育理论综述》，载《比较教育研究》，第1期，1999。

2　［美］阿伯特·班杜拉：《社会学习心理学》，39页，长春，吉林教育出版社，1988。

3　吴广庆：《价值澄清理论对青少年价值观教育的借鉴》，载《中国青年研究》，2012。

度化与教化属于师德的外铄，师德教化是指为了培养教师应该具有的道德品质和能力，遵守普遍认同的道德原则和道德规范，有组织有系统地对社会个体施加影响的过程。教化的形式主要有道德教育、道德激励、榜样示范和道德情感的熏陶等[1]。李济才（1993）认为，教师对行为规范的接受是一个内化的过程。它需要依赖于一定的外部条件。例如，国家教育机关制定的师德规范通过学校、年级组或教研组等教师集体微观社会环境，对教师个体的教育行为产生作用[2]。其中，教师集体创设的相互启示（提高道德认知）、相互感染（深化道德情感）、相互激励（激励道德意志）与相互督促（推动道德行为）的人际交往情境，充分发挥了社会情境的作用，成为教师遵守规范行为的外因。

　　总之，教育学视角下的师德养成研究认为，师德养成是一个内外兼修的过程，需要做到"内生论"与"外塑论"的相互融合、相互统一。这就要求教师一方面要积极发挥主观能动性，不断向内看，实现自我发展、自我完善与自我升华；另一方面，要依托外部环境因素来规范教师的职业行为，将道德规范不断内化为教师的职业信念。也是基于这一点，大多数学者对师德养成的影响因素进行探讨，都强调师德养成是外部因素与内部因素相互作用的结果。例如，马娟（2004）认为，师德形成与发展是在主客观因素的互动过程中实现的。客观因素通过主观因素发挥作用。影响师德形成的客观因素既包括社会期望、职业声望、现实地位等宏观因素，也包括学校管理体制、人际关系、群体观念、集体目标等微观因素。主观因素主要包括职业社会知觉、职业角色意识与个人特质三个方面。其中，教师的角色意识对师德的发展发挥着非常重要的作用[3]。以文化传统这个客观因素为例，有学者认为中华传统文化关注生命的品质，有助于净化与提升教师人格，实现教师对世俗事务的逐渐超越，进而进入一个新的精神境界[4]。中华文化（客观因素）是通过社会文化规范与个体心理结构（主观因素）的相互适应过程，进而实现教师在人格塑造中取得社会存在与个体身心的和谐[5]。

1 张家军：《论师德建设的教化、内化和制度化》，载《课程. 教材. 教法》，第7期，2015。
2 李济才：《教师集体促进师德规范内化的机制及结构要求》，载《教育科学》，第1期，1993。
3 马娟，陈旭，赵慧：《师德发展的影响因素及其作用机制》，载《教师教育研究》，第6期，2004。
4 舒志定：《文化传统与教师专业化的实现》，载《教育研究》，第12期，2002。
5 唐迅：《师道新探——中国古代教育哲学思想探微》，载《高等师范教育研究》，第4期，1993。

三 师德养成的心理学视角

心理学是研究人的心理发生、发展规律的科学。人的思想品德的形成过程，也是一个心理活动过程。因此，有关师德养成的研究也离不开心理学视角。心理学视角下的师德养成研究主要探讨教师个体在师德养成过程中的知、情、行及其相互作用的内在机制。因此，心理学视角下的师德养成研究主要探讨以下三个方面的内容：一是加强反思内省，重构道德认知；二是注重多重关系，涵养教师德性；三是坚持道德践行，磨炼教师德性。

（一）加强反思内省，重构道德认知

道德认知，是个体对道德现象、行为准则及其意义的认知，即在人的道德意识中反映或观念地再现道德现象的过程[1]。道德认知是道德行为的基础，道德认知水平影响并决定着道德行为的稳定性、自觉性和有效性。因此，要促成教师道德的行为转化，首先需要培养教师对道德的正确认知。道德认知的目的在于，确立正确的价值取向，对教师的道德价值澄清需要通过教师的反思和内省逐步实现。这需要教师加强教育理论学习和政策文件学习，重塑教师观、学生观和育人观，更重要的是教师需要不断反思自己的行为，促使职业道德认知从外在的规范走向内在的自觉。

对于"反思"的理解，东西方文化各有侧重。在中国传统文化中，反思和内省更多赋予德性修养的内涵，强调在不断的自我转化和提升中实现"修己达人"；而在西方传统文化中，人们的反思更多的是对于自我理性和知识的审视和询问。东方文化认为，通过自身的内省达到道德上的完善。例如，孔子倡导"见贤思齐焉，见不贤而内自省也。"（《论语·里仁》）《中庸》云"莫见乎隐，显乎微，故君子慎其独也。"孟子曰："行有不得者皆反求诸己"；明代王守仁在他为学生所设置的日课表中，规定有"考德"一课，每天清晨用谈话方式进行，内容是让学生们把隔日的言语行动，逐一加以检查，看看有无过失，"有则改之，无则加勉"；林崇德先生也指出，师德是教师从事教育工作的根本动力，而自我监控能力是教师从事教育活动的运转中心，

1　易法建：《论道德认知》，载《求索》，第 3 期，1998。

21 世纪教师能力的核心是监控能力或反思能力[1]。在西方，古希腊苏格拉底认为，一个人的生命如果不经过一番批判性的自省，这个生命是不值得活的。现代学者对于反思的理解存在差异，例如，海瑞认为反思是心理学的概念，是一种自我意识（self-awareness）的体现。有关教师自我反思的实证研究结果也表明，自我反思能力与自我效能感、自主学习能力存在正相关，意味着教师自我反思能促进教师专业发展[2]；伯明翰则认为，在当前多元文化下，反思本身就是一种美德；鲁科沃斯基指出，德性伦理取向中的自我反思是培养伦理型好教师的重要途径[3]。总之，反思和内省的过程实际上是开展内心对话的过程，就是不断自我转化和提升的过程。中西方文化中的反思虽存在差异，但也存在共同之处。无论是东方智慧，还是西方文化，都高度强调从教师内心深处入手，关注教师的正向力量，注重教师的积极体验。

目前，提出通过反思内省推进教师道德发展的成功经验与典型案例有很多。例如，积极心理学为促进教师有效自我反思提供了具体、可操作的工具。相关研究表明，通过一周或长达 100 天感恩日志的撰写，教师能够心存感激、时时行善、品尝乐趣、学会宽恕以及逆境自持，从而帮助教师更好地认识自我，激发教师的积极情绪，体验人生的价值[4]。国内的师德教育也倡导采用参与、体验、分享、反思的方式方法，在体验中传递温暖，将培训视为培训者与参训教师共同建构、共同演绎的舞台。例如，车丽娜认为要引导广大教师把崇高的师德要求转化为自觉的价值追求和行为取向，从内心深处生发责任意识是师德建设的重点[5]。戴双翔、林倩等认为，要从德性关怀的角度重构师德培训价值，从幸福指向的角度创新师德培训内容，引领教师走向自我完善的人文关怀[6]。还有学者认为，在教师道德建设过程中，要使教师在精神深处与教师专业道德做到真正意义上的融合，引导教师不断对"道"的真谛进行体验和领悟，并逐步转化为"乐道""好道"的自我修养[7]。也有学者指出，教师要养成道德反思的习惯，认为道德反思是教师道德自主发展不可或缺的行动，教师道德反思的自觉程度

1 林崇德：《基于中华民族文化的师德观》，载《西南大学学报（社会科学版）》，第 40 卷，第 1 期，2014。

2 *Teacher Reflection and Its Relation to Teacher Efficacy and Autonomy.*

3 Sockett, H. *Knowledge and virtue in teaching and learning: The primacy of dispositions.* Routledge, 2012.

4 同上。

5 车丽娜：《论教师职业道德发展中的自主责任意识》，载《教育研究与实验》，2012。

6 戴双翔，林倩：《师德培训的价值重构与实践创新》，载《中小学德育》，2016。

7 张凌洋，易连云：《专业化视域下的教师专业道德建设》，载《教育研究》，2014。

越高，教师道德水平就越高[1]。

（二）注重多重关系，涵养教师德性

道德反映的是内心的德性与外在的人际关系，道德情感是人们根据社会的道德规范评价自己和别人的举止、行为、思想、意图时所产生的一种情感，是激发一个人道德行为的重要内部动力。教师的职业活动主要在人与人的关系中进行，教师的职业道德也必然体现在与行为相对应的人的互动之中，正确处理个人与社会、教师与学生、教师个人与集体、教师与学生家长之间的关系，是涵养教师德性的需要。良好的师德体现在教师与学生、教师与同伴、教师与社会等各种关系和相互影响之中。今天的教师已不再是孤独的教书匠，他需要不断开放自己，加强与同伴之间的专业对话和合作，通过相互学习、分享彼此的教育教学经验，实现共同成长。师德发展需要在师生关系中以关怀为核心，付出爱心，体现尊重，让教育充满温暖；需要努力提升交往的品质，让教师这个独特的职业发出独有的、自在的芳香；需要在厘清教师与家庭、社会的关系的同时，以包括教师在内的"人"作为最根本的关切，让师德修养始终闪耀着人性的光芒[2]。

传统儒家的道德思想提倡在人与人、人与社会相处的关系之中，自觉遵守相应的规范与原则，以达到理想的道德境界。人与人的关系所覆盖的领域包括家庭、团体以及政治生活等各个方面。其中，关于人伦关系的道德规范，孟子认为理想的五种人伦关系是，"父子有亲，君臣有义，夫妇有别，长幼有序，朋友有信。"（《孟子·滕文公上》）在每一种关系中都应当遵守相应的道德准则。人与人之间日常相处的一般道德原则及规范，在社会伦理关系的框架之内，儒家对于人与人之间一般性社会交往关系中所应理解、认同、效法、遵守的行为准则和价值坚守也有论述。首要的交往原则便是"推己及人"，也即以自己心之所想、所愿去考虑他人的心思以及愿望去对待他人、理解他人。"己所不欲，勿施于人。"（《论语·颜渊》）"己欲立而立人，己欲达而达人。"（《论语·雍也》）都强调交往关系应立足于人与人之间

1 李清雁：《教师道德的自主发展》，载《思想理论教育》，第12期，2010。
2 凌云志：《新时代师德建设呼唤"人"的回归》，载《教育科学研究》，第3期，2016。

的相互理解、相互尊重。其实这是个人对与他人交往中的道德关系的理解，从而自觉地以符合道德的方式对待他人。其次，在与人相处中要"反求诸己"，意为要严格要求自己，时时自省、反思以及自讼。正可谓"君子求诸己，小人求诸人。"（《论语·卫灵公》）"人不知，而不愠，不亦君子乎。"（《论语·学而》）儒家倡导在与人的相处之中，要善于反观自身，反思、认识自我的言行举止是否符合君子风范以改善自己的道德思想以及行为，将社会的道德规范与自我的内在原则融合为一，形成和谐的人际关系，做到"爱人者，人恒爱之；敬人者，人恒敬之"（《孟子·离娄章句下》）的状态。

人在与社会的相处之中，儒家道德思想的规范体系主要是"仁""义""礼""智""信"，其中以"仁"为核心，"人而不仁，如礼何？人而不仁，如乐何？"（《论语·八佾》）"仁"具体分为三个层次：一为"爱亲"，对自己亲人的爱护；二为"爱人"，对别人的同情、友爱；三为"爱众"，对普通民众的仁义道德。可见，"仁"的对象层次由关系亲疏远近而依次为"亲""人""众"，由亲、人逐渐扩展到普通民众之中，从自我的圈子逐渐扩展到广泛的社会。这也揭示了人的道德成长由个体维度到社会维度的发展过程。

现代德育论主张德育回归生活，即完整理解并发挥教师日常与非日常生活中的德育作用，除了发挥以课堂为主的科学道德教育之外，也要深入挖掘属于生活世界道德教育范畴的其他日常生活中的德育，比如说同侪交往的作用[1]。以师生关系为例，一方面教师需要以课堂为主创造一个活生生的"生活世界"，使自己的能力不断提升、经验不断拓展，从而使个体的潜能得到充分、自由的发挥[2]；另一方面需要以平等的姿态实现与学生心灵的互动与沟通，进而做到"理解"，而不是居高临下把道德规范强加于人。

目前，也有很多基于多重关系的师德修养研究与案例，如以人际关系为研究视角可以发现，教师的职业生活中存在一个关系圈[3]，即以教师为圆心，以教育教学活动为半径，形成教师与学生、教师与家长、教师与同事、教师与其他人、教师与家长的关系，教师的专业成长、师德成长一定是在这个关系圈里完成的。关系学研究视域下的

1　朱小蔓：《课程改革中的道德教育和价值观教育》，载《全球教育展望》，第31卷，第12期，2002。
2　尹艳秋，叶绪江：《主体间性教育对个人主体性教育的超越》，载《教育研究》，第2期，2003。
3　张丽璇：《关系圈》，北京，北京工业大学出版社，2011。

师德培训课程内容结构中，在教师与学生的关系这一课程模块，提供了以"关爱、公正、尊重"为主题的六门必修、三门选修微课程，课程主题表述含有明确的价值导向，如"接受差异，正确对待"，对教师起着正向暗示，每一个主题以案例形式呈现，故事来源于教师日常的教育、教学现场，案例以学生的口吻表述，并还原真实的教育事件[1]。陈韵妃认为，师德培训必须清楚地看到教师关系圈的存在，指导和帮助教师处理好若干组"人—人"关系，同时也引导教师在"关系"中确认自己的道德坐标，树立正向的道德情感，形成正确的道德认知，养成积极的道德行为[2]。中国基础教育质量监测协同创新中心 2014 年发布的《区域教育质量健康指数》表明，师生关系指数每增长 10%，学生品德行为指数分别增长 7.22% 和 7.73%。

（三）坚持道德践行，磨炼教师德性

道德行为是道德认知、道德情感和道德意志的具体外化与体现，道德本身就与实践密不可分。就像张岱年先生所说："道德所以为道德，在于不仅是思想认识，更是行为规范。道德决不能徒托空言，而必须见之于实际行动。因此，道德修养方法固然包括认识方法，而主要是行动的方法，提高生活境界的方法。道德修养兼顾'知'和'行'两个方面。"[3]教师可以通过道德践行的方式来促进自身师德的养成。

我国古代有丰富的道德践行思想。例如，"君子欲讷于言而敏于行。"（《论语·里仁》）身体力行是君子所应有的品质。所谓"不闻不若闻之，闻之不若见之，见之不如知之，知之不若行之。学至于行之而止矣。行之，明也"（《荀子·儒效》），"博学之，审问之，慎思之，明辨之，笃行之。"《（中庸·二十章》）认为学习的过程落实在"笃行"。王守仁从"心即理""致良知"出发，强调道德教育要从细微处下功夫，突出"立志"与"躬行"对于道德修养的重要性，强调"知行合一"。关于道德行为训练，我国古代思想家一贯重视道德行为的持续实践。孔子说："君子无终食之间违仁，造次必于是，颠沛必于是。"（《论语·里仁》）意即一个人时时刻刻都要实行仁德，甚至连吃一顿饭的工夫都不能背离仁德；一个人处处事事都要实行仁德，甚至在仓

1　谷力：《以主题事件活动模式引领小学品德高效教学设计》，载《思想理论教育》，第 10 期，2013。
2　陈韵妃：《回到"人"：师德培训课程整体架构的思考》，载《当代教育科学》，第 17 期，2014。
3　张岱年：《中国伦理思想研究》，219 页，上海，上海人民出版社，1989。

促、颠沛流离的时候都必须按仁德办事。朱熹还专门编写《童蒙须知》，分"衣服冠履""言语不趋""洒扫涓洁""读书楔子"和"杂细事宜"等几项，以便学生天天践履，养成良好的道德习惯。近年来，我国师德观念发展的三大趋势之一就是由抽象化师德转换到实践性师德，道德不能只止于言说，它需要行动证实；师德本质就是教师自我实践的探索，是教师专业实践的内在需求；师德养成的土壤是教育教学中生动、丰富而复杂的实践情境，师德需要植根于教师从事的复杂性教育实践之中，师德培训需要立足于解除教师实践焦虑的需要[1]。

西方学者也普遍认同在教育实践中养成教师德性的观念，其理论根源是亚里士多德的实践智慧，是指在道德世界能应付纷繁复杂的人生境况的理性德性。索科特认为，教育理论与教育实践之间存在断层，二者必须相结合，理论才能真正得到检验和运用，实践是教师的具体行动和他们对问题的思考，从而在复杂变幻的工作场景中体现出公正、智慧和审慎等品质。他也发现由于教师个体的价值观、知识背景等方面存在不同，实践开展是存在困难的。海瑞认为，教师知道美德和践行美德都非常重要，仅知道德性的内容而不践行，则不算是具有德性。坎普贝尔认为，实践是教师积累道德知识所必需的途径，认知和践行是两回事，教师必须通过在教学实践中具体实践，才能将学到的伦理知识内化为个体美德。除了理论分析之外，杜恩依据麦金泰尔和亚里士多德的德性实践理论，分析了实践中的内在利益和外在利益。克拉克则检验了被广泛认可的"以事实为依据的实践"，认为实际上人们将"事实依据"窄化成了"科学论据"，而克拉克认为这是不够的，实践者个体的背景知识同等重要[2]。

由此，中西方文化都认同在道德实践中锤炼道德，在教育实践中养成教师德性，师德的养成最根本的就在于教育场域的磨炼，教师的每一种职业道德品质生长的土壤都在教育教学的生动、丰富而复杂的情境中，教师道德的建设不能脱离具体的教育教学实践，不能脱离教师工作职场，立足教育场域磨炼教师的德性，是师德养成的必由之路。目前，也有不少通过道德践行养成师德的案例，例如，美国在职前和在职教师教育中，避免简单的灌输和空洞的说教，强调道德践行，在道德实践中将师德规范内

1　王凯：《近年来我国师德观念发展的三大趋向》，载《中国教育学刊》，第1期，2013。
2　Carr D, Bondi, L, Clark, C., & Clegg, C., *Towards professional wisdom: Practical deliberation in the people professions*, Ashgate Publishing, Ltd, 2011.

化为师德行为;[1]新加坡教育部推出全新的教师成长模式,要求教师要做到知行合一,言出必行,做道德的模范实践者和践行者。[2]我国学者杨延总结新加坡教师培训的"减负"特征,指出注重实践的价值观尤其值得我国教师培训部门借鉴[3]。朱小蔓指出,新时期师德建设需要回归教育职场,回归教师主体。[4]

总之,从心理学的研究角度,个体道德形成有其自身的发展规律,需要经过知、情、行三个阶段。知是不断学习道德观念,建构道德认知体系;情是通过交互产生心理上的共鸣,激活道德情感;行是实施道德行为,养成道德习惯。师德作为教师的一个个人品性,一个德性,一个温暖于心、外显于行的道德特性,它的形成、发展和变化受个体一般道德发展水平的制约,师德养成是"道德认知、道德情感、道德行为和谐统一的过程,是知行合一的过程"[5],是教师个人价值观念、情感体验和行为方式综合提升的过程,个体的道德品性的建构无法离开知善、欲善再到行善的整个过程。

师德养成是教师在反复而持续的熏染过程中实现道德涵育与精神滋养的过程。这是教师德性动态生成的过程,也是教师行为不断得到"校正"的过程。它会使教师从已有的生命状态向更好的生命状态出发,变为一个更好的教师,更好的人。与此同时,由于德育是一个涉及诸多问题的复杂领域,只通过一门学科来探讨师德问题不仅有限,还有可能因为认知的片面给师德养成实践带来潜在危险。因而,随着教师生活世界的不断开阔和人类道德观念的日益多元,从多个视角对师德问题进行透视达成共识。当前,有关师德涵养的研究主要从哲学、教育学、心理学的视角加以论述。

1 耿娟娟,鲁团花:《中美高校教师专业伦理建设对比研究》,载《中国成人教育》,第15期,2017。
2 邓凡:《更大的自由和主导权——新加坡新"教师成长模式"及其启示》,载《全球教育展望》,第41卷,第9期,2012。
3 沈艳春:《新加坡中小学教师培训现状带给我们的启示》,载《现代教育科学》,第2期,2014。
4 朱小蔓:《回归教育职场 回归教师主体——新时期师德建设的思考》,载《中国教育学刊》,第10期,2007。
5 和学新,王文娟:《师德修养是师德成长的本质追求》载《思想理论教育》,第6期,2011。

第三节

中华文化及其涵养师德的内在机制

　　中华文化源远流长，灿烂辉煌。两千多年来，中华民族在不断地体悟践行中逐渐形成了以"学以成人"为指向，以儒家思想为核心，儒释道等多元文化并存的中华文化体系。钱穆先生说："中国文化之最重要、最特殊之处乃在其能着重学做人，在其能看出人的理想和境界可日新月异地上进。"[1]由此也让我们体会到了中华文化贯彻于日常、作用于生命的朴素与伟大。时至今日，我们究竟该如何理解中华文化的内涵与特点？其对中国教师的师德涵养有哪些重要价值？本节在探讨中华文化内涵与价值的基础上，浅析中华文化涵养师德的内在机制。

一　中华文化的内涵

（一）文化的溯源与界定

　　"文化"二字，在西方是一个新名词。而在中国，则此词甚为古老。《说文解字》中解释"文"字为"错画也"，可见，"文"字最初在中国文化中就带有人文的色彩。"文化"二字首次出现，是在《周易·贲卦·象传》中："刚柔交错，天文也。文明以止，人文也。观乎天文，以察时变。观乎人文，以化成天下。"意指"人文化成"，与天文相对，强调其人文性及教化本质。而后，"文化"一词进一步增强了其"文治教化"的意蕴，与武力征服相对应："凡武之兴，为不服也；文化不改，然后加诛。"（刘向《说苑·指武》）"设神理以景俗，敷文化以柔远"（王融《三月三日曲水诗序》），强调"以文化人"，是指通过人事、人为的实践，把外在的自然世界改造为属人的、更加符合人的目的和意图的"文化世界"。

1　钱穆：《新亚遗铎》，485—486 页，北京，生活·读书·新知三联书店，2004。

近代以来，随着西方分科的学术传统进入中国，中西方学者进一步从不同的学科视角对"文化"一词进行了更加详细的界定和论述。在文化哲学研究领域，中外学者对文化的理解大致有两条思路："功能性"的文化和作为"主体性"的文化。从功能性视角来理解文化，其代表人物主要有泰勒（E.B·Taylor）、马林诺夫斯基（B.K.Malinowski）、克鲁克洪（C.Kluckholn）等。其基本观点可以概括为：第一，强调文化是由作为社会成员的人获得并掌握的东西，因此它与本能的生物学遗传或先天性行动方式区别开来，是超有机存在的；第二，认为文化是个人适应其整个外部环境的工具，是表达其创造性的手段，因此它又具有超个人的社会性承前启后特征；第三，文化不是简单的、孤立的诸要素杂乱无章的堆砌物，而是具有结构的统一整体，它显示出某种特殊的规律性，人们可以借助于科学的方法加以分析和把握；第四，文化是动态的、可变的，不过，这种思路很容易将文化看做人的身外之物，很难从根本上把握文化的本质要义。"主体性"文化思路的核心观点是文化构成了人类的存在。这一路向的代表人物有康德（Kant）、狄尔泰（W.Dilthey）、卡西尔（E.Cassirer）。从主体角度对文化的思考具有十分强烈鲜明的人本主义特色，他们将文化与人的生存、人的价值实现紧密联系起来，进一步阐释文化在本质上人的一种完善，具体来说是以人的理性、道德和审美为标志的内在人格的自我完善。文化应当关注人们对幸福的要求，人的心灵的真正解放才是文化的最高成就[1]。

文化心理学领域研究认为，人的一切心理和行为无不受特定社会环境和文化传统的深刻影响。文化是一种符号系统和意义系统。一切文化层次，从器物、技术到制度、习俗都必须对人有意义才能被称为本来意义上的文化，而价值、信念等核心部分也只有转化为心理符号才能影响和支配人的行为。不同于教育、灌输等手段，文化对人的影响是在潜移默化过程中进行的，因而一般难以为个人所意识到[2]。

尽管不同文化背景、不同学科领域对文化的界定各有侧重，表述也有所不同，但总体而言，学者们对文化俨然已经形成一致观点，均认为文化就是这样一种弥散于外而内化于心、进化千年却影响即刻的事物，它使得人之所以成为人。这也意味着文化不应只围绕在器物、技能层面，而应回到自己的原点上，即回到"向人而化"的本来意义上，尤其是回到人的内向完善的主旨上。

---

1 邹广文：《文化、文化本质与文化变迁》，载《中共天津市委党校学报》，第4期，2004。
2 王宏印：《跨文化心理学的文化概念与文化观点》，载《陕西师范大学学报（哲学社会科学版）》，第3期，1994。

（二）中华文化的内涵与特点

中华文化是中华民族在长期实践中创造、培育和形成的优秀文明成果的总和，从内容看，它以"学以成人"为指向，以儒家思想为核心，儒释道等多元文化并存；从阶段看，它包括中华优秀传统文化、革命文化和社会主义先进文化三个组成部分，这三个部分构成一个博大精深的完整体系；从其本质特点看，中华文化强调以人为本、以德为先和依道而行。

1. 以人为本

如果用一个词概括中华文化的根本特点，学界普遍的观点便是"以人为本"的人本主义精神。张岱年先生说："中国文化的优秀传统的核心是关于人生意义、人生价值、人生理想的基本观点，可以称为人本观点"[1]。楼宇烈先生也认为，以人为本的人文精神是中国文化最根本的精神，也是一个最重要的特征。[2]所谓"以人为本"，即向外，强调人在天地万物中能动的核心地位；向内，强调人的自我觉醒、自我提升与自我超越，以在物质追求的基础上实现人的精神价值。

早在西周时期，《尚书·泰誓上》说："惟天地万物之母，惟人万物之灵。"强调人是天地间的"最灵最贵者"。随后，荀子通过比较详细论述了人为天下贵的理由："水火有气而无生，草木有生而无知，禽兽有知而无义；人有气、有生、有知，亦且有义，故最为天下贵也。"（《荀子·王制》）而人之所以能与"天地参"，与天地并称为"三才"，主要原因就在于，人能通过学习、教化、自我觉醒和自我提升，超越世间万物所共有的动物本性，成为一个具有独立人格和崇高价值追求的人。恰如《孟子·离娄下》中所言："人之所以异于禽兽者几希；庶民去之，君子存之。"这是异于禽兽的人性与良知，便是人之所以为人的最宝贵的所在。

2. 以德为先

中华文化中人本精神的核心指向便是"学以成人"，把人的道德情操的自我提升

---

1 张岱年：《中国文化优秀传统的生命力》，载《中国文化研究创刊号》，1993。
2 楼宇烈：《中国文化中以人为本的人文精神》，载《语文教学与研究》，第 36 期，2016。

与超越放在首位，注重人的伦理精神和文化精神的养成。从儒释道三大思想传统看，最核心最根本的精神就是做人，强调的是人的德行修养和人文教育，形成了中华文化的另一个根本特征——以德为先。正如韦政通先生所指出的那样："中华文化的第十个特征，是重德精神，也是最根本、最有笼罩性的一个特征。"钱逊先生也指出，中华文化注重以德为本，以和为贵。其最核心的问题是做人的道理，就是教人怎么做一个人。首先，要认识人和禽兽的区别，这也引出两条做人的基本原则：一是把个人看作群体中的一分子，要处理好个人与群体的关系，把个人与群体统一起来，在群体发展中谋求个人的发展；二是把精神生活看得重于物质生活。其次，对人生目标的追求。讲做人就要讲立志，树立远大的人生理想。中国人的理想不在物质生活方面，而在精神生活方面。志于道，追求成圣成贤。一是"义以为上"的气节。在日常生活中遇到道德与物质利益的关系时，正确的关系应该是见利思义、义然后取利，利的取舍要以道义为标准，把道义放在第一位。二是孝悌忠恕。这指明了具体怎样做人[1]。把"以德为先"作为"立人"的首要标准，也体现了中华文化深厚的道德基础。

3. 依道而行

在通过内省、践行等工夫"成为一个人"或者说"成为一个君子"的同时，还要继续扩展自己的生命，发挥人作为天地万物核心的主观能动性，修己安人，立己达人，协助创建一个"万物并行不相悖"的和谐世界，而创建这样一个和谐世界的方法便是"依道而行"。若站在西方文化的视角，中国人并没有宗教式的信仰，然而，中华民族一直以来有一种坚定的信念——道。钱穆先生说："中国思想不妨称为唯道论。把这一个道切断分开看，便有时代，有万物。这些万物处在这些时代，从其自身内部说，各有它们的性。从其外面四维说，各有它们的命。要性命合看，始是它当下应处之道。从个别的一物看，可以失其性命，可以不合道。从道的全体看，将没有一物不得其性命与不合道。"[2]

中华文化崇尚"道"、重视"道"，从孔子开始以及先秦的诸子百家，都高举"道"的旗帜。《说文解字》中将"道"解释为"所行道也，一达谓之道；《道德经》开篇

---

1 钱逊：《中华文化精神》，载《国家教育行政学院学报》，第1期，2006。
2 钱穆：《湖上闲思录》，35页，北京，生活·读书·新知三联书店，2000。

明义："道，可道也，非恒道也；名，可名也，非恒名也"；《素书》说，"道者，人之所蹈，使万物不知其所由。"董仲舒则说，"道之大原出于天，天不变，道亦不变"（《汉书·董仲舒传》）。可见，"道"从字源上来说意为人所行的道路，随后被百家引申为规律规则、人人所必须遵循的规律，进而有老子所言"反者道之动，弱者道之用"。对于规律，中国人传统的观念是敬畏，"顺之者昌、逆之者亡"，我们只能利用规律、顺应自然，而不能违背，否则便会自食其果。当然，这种"辅万物之自然而不敢为"，是一种自觉主动的利用和顺应，而不是被动不自觉的受其左右。

可以说，中华文化的主要目的和终极价值在于彰显人的终极的存在意义：重建人的道德自我，重建人的自尊，重建中国人的价值，为中国寻找失落了的民族精神，寻找失落了的人类本性和个体的真我，解决人类的、族类的、个体的存在危机，反思生命的意义和人生的机制。

（三）中华文化的基本理念

中华文化"以人为本"的核心理念和根本特点并非西方意义上的"人类中心主义"，而是强调人既不"役于神"，也不"役于物"，通过反求诸己和自我体察，建立自己的独立人格、完善自我道德，进而"修己安人""辅万物之自然"，最终达到"天地万物一体"的圣贤境界。从"天人合一""内圣外王""知行合一""中庸之道"等一系列理念中，能够感受到中华文化的内涵与精神主旨。

1. 天人合一的生命境界

在中华文化中，"天"既指自然之天，又有人文（天命）之天的意味，故而"天人合一"这一理念中既包含敬畏自然、敬畏天命的意蕴，又有"天人感应"的警示意义，后又被引申为"天地万物一体"的大同境界。中国人正是在对天、对天地精神的敬仰及对天道天命的敬畏中，不断提升自己的境界，以"与天地精神相往来"这种精神上的契合与颖悟，足以使人产生一种个人道德价值的崇高感，由此对天下万物、有情众生之内在价值，生出博大的同情心，进而洞见天地同根，万物一体。儒家立己立人、成己成物、博施济众、仁民爱物之仁心，道家万物与我为一、天籁、齐物之宽容，佛家普度众生、悲悯天下之情怀，都是这种精神的结晶。

需要注意的是，这种"天人感应""与天地精神相往来"的理念不应被俗化为祭天祭祖的鬼神仪式，天命之"天"也不应被窄化为神秘主义的东西。正如荀子所总结："君子以为文，而百姓以为神。以为文则吉，以为神则凶也"（《荀子·天论》），诚如楼宇烈先生所言，人跟天命的合一，绝不是说我们要去跟鬼神合一，而是强调人只有通过提升自身的品德才可能得到外来的某种辅助 [1]。钱新祖先生也指出："中国的传统哲学不但不把人和天在本体上截然划分为两种不同存在，并且还认为人和天在存在上是一体的，以为人之成神、成圣是人的本性的自我实践。所以中国的传统哲学，在肯定人的时候，也同时肯定天，在肯定天的时候，也同时肯定人。"[2] 可见，中华文化中的"天人合一"的理念也是以人文精神为核心的。

2. 内圣外王的精神追求

张横渠有两句名言："为往圣继绝学，为万世开太平"，前一句代表内圣工夫，后一句则可代表外王理想。可以说，"内圣、外王"是中国传统知识分子人生的两大目标。所谓"内圣"，即内心高明的修养，"外王"则是外在的事功，而"内圣外王"，即指不仅要有内心高明的修养，还要把它运用到现实生活中去，并做出成绩来。古人认为，"内圣"是根本，"外王"是效验，二者之中，人首先要追求个人人格的完善和内心圆满的觉醒，即成为一个圣人，"知通乎大道，应变而不穷，辨乎万物之情性者也"（《哀公问》），这是人的最高成就。当一个人的德性提高，逐步趋近于"内圣"后，"外王"便会是自然而然的结果，所谓"大德必得其位，必得其禄。必得其名，必得其寿"（《礼记·中庸》）。同时，圣贤君子虽不以功名利禄为人生追求，但也绝不远离日常的人伦世界，而是在日用常行中践行"圣贤之道"，"不离日用常行内，直到先天未画前"（王阳明《别诸生》）。简言之，古人追求"内圣外王"的核心意涵，是在日用常行中反求诸己，谋求自身的觉醒和人格的不断完善，在这一过程中"修己安人""成己成物"，帮助建立一个和谐的世界，达到内在的君子人格与外在的功德事业的统一。

1　楼宇烈：《儒家"天人合一"思想》，载《特区实践与理论》，第5期，2017。
2　钱新祖：《中国思想史讲义》，35页，台北，台湾大学出版中心，2013。

3. 知行合一的践履工夫

在儒家思想中，一切属于人行为的合理知识，如不能通过具体行为的表现，便是空言，如《中庸》中所讲："博学之，审问之，慎思之，明辨之，笃行之"，荀子说："学至于行而至矣"（《荀子·儒效》），朱熹也说："学之之博，未若知之之要；知之之要，未若行之之实。"（《朱子语类》）中华文化常常将知识学习与道德践行融为一体，"知是行之始，行是知之成"（王阳明《传习录》）。纵观中华历史，经常看到道德、政治、反思的思想与知识都统一于一个圣贤先师之身，知识和德行在这一个人身上统一而不可分，他自己以身载道，遵循自己的理念和思想而生活，这就是他的思想的组成部分。郭齐勇先生说："古代哲学家的兴趣不在于建构理论体系，不是只把思想与观念系统表达出来就达到了目的，而在于言行一致、知行统一，力行实践，自己所讲的与自家身心的修炼必相符合。他们强调知行的互动，即按照自己的哲学信念生活，身体力行，集知识与美德于一身，不断把自己修炼到超越的境界。中国哲学不是讲堂教授的知识游戏，而是活生生的人格生命，其哲学自其心中流出。"知行合一、践履躬行，以自身生命去体悟"道"、印证"道"，这也正是让中华文化保持活力与生机的力量所在。

4. "中庸"之道的思想智慧

中庸之道是儒家最为推崇的思想智慧，一直贯穿于整个古代的传统观念之中，孔子曾言："中庸之为德也，其至矣乎！民鲜久矣。"（《论语·雍也》）中庸的"中"字意指不偏不倚（不偏颇，不偏袒），无过无不及（不过头，也不是达不到），《礼记·中庸》中有载："喜怒哀乐之未发，谓之中；发而皆中节，谓之和"。而"庸"字则包含三个义项：第一个义项是指平常，庸者，常也，"致广大而尽精微。极高明而道中庸。"中的"中庸"便取此意，是指深刻的道理也不离日用常行；第二个义项解为"庸者，不易也"，是指不轻易变化的一个原则，所以楼宇烈先生解释说，"很多人误认为中庸就是无原则的调和，其实中庸恰恰是讲原则，有标准的，不能过度，不能不及"[1]；第三个义项取庸字下面的一部分，叫作用，所以中庸也可以颠倒过来说是用中，就是使用中

---

[1] 楼宇烈、陈鼓应：《传统文化之中的群体与个人》，http://cul.sohu.com/20151229/n432921232.shtml，2015-11-19/2018-10-21.

道的方法。郭齐勇先生总结，"所以庸有三个意思，从字义上说，庸者常也，平凡；庸者不易也，常道；庸者用也，运用中道"[1]。因此，中庸之道中至少有两点是非常突出的，一是不偏不倚，无过不及；二是和为贵。天人之间要和，人与人之间要和。儒家修身齐家治国平天下，大同世界，仁、礼、忠恕、孝悌等整体思想，都是中庸之道，儒家没有极端思想，儒家整体思想都是不偏不倚的，都无过、无不及的[2]。

"天人合一"的生命境界、"内圣外王"的道德理想、"知行合一"的践履工夫和"中庸"的思想智慧，这些理念最终又回归到"以人为本""学以成人"这一核心，共同构筑起以"生命"为中心，并由此展开其教化、智慧、学问与修行的中华文化。钱穆先生称这种文化为"唯心文化"，区别于西方哲学所称的"唯心主义"，此处的"唯心文化"意指中华文化注重人文本位，且在此之上，以"人心"为主的特点。

二 中华文化对师德养成的重要价值

当今的中国师德教育之所以成为难题，既与社会转型、经济转轨、文化撞击时期三维坐标的动摇不定、价值失衡、社会失范有关，也与师德教育的过程中的纯"科学主义"态度与方法有关。由于师德教育过程未与中国独特的文化传统特别是文化心理相契合，因而道德教育难以入耳入心，往往形成道德教育的无力感。要解决这一难题，师德教育需要从中华文化中去寻找宝贵的精神资源。中华文化"以文化人"的本质性特征，构成了师德养成的内在精神基础和思想核心，而且中华文化中丰富的理念和意涵能为师德养成提供丰富的道德资源与有效的路径参考。这对创新师德养成的理念、内容与实施路径都具有重要价值。

（一）中华文化"以文化人"的本质性特征，构成师德养成的内在精神基础

儒家文化认为，一个人在文化生活的熏陶中，可以无形地转化人的气质，改变人的恶习，使人的行为自然合乎道德[3]，故儒家重视礼乐教化，倡导人文教育，反对武力

---

1 郭齐勇：《孔子的中庸之道》，http://cul.sohu.com/20071127/n253505391.shtml，2007-11-27/2018-10-21.
2 何兹全：《中国文化六讲》，77-78 页，郑州，河南人民出版社，2004。
3 韦政通：《中国文化概论》，130 页，吉林：吉林出版集团有限责任公司，2008。

和权力的压制。简言之，中华文化强调"以文化人"，即通过无形的精神感化潜移默化地影响个体的道德认知、道德情感、道德意志与道德行为，而不是简单粗暴地通过"灌输""填鸭"的方式单纯地增加个体的道德知识。

　　现阶段，关于文化涵养师德的研究主要集中在两个层面。第一个层面是将文化的系统性特征作为师德养成模式构建的依据。有学者从物态文化、制度文化、行为文化与心态文化四个不同的层次阐述师德养成的路径。例如，大学精神（心态）、大学制度规范（制度）、气质高雅物质文化环境（物态）、教师文化（行为）等不同层次的大学文化可以内化为教师自身的内心体验，外化为自身的师德师风养成的实践[1]。也有学者基于文化管理的维度阐述师德养成的路径：（1）通过校训、办学理念等，确立共同的价值观，增进教师对代表主流取向的核心价值的理解、认同和内化，引导教师的个人价值与学校和社会价值的融合，促进教师、学校与社会的共同发展。（2）鼓励教师共同构建学校制度，进而祛除体制机制的惰性，强化制度执行力度，增强制度的引导、激励和凝聚功能，使教师自觉内化制度精神。（3）推动教师学习共同体的建构，激发教师的群体意识，增强教师的群体交流和职业归属。（4）通过营造气质高雅、鲜明特色和人文关怀的外部环境，增强文化价值对外在环境的辐射和渗透[2]。还有学者认为，通过文化体验的主体交互作用可以培育师德养成的认知环境；文化怡情也可以将文化体验活动的品格因子与师德养成目标相统一；通过文化体验浸润陶冶是完成师德内化教育过程，也是进一步完善教师道德人格的重要路径[3]。

　　另一个层面的研究更侧重从文化的本质入手，更强调的是"以文化人"的"化"，即教育感化，有别于单纯的教育指导。它更加注重让人们发自内心地接受与认可，并在内心有所触动和感悟，从而付诸实践。也有学者指出，师德教育在本质上是价值与规范的认同与接受，因而更主要的是文化原理的运作，师德教育只有遵循文化的原理并与之相契合才能取得预期的效果。因此，中华文化涵养师德的目的就在于发挥"以文化人"作用，通过提供丰富的优秀思想道德资源，达到滋养人、锻炼人、熏陶人的目的[4]。而且，中华文化犹如"黏合剂"，可以强化和"黏合"当代教师群体作为炎黄

1　周杰：《从文化视角谈高校师德师风建设》，载《高等农业教育》，第8期，2012。
2　刘奕涛：《现代性语境下师德建设的文化管理路向》，载《教育理论与实践》，第35卷，第30期，2015。
3　许晓娟：《文化体验——高校青年教师师德养成路径研究》，载《亚太教育》，第36期，2015。
4　陈松友，李雪：《坚持以文化人培育社会主义核心价值观》，载《思想政治教育研究》，第33卷，第5期，2017。

子孙的"精神共性"和"文化基因",不断引领教师将自己的教育责任与国家责任、政治责任与社会责任融为一体[1]。也有学者指出,中华优秀传统文化教育是实现我国教师教育课程的"精神转向"的重要路径,这是因为中华文化是关于人的学问,通过增加原著、经典的教学有助于涵咏人格,陶冶性情,促进教师的主动性参与和全身心的投入[2]。而且以经典作为媒介,教师通过心灵的沟通与先哲或学生之间进行非功利的沟通,这是教师与经验、历史的互动神往的过程,也是不断传承与超越的过程[3]。从更宏观的层面来讲,中华文化对教师道德人格的培养,能为师德养成提供一种德智双修的文化借鉴,有助于教师在实践当中矫正当代社会唯科学主义和工具理性的偏颇[4]。

中华文化"以文化人"的特质,启示我们在师德养成的过程中应注重文化对教师内心世界的浸润,构筑教师的生命底色,打好师德涵养的精神基础。只有教师真正有意识地转变自身的道德认知、提升自身的道德水平,师德教育才能发挥它最大的功用和价值。

(二)中华文化德教为先的传统,为师德养成提供丰富的道德资源

中华文化"以文化人"的本质性特征奠定了师德养成的内在精神基础,体现了文化对个体生命成长和道德完善的作用,而其德教为先的传统则为师德养成提供了丰富的道德资源。钱穆先生认为,"中国传统文化,彻头彻尾,乃是一种人道精神、道德精神",这种道德追求弥散在中华文化的一切领域,中国的政治理想是"德治",文学理想是"文以载道",经济的理想是"不患寡而患不均"[5]。由此,在历代先哲大师、文人骚客的理论探讨和生活实践中,中华文化在道德理论和道德实践方面都留存了丰富的资源。

1 陆岩,杜蕾:《以优秀传统文化涵养大学生道德价值观的对策研究》,载《思想政治教育究》,第1期,2017。
2 陈磊,栗洪武:《传统文化教育:我国教师教育课程"精神转向"的重要路径》,载《当代教育学》,第5期,2013。
3 唐松林,李吟霁:《走进人文精神的教师专业发展》,载《教师教育研究》,第28卷,第2期,2016。
4 糜海波:《师德的现代转型及评价》,南京,南京大学出版社,2016。
5 钱穆:《文化与教育》,桂林,广西师范大学出版社,2004。

首先,在思想理念上,中华文化注重德教为先、以人为本、和谐发展与知行合一,能为师德养成提供理念引领。具体表现为:(1)德教为先的理念,主要表现为以德为首的思想。例如,孔子主张学生要做到"入则孝,出则弟,谨而信,泛爱众,而亲仁,行有余力,则以学文"(《论语·学而》),这里面将德育放在首要位置。(2)以人为本的理念。主要体现在人贵于物、民本思想等方面,例如,《尚书》中提出的"人是万物之灵"的思想。(3)和谐发展的理念。表现为注重人的身心关系和谐、人与人之间的关系和谐、人与自然关系的和谐以及人与社会关系的和谐,这些在孔子的"和而不同"与"仁爱"思想中得以展现。(4)知行合一的理念。孔子认为,君子应当是言行一致、以行为本的。例如,王阳明的"知行合一"学说侧重阐述道德认知与实践的关系,对于提升教师的师德水平具有重要的指导意义。

其次,中华文化蕴含的丰富德育思想涵盖了生活的方方面面,能够在最大程度上与师德养成的内容相互融合,在传承文化的同时,也可以将其古为今用,作为教育资源延续其价值。具体表现在:(1)在思想教育方面,乐观主义的人生态度和自强不息的进取精神,例如,《论语·为政》中提到"吾十有五而志于学,三十而立,四十而不惑,五十而知天命,六十而耳顺,七十而从心所欲,不逾矩。"这也体现了"立志"在师德养成中的重要性。(2)在政治教育方面,"天下兴亡,匹夫有责"的爱国主义精神、家国一体的整体主义精神与为政以德的以德治国思想都是中华民族在长期发展中形成的优秀思想。例如,从范仲淹的"先天下之忧而忧,后天下之乐而乐"到周恩来的"为中华崛起而读书",都是爱国主义精神的集中体现。(3)在道德教育方面,主要表现为以"仁"为核心的道德规范,义利观的主流思想是儒家所倡导的"君子喻于义,小人喻于利。"(《论语·里仁》)其中重义轻利的思想深入骨髓,并世代相传。荣耻观:知耻是人性的标志,也是进行道德培养的重要内容,孟子关于耻辱观的论述居多。例如,"无羞恶之心,非人也"(《孟子·公孙丑上》)。诚信观:这是中华传统美德中最核心的要求,也是为人之本。"人而无信,不知其可也。"(《论语·为政》)孝德观:它主要聚焦于家庭关系的范畴,也包括忠孝一致的爱国思想,正如《礼记·祭统》说:"忠臣以事其君,孝子以事其亲,其本一也。"

中华文化德教为先的传统,紧扣生命价值实现维度,折射辩证的人生哲理。它既是人类道德传统的基本存在形式,也是发展社会先进文化的精神资源与根基。其中,

蕴含的丰富思想道德观念和道德规范与师德教育内容具有高度的契合性，可以为师德养成提供丰富的道德资源。

（三）中华文化重视道德实践，为师德养成提供有效的路径参考

中华文化高度重视人格完善和道德养成，将至高目标与现实路径相结合，标准教化与自律慎独相结合，环境熏陶与虚心涵泳相结合，从而形成富有特色又切实可行的道德实践路径，为师德养成提供了有效的方法借鉴与参照。

第一，中华文化强调群己合一，具有社会本位的价值导向。标准教化、身教示范、因材施教与环境熏染等社会教化方法有助于促进教师承担重要责任，明晰教育使命。它具体包括，（1）标准教育，化民成俗。标准教育主要是通过编写经书，对人们进行教育，要求人们奉读铭记，化民成俗的方法包括发布箴规、告诫、表彰典范等途径。正如《礼记·学记》中所提到的那样："君子如欲化民成俗，其必由学乎！玉不琢，不成器；人不学，不知道。"（2）身教示范，以身作则。这一方法强调的是教育者应通过自身的行动示范来影响、教育受教育者，从而给受教育者启迪的作用，达到提升思想道德素养的目的。正如孔子所说的那样："其身正，不令而行；其身不正，虽令不从。"（《论语·子路》）（3）注重个性，因材施教。它强调的是根据不同个体的道德水平进行教育。例如，"中人以上，可以语上也；中人以下，不可以语上也。"（《论语·雍也》）（4）环境熏染，潜移默化。它强调后天环境对人性发展和道德品质形成具有重大的影响。例如，墨子以"染丝"为例解释道德受环境的同化影响，他说："染于苍则苍，染于黄则黄。所入者变，其色亦变"。

第二，中华文化强调学思并重、克己内省、慎独自律、践履躬行等体证功夫，有助于教师提高自我道德修养。具体包括：（1）学思并重：它强调学习和思考的统一结合，只有二者结合起来才能达到良好的效果。正如孔子所云："学而不思则罔，思而不学则殆。"（《论语·为政》）（2）克己内省：其实质在道德修养方面不断自我纠正、自我调节与自我审查，从而不断实现自我超越，提升自我道德修养。孔子所说"见贤思齐焉，见不贤而内自省也"（《论语·里仁》），孟子也进一步提出"反求诸己"的主张，"行有不得者皆反求诸己，其身正而天下归之。"（《孟子·离娄上》）（3）慎独自律。在我国的传统德育，历来强调"慎独自律"。例如，《礼记·中庸》中提到的

"莫见乎隐，莫显乎微，故君子慎其独也。"强调君子要无时不刻、事无巨细的进行自我反思，这是一种境界更高、自觉性更强的自我修养方法。（4）践履躬行：中华文化十分重视理论与实践相结合，品德的形成是成于内而行于外的，只有长期"笃行"，才能做到高尚而完美。正如荀子所说的那样"道虽迩，不行不至；事虽小，不为不成。"（《荀子·修身》）又说"不闻不若闻之，闻之不若见之，见之不若知之，知之不若行之。学至于行之而止矣。"（《荀子·儒效》）

第三，中华优秀传统文化中注重理性道德人格的德育目标，开设隐性德育课程、重视习惯养成、利用节日纪念活动与艺术陶冶、寓教于乐的方法等开展德育的途径与方式，这也是当前师德养成需要借鉴之处。以中国古典音乐为例，《高山流水》《渔樵问答》等经典作品，无一不含有中国传统的人文精神，无一不在优美的旋律中净化人心、陶冶情操。习近平总书记在文艺工作座谈会上指出："艺术的最高境界就是让人动心，让人们的灵魂经受洗礼，让人们发现自然的美、生活的美、心灵的美。我们要通过文艺作品传递真善美，传递向上向善的价值观，引导人们增强道德判断力和道德荣誉感，向往和追求讲道德、尊道德、守道德的生活。"[1]不难发现，优秀传统音乐作品就是能够"增强道德判断力和道德荣誉感"的宝贵资源，它的这种注入内心的教育功能，理应引起重视，给予强化。可见，充分发挥中华优秀传统文化的德育价值，重要的是善于挖掘中华优秀传统文化中的德育价值，进而积极引导教师深刻理解和把握中华民族的崇高价值追求，促使优秀传统道德与行为规范的有机融合。

我们只有充分认识到中华文化"以文化人"的本质特征，综合运用中华文化中丰富的道德理论与实践资源，把握其核心意涵和实践智慧，才能充分发挥中华文化对师德养成的重要作用，为当代师德教育提供有效的路径和方法。

三　中华文化涵养师德的内在机制

个体道德是内在道德意识和外在道德行为的统一体。教师的师德水平是道德认识、道德情感、道德意志和道德行为等因素共同作用的结果。师德的养成需要外在规约与内在省思的充分结合，通过"教化—内化—外化"的过程，而达到"身入—心

1　习近平：《在文艺工作座谈会上的讲话》，载《人民日报》，2015-10-15。

入—自我介入"的目的[1]。只有通过提高教师的道德认知，养成高尚的道德情感，完成真实的道德行为的转化和道德精神的扩充，才能塑造教师的理想人格，最终促使师德的涵养与提升。

中华文化是有"道"有"德"的文化，是涵养生命、化育生命的文化。儒家文化强调学以成人，注重克己省察，倡导践履躬行，正是通过道德认知层面的"自觉"以达成价值澄清；通过道德情感层面的"自主"以获得亲身体验；通过道德意志层面的"自律"以实现理性抉择[2]，并通过在与他人、与社会的和谐关系的构建中，达到道德的完满实现。因此，从中华文化与道德智慧中寻找根本动力与源头活水，探寻涵养师德的内在机制，并对此进行创造性的转化，是寻找当代师德养成的有效路径与方法。

（一）中华文化对师道的重视与弘扬，能够引导教师明确自身作为"传道者"的角色定位与使命担当

中华文化有着悠久的尊师重道的传统，"国将兴，必贵师而重傅"（《荀子·大略》）。而教师之所以为世人所尊重，正是因为真正的师者承载着对最高的学问智慧，也即"道"的传承。而教师这一职业的神圣，也正体现于此。中华师道在历史的传承发展中，也使"师者"的角色内涵与使命担当越来越明晰。"师者，所以传道授业解惑也"（唐·韩愈《师说》），"故先觉觉后觉，暗者求于明，而师道立矣。师道立，则善人多。"（北宋·周敦颐《通书·师第七》）师道的本质是促使教育中的"人"的发展与圆满，引导人向善。教师作为人类历史上最古老的职业之一，不断被赋予深沉、神圣的社会责任感和使命感，自觉成为思想与道德文化的传承者、示范者和践行者。

面对一群活生生的人，教师的工作不仅仅是传递知识、技能，更重要的是引领学生人格的成长与完善。这就需要教师将做一个有德性的人作为自身的人格理想与道德追求，正可谓"师者，人之模范也。"（扬雄《法言·学行》）因此，继承和弘扬优秀中华师道，不仅是民族教育道德精神的保存和延续，更是对教师德性的道德认同和价

1 汪耀：《教学文化影响师德养成的心理机制探寻》，载《上海教育科研》，第1期，2012。
2 靳玉军：《教师职业道德提升的实践机制》，载《高等教育研究》，第35卷，第9期，2014。

值确认。正如麦金泰尔所说的那样"德性不是别的，只是传统的一部分，我们通过传统来继承德性，我们通过一系列前辈们来理解这些德性。"[1]陈桂生先生也认为，"师道"是一种人格的愿望，是一种"自然"道德，是教师的精神价值的追求，也是应坚守和追求的教师职业的终极真理[2]。而一个人只有具备天道和人道，才能获得德性："天地间，至尊者道，至贵者德而已矣。至难者得人，人而至难得者，道德有于身而已矣。求人至难得者有于身，非师友则不可得也已。"（《通书·师友上第二十四》）教师对"道"的理解、领悟、追求，决定了教师"得"（德）的有无与深度，以及能否持久付诸实践的强度。因此，师德的形成并非仅是"外铄"所致，在很大程度上有赖于行道有"得"（德）[3]。

通过中华文化涵养师德，就是旨在引导教师在知"道"的基础上，不断对"道"的真谛进行体验与领悟，并逐步转化为"乐道""好道"的自我修养，以成为"圣贤君子"作为目标追求，做到时时处处都要坚守"道"，用"道"的要求来规范自己的言行。这就决定教师需以自身的实践理性审思和追问自身的生命价值与教育意义：作为教师的"我"要成为一个什么样的人？"我"将如何去践行？这个过程也是教师对自身身份的自觉与省思，是教师认识自我、关照自我的必然结果。教师只有明晰自身"传道者"的角色定位，才能明确自身的使命与责任，树立教育自信，坚定教育信仰，将外在的道德期待和社会理想内化为自身的道德需求，激励自身去努力追求至善圆满的道德境界，在担当与奉献中体验从教者的自豪与幸福。

（二）中华文化追求内在自觉的生命意识与知行合一的体证，能够引导教师自我学习，自我觉察，自我实践，促进道德信念向道德行为的转化

"觉"是以"生命"为中心的中华文化核心密码。中华文化强调天人相通基础之上的"悟"与"觉"。这种"觉"兼有"自我觉悟、自我觉察，有所认识觉悟并主动去做"的含义。《论语·为政》中"吾十有五而志于学，三十而立，四十而不惑，

1　麦金泰尔：《德性之后》，159-160 页，北京，中国社会科学出版社，1995。

2　沈璿，栗洪武：《"自然"与"约成"："师道"与"师德"合一》，载《华东师范大学学报（教育科学版）》，第 29 卷，第 4 期，2011。

3　张凌洋，易连云：《专业化视域下的教师专业道德建设》，载《教育研究》第 35 卷，第 4 期，2014。

五十而知天命，六十而耳顺，七十而从心所欲，不逾矩。"这就是孔子自身对生命的自觉与体悟[1]。我国近代思想大家冯友兰也曾明确地把"自觉"提升为人生的关键。他提出了人生的四个境界：自然境界、功利境界、道德境界和天地境界，表明了人生境界会随着人们觉解程度的提高而相应提高[2]。从"成己"角度看，人的"生命自觉"主要表现为人在形成自我意识、寻找生命意义、助长生命智慧方面的实践自觉[3]。

内在生命的觉悟、道德境界的达到，需要在当下真实的生活中践履躬行。中华文化尤其注重知行合一、身心共建、内外兼修的体证功夫。在尧、舜、禹时期就已经提出"慎厥身，修思永"的思想，子思特别重视"诚"的观念，天道是诚的，因而人道也应当是诚的，而人道之诚，就是通过"慎独""诚意""节欲"的工夫，使自己"喜怒哀乐之未发"中之心"发而皆中节"达到和。孟子在子思的基础上，进一步将工夫论予以了细致化，同时孟子还注重将内在心性的工夫和身体紧密联系在一起。因此，孟子一方面以"求放心"来确立道德的主体性，进而以"尽心、知性、知天""存心、养性、事天"的心性工夫来将道德意识、道德判断、道德境界予以养成；另一方面以"不动心"而"集义"的方法养成"浩然之气"的"大丈夫"气概，从而实现道德从心性到行为的转化即"践形"[4]。王阳明也在生活实践中体悟到并倡导"知行合一""致良知"的工夫论[5]，例如，《传习录》明确指出"知之真切笃实处即是行；行之明觉精察处即是知。知行功夫，本不可离。"

中华文化追求内在自觉的生命意识，充分地体现在儒家所倡导的"为己之学"、"身心性命之学"上。在儒家看来，人与动物的区别，就在于人具有学习的能力，并通过学习不断的走向生命的觉悟。《论语》开篇即谈"学而时习之"。这个"学"即是"觉"，即是"学以成人"，即是"圣贤可学而至"。所以，对教师来说，除了掌握专业的知识技能之外，更重要的是如何通过自我学习，做一个人，成长为一个真正的师者。而人一旦具有了生命自觉，也就具有了反省的动力，而且只有通过反省才能实现更高的自觉。《礼记》说："莫见乎隐，莫显乎微，故君子慎其独也。"自我反省的

---

1 李伟：《教育的根本使命：培育个体"生命自觉"》，载《高等教育研究》，第33卷，第4期，2012。
2 冯友兰：《冯友兰学术论著自选集》，北京，北京师范学院出版社，1992。
3 戴莹，杨道宇：《成己与成物："生命自觉"的教育学内涵》，载《现代大学教育》第1期，2013。
4 张江波：《儒家仁学思想及其当代价值研究》，博士论文，兰州大学，2017。
5 朱汉民：《由工夫以见本体——阳明心学的实践性品格分析》，载《北京师范大学学报（社会科学版）》，第3期，2006。

最高境界便是慎独，慎独具体表现为自我反省、自我监督、自我评价，要求个体从灵魂深处去寻找最隐蔽的不良意识和思想动机，真正做到知行合一、表里一致[1]。师德的养成必然是需要通过教育实践的，教师若仅限于对道德规范的一般认知，便只是一种"口头的道德"。只有经历过真实情感体验的道德才是"实践的道德"[2]。教师在现实教育教学生活中所面临的道德问题没有现成答案，没有放之四海而皆准的行为模式，师德的意识、师德的行为在师生关系、同事关系和家庭关系等具体情境中因时、因地、因人而生。它是一种实践的道德智慧。这种实践智慧与数理化等一般性的知识不同，有赖于个人成熟的生活经验和生活实践，持续生成道德智慧。而这种修道德实践的工夫，是一个持续不断的过程。这就需要教师具有高度生命自觉和坚韧不拔的毅力，而且要将修身立足日常、立足现实，立足真实的教育生活，克己省察，历事炼心，真正在教书育人的过程中加深道德认识、丰富道德情感、锻炼道德意志，完成道德信念向道德行为的转化。

（三）中华文化所倡导的"内圣外王"的人格理想和精神境界，能够引导教师以仁爱之心修己达人、立德树人，完成德性在教育生活中的落实

"内圣外王，止于至善"是中华文化传统中最高人格理想的描述[3]，是对"如何培养人""培养什么样的人"的深入探寻。"内圣外王"强调个人既要修养心性，也要完成社会事业，两者不可偏废。儒家倡导通过道德修养的方式，将天理大道内化为个体内在的生命追求，并推及至人，以"周乎万物，道及天下"，将其内在的浩然之气转化为兼济天下的事功。这是在内外心理框架的互动中，在对个人与社会、"天道"与人性的反思体悟中而形成的自我超越性的生命体悟[4]。

从"内圣外王"的人格理想与精神境界中，也可以感受到儒家生命观中对"群""己"关系的思考。在儒家看来，作为个体的"我"不是孤立的原子式的生存，

1　朱俊林：《敬畏与慎独：〈中庸〉的道德工夫思想及其现代启示》，载《伦理学研究》，第 5 期，2016。

2　靳玉军：《教师职业道德提升的实践机制》，载《高等教育研究》，第 35 卷，第 9 期，2014。

3　马川茼：《"内圣外王"对当今教育的意义》，载《教育评论》，第 2 期，2018。

4　王中教，李润洲：《"内圣外王"的重新阐释：一种"心理资本"的视角》，第 1 期，载《湖北社会科学》，2018。

自我生命的超越、人格理想的完满，是在人与人的关系网络中得以建立并实现的，个体的身心修养与他人的福祉、社会的和谐发展紧紧地联结在一起。"大学之道，在明明德，在亲民，在止于至善"（《礼记·大学》），也正是通过修己达人，自利利他，个体一步步走向生命觉悟、道德完满的境界。

儒家的"仁"学思想是"内圣外王"精神的集中体现。它也是一种立足于血缘亲情和个人自省内修以处理好自己与他人关系的核心观念[1]。在两万多字的《论语》里，"仁"字被提到 109 次。孔子认为，仁爱是最完美的、最善良的精神，是做人的根本。孟子指出，"亲亲而仁民，仁民而爱物。"（《孟子·尽心上》）王阳明则以"仁者以天地万物为一体"（王阳明《大学问》），表达了"仁爱"的最高境界。我们之所以能够尊重他人，理解他人，是因为他人和我们一样，是和天地万物融为一体的，由此个体的存在，被赋予了更高的责任与使命，在与他人、与世界的互动与交融中，个体体会到一种更为深刻的心灵完满与精神满足。

由此可见，仁爱就是改变个人的生命状态，在世界与自我之间建立起一种和谐的关系[2]。仁爱思想基本次序是沿着"孝悌—爱人—为仁—天下"的教化路径逐一展开的[3]。这也意味着教师要由最初的以"爱亲"为核心的等差之爱发展为对学生平等的、毫无差异的爱，做到真诚无私，有教无类。同时，教师不仅要提升个人修养，将"仁"内化为个人的品质和性格，即成为真正的仁者，而且要有"立人""达人"之气魄。子曰："夫仁者，己欲立而立人，己欲达而达人。能近取譬，可谓仁之方也已。"（《论语·雍也》）教师只有超越个体层面，胸怀"天下归仁"的大同理想，将仁爱普及到更广阔的他人与世界之中，修己达人，立德树人，才能真正实现个体的道德修养。而一旦教师的德性在教育生活中落实，就能激发出更为积极的道德情感体验。"爱人者，人恒爱之；敬人者，人恒敬之。"（《孟子·离娄下》）当教师因对学生的关爱而赢得学生的信任、家长的赞赏，因良好的道德修养与人格魅力受到他人的尊重与褒扬时，教师也就能真正体验到属于一个教育者的幸福与快乐，从而使自身的道德水平又进入一个新的境界。

因此，中华文化涵养师德的过程，是将中华文化的核心主旨以不同形式转化为教

---

1 韩星：《内圣外王之道与当代新儒学重建》，载《新疆师范大学学报（哲学社会科学版）》，2016。
2 王枬：《论教师的仁爱之心》，载《教育研究》，2016。
3 张江波：《儒家仁学思想及其当代价值研究》，博士论文，兰州大学，2017。

师内部精神结构的过程，也是教师接受外在的师德规范并使之成为其人格一部分的过程。教师通过研读经典、领会中华文化的精神，其本质是与自己的心灵和生命进行对话，从而实现自我意识的不断觉醒、不断超越。正如钱穆先生所言："在我们内心境界上，有一个天天上达、欲罢不能之境，这始是中国文化中独有的学问和独有的精神。这种精神，不是要表露给人家看，所以说：'古之学者为己'，又说：'下学而上达，知我者其天乎！'"[1] "苟日新，日日新，又日新"（《礼记·大学》），"道德"不是漂亮的口号和浮华的装饰，不是高高在上、遥不可及的标杆，而是真实的心灵境界的进步与提升。通过春风化雨的教育、熏陶，通过持续地在心上做工夫，我们就能够逐步达成内心境界的改变与转化，将经典与圣贤的智慧变为个人自愿自觉的行动，不断走向心灵的净化与生命的日新月异。

1　钱穆：《新亚遗铎》，485-486 页，北京，生活·读书·新知三联书店，2004。

第三章

中华文化涵养师德：
实践探索

"时代是思想之母，实践是理论之源。"随着中国特色社会主义和中国教育改革发展进入新时代，中国教师队伍的师德师风建设迎来新任务、新挑战和新定位。中华文化因其蕴含丰富思想道德资源在师德涵养领域得到密切关注。然而，其能否在新时代教师队伍的师德涵养过程中切实发挥作用，为中国"四有"好老师的成长保驾护航？如何将承载中华民族文化基因的中华传统文化进行创造性转化和创新性发展，使之与中国教师日用而不觉的现实文化相融相通，共同服务于中国教师的道德成长？对这些问题的回答离不开中华文化涵养师德的具体实践。本章从高校教师师德涵养和中小学教师师德涵养两个方面，对高校教师培训学院教师和中小学教师两个不同群体开展的中华文化涵养师德的实践模式进行论述，并进行有意义的反思。

第一节

高校教师师德涵养：坚持教育者先受教育

高校教师是高校开展教学、科研与社会服务的主体。其道德水准直接影响着我国高等学校在立德树人这一"立身之本"的重要成效。2016 年 12 月，习近平总书记在的全国高校思想政治工作会议上提出，高校教师要坚持教育者先受教育，努力成为先进思想文化的传播者、党执政的坚定支持者，更好担起学生健康成长指导者和引路人的责任。以高校教师为主体开启中华文化涵养师德实践探索，源于北京师范大学作为全国师范院校"排头兵"的使命担当和我们身为高校教师的职业自觉。本节以习近平总书记关于"教育者先受教育"的重要讲话精神为指导，立足北京师范大学继续教育与教师培训学院这一实践平台，对探索中华文化涵养师德实践模式的过程与成效作一介绍。

一　背景介绍

"国无德不兴，人无德不立。"教育是立德树人的事业。教师是教育发展的第一资源。培养有道德的人才，需要道德高尚的教师。高尚的道德情操一直是我国教师的立教之本。2018 年 1 月，中共中央、国务院发布《关于全面深化新时代教师队伍建设改革的意见》（以下简称《意见》），对新时代教师队伍的师德师风建设做出部署，要求"健全师德建设长效机制，推动师德建设常态化长效化，创新师德教育，完善师德规范，引导广大教师以德立身、以德立学、以德施教、以德育德"。同年，教育部等五部门又联合发布《教师教育振兴行动计划（2018—2022 年）》，将"师德养成教育全面推进行动"列为教师教育振兴行动计划的首项举措，从研制出台关于加强师德教育的文件和师德修养教师培训课程指导标准、将师德教育贯穿教师教育全过程作为师范生培养和教师培训课程的必修模块等方面落实《意见》关于师德师风建设的重要精神。这为高校尤其是师范院校明确师德建设的重要战略地位，推进新时代教师队伍的道德养成提供了新契机，也为教育战线凝心聚力推进教师教育改革创新，全面提升教

师队伍素质能力提供了行动指南。

北京师范大学是我国师范教育的"排头兵"和中华文化传承创新的重镇。116年来，秉持"学为人师，行为世范"的校训精神和"治学修身，兼济天下"的育人理念，学校涌现了大批学高身正的好老师。他们用教书育人的切身经历诠释了师德的内涵，不仅为青年学子们树立了良好的榜样，也为传承中华优秀师德，传承中华文明做出了重要贡献。党的十八大以来，北师大以国家重大战略需求为导向，以中国特色、世界一流为核心，以立德树人为根本，绘制了"铸就主峰、营建高峰、构筑高原"的世界一流大学建设蓝图，希望通过实施"主峰计划"，铸就教师教育的"珠穆朗玛峰"，为新时代的中国教育事业培养一批又一批好老师和社会主义建设者与接班人。

2016年12月7日至8日全国高校思想政治工作会议上，习近平总书记指出，我国高等教育肩负着培养德智体美全面发展的社会主义事业建设者和接班人的重大任务。要坚持不懈培育和弘扬社会主义核心价值观，引导广大师生做社会主义核心价值观的坚定信仰者、积极传播者、模范践行者。教师是人类灵魂的工程师，承担着神圣使命。传道者自己首先要明道、信道。高校教师要坚持教育者先受教育。2018年5月2日，习近平总书记在北京大学师生座谈会上对"教育者先受教育"的理念再次进行重申，明确评价教师队伍素质的第一标准应该是师德师风。师德师风建设应该是每一所学校常抓不懈的工作，既要有严格制度规定，也要有日常教育督导。

为落实习近平总书记"教育者先受教育"的重要讲话精神，北京师范大学以"四有"好老师标准统领全校的师德建设，强调教师要有理想信念、有道德情操，引导广大教师用习近平新时代中国特色社会主义思想武装头脑，不断坚定"四个自信"。在师德师风建设实践中，把师德理论研究作为党建研究、宣传思想教育等校级专项课题的立项重点，围绕中西师德文化溯源、教师德育专业化建设、新时代师德标准研制等核心问题开展持续研究；制定关于进一步加强师德建设的意见，修定教师道德行为规范，严格教师资格准入和教育管理，完善师德评价程序，持续开展"教书育人模范党员教师""十佳教师共产党员""最受学生欢迎的十佳教师"等评选活动；联合全国师范院校发起以提升师德素养为核心的大型行动计划——"中国好老师"公益行动计划，主持教育部《中小学教师师德培训课程指导标准》的编制，投身国家脱贫攻坚战，自觉承担四川省凉山彝族自治州"学前学会普通话"教育扶贫项目的实施。另外，学校还结合《关于建立健全高校师德建设长效机制的意见》中"将师德规范积极主动融入教育教学、科学研究和服务社会实践"的要求，专门成立旨在提升在职教师业务能力的教师发展中心，通过大量培训、经验交流、教学名师指导、赴海外研修、承担各类科研项目、参加学术会议、参与社会实践考察等多种形式，进一步丰富和完善教师履行人才培养使命和服务国家战略所需要的专业能力，为学校教师提升自身道德修养创建了良好氛围与条件。

在这样的时代背景与工作环境下，北京师范大学继续教育与教师培训学院，在"守正出新，慎思笃行"的院训指导下，结合《教师教育振兴行动计划（2018—2022年）》关于"在师范生和在职教师中广泛开展中华优秀传统文化教育，注重通过中华优秀传统文化涵养师德，通过经典诵读、开设专门课程、组织专题培训等形式，汲取文化精髓，传承中华师道"的要求，组建了一支由教育学、心理学、哲学、文学和历史学等不同学科背景的教师组成的团队，致力于中华文化涵养师德的研究与实践。我们的主要目的是：改变自己作为"师者"的生命状态，提升自己作为一名高校教师的师德修养；建设一种气正风清的学院文化，让教职员工在不断的"修身齐家"中强化自己的教师身份认同感和组织归属感，坚定"一家仁则一国兴仁，一家让则一国兴让，一个团体就是一个家，一个单位就是一个家"的理念；落实习近平总书记在北京师范大学考察时提出的"把中华经典嵌在学生脑子里"的讲话精神，造就一支在中华文化上首先自己"明道""信道"，进而通过"传道"帮助学生"明道""信道"的教师队伍，为中华文化全方位融入国民教育体系储备优秀师资；建构一个切实可行的中华文化涵养师德实施模型，点燃中华文化涵养师德的"星星之火"，为开创中国教师师德师风建设的新风尚，推动中华文化在中国教师教育领域的创造性转化与创新性发展提供新思路。

二　实践过程

我们的实践从"品读经典·做好老师"活动开始。该活动以"教育者先受教育"为宗旨，以"带动每一位老师修身立德，带动每一个家庭书香永续，带动全院教职员工礼敬中华文明"为目标，以"一个都不能少"和"一课都不能少"为学习参与原则，采用"学、思、践、悟"的学习方法，走过了走近经典、部门试点、全面实施、自主学习、分层推进五个阶段，学习方式有集体诵读、专家讲读、小组共读、自主研

读等，经历了线下集中学习、线上分组学习和线上—线下相融合的不断变化。以下对"品读经典·做好老师"活动的发展历程作一简要介绍。

第一阶段：走近经典（2014 年年末—2015 年 3 月）

走近经典就是亲近经典，从经典中得到精神滋养的第一步。在中央党校 2009 年春季学期第二批进修班暨专题研讨班开学典礼上，习近平总书记发表了题为《领导干部要爱读书读好书善读书》的讲话。在讲话中，他指出我们国家历来讲究读书修身、从政立德。传统文化中，读书、修身、立德，不仅是立身之本，更是从政之基。多读优秀传统文化书籍，经常接受优秀传统文化熏陶，可以提高人文素养，增强对人与人、人与社会、人与自然关系的认识和把握能力，正确处理义与利、己与他、权与民、物质享乐与精神享受等重要关系。2014 年 9 月 9 日，习近平总书记在视察北京师范大学时说："我很不赞成把古代经典诗词和散文从课本中去掉。'去中国化'是很悲哀的。应该把这些经典嵌在学生脑子里，成为中华民族的文化基因。"从 2014 年 10 月开始，学院发起全院共读传统经典活动，并有计划地为教职员工举办有关中华传统文化的系列讲座。2015 年 1 月，组织全院教职员工共读钱穆先生的《论语新解》并撰写读书报告，3 月，陆续邀请不同领域的专家学者来为学院教师开设关于孔子为学、儒家教育观以及国学教育等方面的专题讲座。通过这些读书活动与讲座，学校教师开始领略到日用而不觉的中华文化的特殊魅力，对进一步的经典学习也有了更加真切的期待。

第二阶段：部门试点（2015 年 4—6 月）

2015 年 4 月 13 日，教育部与《光明日报》社联合在全国高校开展第二届"礼敬中华优秀传统文化"系列活动。旨在通过围绕主题举办系列活动，进一步营造浓厚的书香校园氛围，引导广大师生养成阅读经典的良好习惯，在博览群书中涵养心灵、浸润思想、陶冶情操、提升境界、丰富生活。在阅读经典中深入挖掘和焕发中华优秀传统文化讲仁爱、重民本、守诚信、崇正义、尚和合、求大同的时代价值，充分发挥高校在推进中华优秀传统文化创造性转化、创新性发展中的独特作用，不断提升广大师生对社会主义核心价值观的文化自觉和精神共鸣，进一步强化对伟大祖国的认同、对中华民族的认同、对中华文化的认同、对中国特色社会主义道路的认同。为巩固和扩大第一阶段的学习成果，学院正式成立"中国好老师学习小组"，并启动"品读经典·做好老师"部门试点活动。试点活动以学院 3 个支持保障部门为试点，常态化学习《论语》和《大学》等古代经典。2015 年 6 月 5 日，为帮助试点部门的教职员工更深入地领会所读经典的意涵，学院联合北京师范大学哲学学院，邀请浙江省社会科学院研究所研究员、中国人民大学国学院特聘教授暨博士生导师吴光教授和北京师范大学哲学学院周桂钿教授举办"重塑儒学核心价值观"的专题讲座。教师们表示，通过专家的深度解读，国学经典不再远离生活，难以理解，而是实实在在地指导个人的生活、学习与工作。当今社会与个人的焦虑、浮躁、迷茫很大程度上是因为我们在内心深处缺少了价值坐标，不知道自己是谁，要做一个什么样的人，怎样做才能成为自己想成为的人。经典阅读与国学讲座中被重新发现和理解的儒学和中华传统文化可以给我们提供人生指南，给予我们更深沉的精神慰藉。另外，中华传统文化发源于农耕社会，是自给自足的熟人文明，与分工合作互不相识的工业文明有很大差异。真正的文化自信是建立在对自己的文化有充分了解与深入认识的基础上的。真正的文化自信是体现在教师的日常生活、学习与工作中的。

第三阶段：全面实施（2015 年 10 月—2016 年 8 月）

经典阅读的部门试点活动潜移默化地改变了学院的组织文化和整体氛围。为进一步扩大学习成效，让更多老师从经典阅读中受益。2015 年 10 月 16 日，学院决定在全院范围内启动"品读经典·做好老师"活动。全院 200 多名教职工分为以社会主义核心价值观命名的 7 个小组："富强组""文明组""和谐组""爱国组""敬业组""诚信组"和"友善组"。另外，学院还邀请北京师范大学文学院张燕玲副教授及其指导的 7 名硕博士研究生作为辅导员，为学院教师的经典学习活动提供指导，在每周中午的固定时段与老师们一起学习《论语》，为老师们答疑解惑。2015 年 11 月 30 日至12 月 18 日，学院开展首次中期会讲活动，明确提出"品读经典·做好老师"活动的"一""二""三""四"指导意见，即上述提及的"一个理念""两大参与原则""三个带动""四个方法"。之后，全院"品读经典·做好老师"活动掀起高潮。"中国好老师"作为活动主要宣传平台也正式上线。学习型员工、学习型部门和学习型学院初

显成效。学院顺势成立经典学习领导小组和督导组，全面督导和保障活动有序开展。2016 年 1 月，"品读经典·做好老师"新年会讲活动在北京师范大学京师学堂进行。这次新年会讲是对学院开展"品读经典·做好老师"活动一年多来的阶段性展示和总结。活动邀请 7 位优秀教师代表上台进行经典阅读的心得交流，邀请北京师范大学不同院系和部门的四位专家学者对教师的学习心得进行点评。中间还安排了集体诵读和专家讲座。学校党政领导班子全体成员以及学院全体教职员工参加活动。此次活动，为一年多来学院在经典学习方面的探索画上了一个圆满的句号，也为新一年的"品读经典·做好老师"活动奠定了坚实的基础。

第四阶段：自主学习（2016 年 9 月—2017 年 3 月）

2014 年 5 月，习近平总书记在上海考察时的讲话中指出，培育和践行社会主义核心价值观，贵在坚持知行合一、坚持行胜于言，在落细、落小、落实上下功夫。要注意把社会主义核心价值观日常化、具体化、形象化、生活化，使每个人都能感知它、领悟它，内化为精神追求，外化为实际行动，做到明大德、守公德、严私德。《中庸》开篇提到，"天命之谓性，率性之谓道，修道之谓教"。学院举办"品读经典·做好老师"活动，就是让学院的每一位老师都能通过修身立德，推己及人，做高校中的"四有"好老师。就像北宋著名理学家张载说的那样："为天地立心，为生民立命，为往圣继绝学，为万世开太平。"因此，继《论语》之后，学院把每周的集体学习改为自主学习，让老师们有更多的时间和精力去"体悟"经典的魅力及其对自身学习、生活和工作的滋养与促进。2016 年 9 月 19 日，学院开启《大学》的学习，邀请当代教育名家、北京师范大学教育学部郭齐家教授定期为老师们答疑解惑。学习采用集中上课和自主学习相结合的方式。每两周集中上课一次。定期交流阶段性学习心得。力求帮助学院教师联系自身的学习和工作生活践行"大学之道"，历事炼心，从"我"做起，在日常生活和工作中践行。

第五阶段：分层推进（2017 年 3 月至今）

师德涵养是一个"先知后行，边行边知，知行合一"的过程，需要教师投入真诚的情感与真实的行动，来不得半点虚假。阳明心学是一门关于"知行合一"的学问。习近平总书记曾在多个场合谈到王阳明学说并指出，"王阳明的心学正是中国传统文化中的精华，也是增强中国人文化自信的切入点之一"。2017年新学期伊始，为推动全院教师在不断的自我反思与体察中领悟"知行合一"的深刻意涵，学院把阳明心学作为"品读经典·做好老师"活动的主要内容。"立志、勤学、改过、责善"四大"教条"，作为王阳明心学的核心精神，开启了学院老师们学习阳明心学的历程。2017年3月5日，院领导班子带领50余位学院教师开展百日线上学习活动。在连续100天的时间里，学院教师坚持每天在线上打卡、听分享、共同学习阳明心学，在线下每日自主学习、诵读学习篇目，并以作业的形式提交诵读音频、交流学习心得。随后，以学院核心骨干与中层管理人员为主要成员的第二期和第三期百日学习如期展开。2017年5月9日起，依托学院官方微信平台开展面向全院教职员工的阳明心学的学习活动。以学院微信群、部门学习群为学习平台，以组长学习委员群为工作管理平台，共组织完成了20周以阳明心学为内容的线上集体学习活动。2018年1月8日，学院在北京师范大学北校区（辅仁大学旧址）进行"品读经典·无私奉献"的2018新年会讲活动。活动包括话剧表演、集体诵读、访谈式心得交流和专家点评等形式，旨在通过团结紧张、活泼严肃的方式对全院一年来的经典学习成果进行全面交流。

2018年3月起，全院继续以"学院大群＋部门群"为学习平台，以"组长学委群"为工作管理平台，组织全体老师学习《孟子》选读。根据学院大多数老师的实际情况和学习需要，这次集体线上学习内容，以老师们更为关心和熟悉的孟子论人格修养和孟子论教育学习两大主题为切入点，选取篇幅相对较短的章句，以每周一至二章的进度，不疾不徐、循序渐进地进行，少量涉及孟子论人性和孟子论仁政等宏大主题。有余力的老师们在完成低压力、小步子的集体学习任务的同时，可以自行通读《孟子译注》全书，以更深入、更全面地领会孟子伟大思想和高尚人格的全貌。通过该阶段的学习，越来越多的老师认识到，中华文化源远流长，从夏商周至春秋战国，经过秦汉，再到唐宋元明清，生生不息，发展传承到了今天。中华文化是有道的文化，"道为体，德为用，有怎样的心，就有怎样的道，展现怎样的德，就能成就怎样的事业"。因此，教育工作者的人生最大战略就是提升品德，这是成就美好人生和伟大事业的唯一捷径。就像习近平总书记2016年1月12日在党的第

十八届中央纪律检查委员会第六次全体会议上的讲话中指出的那样，"身之主宰便是心，不能胜寸心，安能胜苍穹，'本'在人心，内心净化、志向高远，便力量无穷"。"品读经典，做好老师"，就是时刻提醒我们每一位老师，牢记总书记的嘱托，不忘初心、牢记使命、净化心灵、坚定志向，成为新时代的好老师，成为一批又一批的好老师。

三 实践成效

2016 年 7 月 1 日，北京师范大学继续教育与教师培训学院"品读经典·做好老师"活动被评为北京师范大学 2016 年优秀党建创新成果。回顾四年走过的路，从《论语》《大学》，再到《阳明心学》和《孟子》，我们一直紧紧追随着圣贤思想不断前行，既有认同，也有困惑；既有挑战，也有收获；既有苦衷，也有欢乐。学院一大批老师的精神面貌焕然一新，老师们变得越来越柔软、越来越真实、越来越幸福、越来越自信。教师们也越来越坚定地认为，品读经典是生命之学，修身立德是我们的人生大事。我们要善于聆听领袖和时代的声音，以中华圣贤文化和习近平总书记新时代中国特色社会主义思想为宝藏，深悟笃行，率先垂范，使前进中的生命真正能够展现出真理和人格的光辉，以势不可当的澎湃力量和无比强大的前进定力，成为改变中国教师群体的生命状态，推动中国教育改革的先锋。

"品读经典·做好老师"活动开展近四年取得了良好的效果。突出表现为学院教职员工的精神面貌和师德素养大大提升，带出了一个忠诚、干净、担当的领导班子，培养了一批勇于担当、无私奉献的年轻骨干，培养全体教职员工拥有自尊自信、理性平和、积极向上的社会心态。经典中的精义和精神逐渐融入每位教职工的生命和生活之中，教职员工身心和谐了，精神面貌焕然一新了，工作关系越来越融洽了，形成了一个良好的学习氛围，也为学院营造了风清气正的办学环境。同时，活动的开展也为团队建设提供了良好的平台。最重要的是，通过该项活动，学院继续带领这支队伍向心灵深处走。他们用自己的生命成长切身体悟"内心净化、志向高远、智慧生成"的无穷力量，探索出一条高校教师师德涵养的新模式，并立志改变中国教师的群体生命状态，时刻把千万教师的成长装在心里，努力为开创新时代的大教育，培养一批又一批"四有"好老师做出"实质性"贡献。

第二节

中小学教师师德涵养：构建多元实施模型

　　中小学教师是我国基础教育的建设者与守望者，也是我国亿万儿童青少年道德成长中的重要他人。2017 年《全国教育事业发展统计公报》的统计数据显示，目前我国有专任教师 1626.89 万人，其中，中小学教师 1200 多万人。面对中小学教师这一庞大的教师群体，中华文化师德涵养的实践模式该如何建构？为回答这一问题，我们在北京师范大学继续教育与教师培训学院开展"品读经典·做好老师"活动的同时，布局面向中小学教师中华文化师德涵养模式的探索，先后形成了面向关键少数群体的"105"师德涵养新模式、面向全体教师的"中华文化涵养师德公共必修课"和面向中小学校的"中华优秀传统文化传习坊系列"等有效模式。

一 面向关键少数："105"师德涵养新模式

　　"关键少数"一词首次进入公众视野，是在 2015 年 2 月 2 日的省部级主要领导干部学习贯彻党的十八届四中全会精神，全面推进依法治国专题研讨班的开班式上。当时，习近平总书记指出，全面依法治国必须抓住领导干部这个"关键少数"。随后，"关键少数"一词被用于各个领域中，意指在某一领域或群体中具有重大影响、起表率带头作用的人。2018 年 9 月 10 日，习近平总书记在全国教育大会上强调："加强党对教育工作的全面领导，是办好教育的根本保证。……各级党委要把教育改革发展纳入议事日程，党政主要负责同志要熟悉教育、关心教育、研究教育"，明确了党政主要负责人在教育事业中的"关键少数"地位。同时，在教育领域内部，教师是教育的关键，教师队伍建设直接决定了教育质量的高低，乃至整个教育事业的成败。在这其中，优秀的校长、骨干教师、区域的行政及教研负责人则是建设中国教师队伍的"关键少数"。

　　为实现这一目标，我们以习近平总书记"四有"好老师的讲话精神为指引，紧

紧围绕习总书记所提出的"传道者先要明道、信道"和"教育者先受教育"的理念，坚持"干部带头、教师先行"的原则，依托北京师范大学教师教育"种大树"计划，通过教育部"国培计划"中小学名师名校长领航工程师德培训、"国培计划"示范性培训团队专项研修项目——师德培训者培训等多个项目，开展了一系列探索和实践，逐步总结形成了可操作、可复制、可推广的"线上—线下"融合的"105"师德涵养模式，即通过"3天线下集中研修 +100 天线上过程学习 +2 天线下好老师会讲"的培训方式，旨在通过培养"关键少数"，影响更多人，种下大树，成为森林。

（一）3天线下集中研修

"3天线下集中研修"以"京师好老师生命成长营"的形式开展。自 2014 年 9 月 9 日习近平总书记发表《做党和人民满意的好老师》的讲话以来，我们一直以习近平总书记的讲话精神为指引，致力于探索一条以"中华文化"为依托、基于教师"生命成长"的师德师风建设新路径。在借鉴融合海内外中华文化教师教育实践经验的基础上，我们边探索、边实践、边总结、边学习、边改进。在经过长期的努力后，创办了"京师好老师生命成长营"，形成了一套系统的"中华文化涵养师德"线下培训新模式。从 2016 年"五一"期间举办第 1 期开始，迄今已成功举办了 8 期，来自全国 30 多个省、直辖市、自治区的 1500 多名大中小学和幼儿园的校长、园长和骨干教师等参加了成长营的培训，取得了良好的效果和积极的反响。

"京师好老师生命成长营"立足教师生命成长，以"和谐关系，立德树人，传承师道，化育天下"为核心理念，注重"三重专注"，按照"五类课程"进行整体设计。"三重专注"将教师视为有血有肉的普通人而不是不食人间烟火的"道德完人"，关注教师自我身心的和谐、与他人关系的和谐以及与其他外在系统之间关系的和谐，注重引导教师回归内心，聚焦教师日常生活，尤其是与教师工作紧密相关的师生关系、同事关系和亲子关系等，通过"心上用功"来实现和谐精神家园的构建，从而提升自身的道德修养。

"五类课程"具体是指以"思想引领—心灵觉知—生命唤醒—经典培德—激扬高远"五个主题模块为主线的"显性课程"，分别实现"确保方向—觉察反思—榜样感召—温润滋养—坚定信念"的重要功能（详细内容参见第四章）。根据具体的培训情况和需要，"五类课程"通过主题讲座、经验分享、案例分析、生命体验、教练引导、团体讨论、影像观摩、心理剧场和实地参访等多种形式，引导教师唤醒内心的自我自觉意识、建立觉察反思系统，在内心深处不断提升自己的心灵品质。另外，我们还充分运用各种条件和环境，全力开发与五类"显性课程"相辅相成的"隐性课程"，尤其是成立了一支以"传递关爱、至诚践行"为核心理念的"大有义工队"，本着"帮助别人就是帮助自己"的义工精神，从起居、饮食、住宿、交通和学习等方面为参加营队的教师提供关怀与服务，让"示范—浸润—点燃"渗透于课程始终，给老师们树立身边的榜样。

2014 年 2 月 24 日，习近平总书记在中共中央政治局第十三次集体学习时指出："中华传统美德是中华文化精髓，蕴含着丰富的思想道德资源。""京师好老师生命成长营"正是以"中华文化"为依托，立足教师生命成长，通过充分汲取中华文化中所蕴含的丰富的思想道德资源而开展的师德涵养模式。与传统的师德培训把"德"作为"知识"进行教授的方式不同，它是直接从教师的"心性"入手，以"在心灵深处建设心灵品质"为着力点，通过构筑全方位的浸润式学习环境，使"生命成长"成为催动教师专业发展的力量之源，从内而外地激发教师的内在美与善，不断提升教师的道德修养。概括来说，"京师好老师生命成长营"的主要创新点体现在以下几个方面：

第一，在培训目标上，以"四有"好老师为培养目标，带动一批改变教师群体生命状态的先行者、引领者和示范者，使之成为教师群体道德的典范，成为教师生命成长新长征路上的第一方阵，进而影响和带领全国一批批"四有"好老师的成长。

第二，在培训理念上，以"和谐关系，立德树人"为核心，立足"三重专注"，即专注个人的身心和谐，关注个人与他人之间的和谐，关注个人与社会、自然等外在系统的和谐。生命成长首先是个人身心的和谐，而后推己及人，实现个人与学生、同事、家人之间的和谐；再推而广之，建立和谐温馨的班级、校园和家庭，进而实现个人与社会的和谐，个人与自然的和谐。

第三，在培训内容上，以"中华文化涵养师德"为主题，以中华优秀传统文化、革命文化和社会主义先进文化等中华文化精髓为思想道德来源，整合祖国大陆和台湾

等海内外优质专家资源，围绕"明心、净心、立心、聚心"，设计并开展以"经典培德"和"心灵觉知"为核心内容的系列讲座和体验活动，以此引发教师反思自身生命成长中的问题，引领教师叩问教育本质，通过修己实现立德，实现立德树人的目标。

第四，在培训方式方法上，注重实践体验、环境熏染，注重学员的实际获得与感受，既有内容丰富的中华文化讲座，又有提升自我的生命故事分享；既有内容简介、启示深刻的视频赏析，又有提炼生活、叩问本质的情境体验；既有涵养师德、化育圣贤的文化环境，又有和谐融洽、互爱互助的团体活动。让参营的每一位学员在丰富多彩的教学中、在点点滴滴的熏陶中，心灵得到启迪，心田得到滋润，激情得到重燃。

第五，在环境创设上，打破传统培训以讲座为主的教育模式，注重陪伴与关爱，注重体验与感受。"京师好老师生命成长营"打破了教师、学员和工作人员之间的界限，相互帮扶，相互陪伴，形成"如切如磋，如琢如磨"的学习共同体；学习过程中不仅有精彩的讲座，还有生命的体验，使参营的每一学员无论在心态还是在行为上，都能做到"庄严自心，传递关爱，至诚践行"。

第 1-7 期"京师好老师生命成长营"学员合影

（二）100 天线上过程学习

100 天线上学习是在 3 天线下集中研修的基础上，按照"高度自愿"的原则，遴选出一批有意愿且能够实修实证的校长、园长和骨干教师，通过建立微信群，组织开展的线上学习活动，目的是通过经典的学习和浸润，持续"保温"培训效果，确保学员将所学真正融入自身生命成长。100 天线上学习以"读原著，悟原理；向内看，向前走；明大道，立师德"为核心理念和目标，在课程设置上遵循以下原则：以成为"四有好老师"为目标，以中华经典为根脉，围绕经典设计学习内容；以和

谐关系为抓手，通过关系开展自我反思；以知行合一为目的，立足实际生活学思践悟；以循序渐进为原则，小步子低压力，久久为功。学习内容包括《论语》72 则、《大学》《孟子》、"阳明心学"、《道德经》等传统经典，每次只学一部经典，具体情况视 3 天线下集中研修的情况而定。在组织方式上，将所有学员分为若干小组，每一个小组都配备一名组长和督察。由组织者先行建立由所有学员组成的微信大群，再由小组长组织建立小组微信群。每日的学习内容和学习看版，由组织者发送至微信大群，并由小组长同步发送至小组微信群。学员主要在小组微信群内进行学习并提交作业和家书。每日由小组长选出作业或家书中的优秀者推送至大群，供大家学习，并由老师点评回应。

为增强学习效果，我们诚邀中央电视台主播李修平老师对经典进行诵读录音，邀请国学大家辛意云先生等对原文进行解读，北师大王文静教授、杜霞副教授等对学员的学习进行点评回馈，通过"经典诵读 + 经典导读 + 跟进指导"的体验式学习，带领大家学思践悟、实修实证。在学习方式上，采用个人学习、轮流写家书和集体讨论相结合的方式，以个人学习和轮流写家书为主，并定期召开线上学习分享会。具体学习方式如下：

1. 每日个人学习

- 读原文：听李修平老师的诵读录音（每日晨 5:30 推送音频），诵读原文（每天 1 段，每段 2~3 句）；

- 听导读：听辛意云先生的音频讲解（每日晨 5:30 推送音频，每天 1 次，每次时长 5~10 分钟）；

- 写心得：结合工作和生活实际，写下自己学习的切实体悟，于每日晚 21:00 前提交心得，并选择优秀者请王文静教授、杜霞副教授等进行点评回馈；

- 每日坚持三省吾身，与自己的心对话，做到"不说谎、不抱怨、尽己责"。

2. 轮值写家书

"家书"不局限于自己的"家庭"，还要把每一个单位都视为一个"家"；是以自己的所学所悟，结合工作和生活实际，围绕身心关系、师生关系、工作关系、家庭关系等展开的反思和自我省察；是写给自己看的，记录和分享自己的心路历程，这是自己心灵成长的闪光里程碑，也是对大家的正能量滋养。小组内每一位学员轮流写家书，字数不少于500字，并在规定时间内提交给小组群。

3.轮值做点评

当学习进行到一半的时候，学员们的学习渐入佳境，对经典的理解和感悟也基本进入"精义入神、学以致用"的阶段。这时，我们为进一步调动学员的学习积极性，根据学员的学习情况对"点评机制"进行调整，在原学习机制不变的情况下，在点评机制上采用"轮流点评"制。由各小组推荐1名平时学习积极且能"深入经义"的学员作为当周的作业点评老师，点评内容为每日统一推送至大群中的本小组的学员作业，点评以自己的真实想法为主，字数不限，贵在发自肺腑，可以是自己的感悟和体会，也可以是自己的困惑、疑问等，目的是通过"互点互评、互相讨论、互相答疑解惑"来实现"教学相长"。事实证明，这种方式充分调动了学员们学习的积极性。对学员们来说，随时点评，不仅需要更加深入地学习和体悟经典的内涵，还要细心体会学员的学习心得。这本身就是一个学习过程，就像点评的学员所说："说是点评，实际是一种更有深度的学习，收获更多"。

4.每月线上分享

每月1次，由小组组长在本小组内组织开展线上学习心得交流。下面是教育部《国培计划》中小学名师名校长领航工程师德培训线下集中研修结束后，所开展的"100天线上《论语》学习班"中7月30日的学习案例：

学习要求

亲爱的各位校长、老师，大家早上好！今天是2018年7月30日星期一，正式学习的第29天。今天的学习内容是《论语·里仁第四》之4.6。

作　　业：听录音，读原著；听分享，写心得；并做到每日"三省吾身"——不说谎、不抱怨、尽己责。

学思践悟：让我们心与心相连，与新时代同频共振，与圣贤携手同行。感恩一路有您。今天晚上21:00前请提交作业至小组群。

46 zǐ yuē wǒ wèi jiàn hào rén zhě wù bù rén zhě hào rén zhě wú yǐ shàng zhī wù bù rén zhě
子曰："我 未 见 好 仁 者，恶 不 仁 者。好 仁 者，无 以 尚 之；恶 不 仁 者，

qí wéi rén yǐ bù shǐ bù rén zhě jiā hū qí shēn yǒu néng yì rì yòng qí lì yú rén yǐ hū wǒ wèi jiàn lì bù zú zhě
其 为 仁 矣，不 使 不 仁 者 加 乎 其 身。有 能 一 日 用 其 力 于 仁 矣 乎？我 未 见 力 不 足 者。

gài yǒu zhī yǐ wǒ wèi zhī jiàn yě
盖 有 之 矣，我 未 之 见 也。"

原著解读（根据辛意云老师录音整理而成）

"我未见好仁者，恶不仁者。"这是指两种人，请特别注意，不是我未见好仁者去恶不仁者，不是这个意思。它是指一种是好仁的，一种是恶不仁的。"我未见好仁者，""我"是孔子的自称。"未见"是还没见过。"好仁者"是真正喜欢仁道的人。而另一种人，"恶不仁者"，真正憎恶不仁道的人，也就是，对于那些不上仁道的人我真是讨厌他，这种人我也还没见过。这是孔子针对一般人，还没有自我生命觉醒的人而说的话。

"好仁者，无以尚之。"于是孔子提出所谓真正的喜爱仁道的人，"好仁者"。"无以尚之。""无以"就是无法。"尚"就是上，加在其上。"之"指仁道。"好仁者，无以尚之。"真正喜爱仁道的人，认为再也没有比仁道更好的事物，更好的生命状态了。"恶不仁者，其为仁矣，不使不仁者加乎其身。""恶"是厌恶。"恶不仁者"指真正憎恶不仁道的人。"其为仁矣，""其"指他，指真正憎恶不仁道的人。"为仁"是行仁，实行仁道。他的实行仁道的方法是"不使不仁者加乎其身。"不使不仁道的那些人与事加到自己的身上来。

"有能一日用其力于仁矣乎？我未见力不足者。""有能"是指真正要有人能够的意思，真要有能力能够如何如何。"一日"，也就是花一天的时间，花一天的工夫。"其力于仁矣乎？"用他的力量来努力放在行仁道上啊。"用其力"就是用自己的力量，根据自己的力量，"其"是自己。"于仁矣乎"，在仁道上实践努力一下。"我未见力不足者。"我没见过力量不够的人。孔子曾说"我欲仁，斯仁至矣。"我想要行仁道，想要有所觉醒，就能够在自我的内心中有所觉醒了。仁道的觉醒不在外，重要的在自己。

"盖有之矣，我未之见也。""盖"是疑词，大概、或许的意思。"之"指这种人。这种人是什么样的人呢？力量不够的人。"矣"是叹词。或者有这种人啊！"我未之见也。"我还没有见过。

孔子说，我在一般的人之间还没见到过真正喜爱仁道的人，因为还没有觉醒，以及真正憎恶不仁道的人，我也没见过。一个真正喜爱仁道的人，他认为，没有比仁道更好的生命的道路以及更好的事物。而真正憎恶不仁道的人，我也还没见到，如果真有这种人，他在仁道的实践上，乃是不使不仁者的事加在自己的身上。假如真要有人肯花一天的工夫，用自己的力量去实行仁道的话，我从没见过力量不够的。或许有这种人，但我还没有见过啊！孔子何以会有这样的慨叹？主要就是人的觉醒，自我的觉察力，经常为人的生物性的生存本能、生存冲动所遮盖住，以致常常在生物性的本能冲动中迷失了自己，或者就在这冲动中反映于一切事物只是争取自己的生存，恐惧自己不能生存的恐惧之中，很少人真正去觉察，去开悟这个生命之道如何展开，而摆脱至少冲淡一些生物恐惧不能生存的这一份心理焦虑。是以一般人不会真正地喜欢仁道，或者真正厌恶不仁道的人，只是我们觉得反正人生就这样吧！天下乌鸦一般黑，从这个角度来谈我们生活的态度。所以，孔子由此产生了慨叹，这也就是孔子提醒我们，仁道之所以被耽搁，我们生命的自我觉察之所以被延滞，主要就在于我们还停留在生物本能的局限之下。

案例 1　学员—教师互动模式

学员的打卡记录 ▪▪▪

争做"四有"好老师，当好学生引路人

2018 年 7 月 30 日星期一

4 组 + 岳老师的打卡记录：

1. 听录音，读原文：《论语·里仁第四》4.6　2

2. 听分享，写心得：孔子深叹世人不知为仁之方。仁者修己达人，修己，是向内往里修。常人虽知重仁道，而多自诿为力不足，此乃误为仁道在外，不知即在己心之好恶。昨天，在拉萨认识了一位家庭教育志愿者，来自呼伦贝尔的李老师。他长期参与家庭教育和作文教学方面的公益活动。计算一下，一年

下来的交通费、住宿费也是一笔不小的开支。但当我询问他有没有去布达拉宫参观时，他说："门票太贵了，我在布达拉宫脚下已经看过了。"他风轻云淡的一句话，对我却是千钧之重的震撼，汗颜的同时对真正的"仁者"有了深层的认识和理解。讲仁道易，为仁道难，"讲仁道"与"为仁道"的距离有时大得难以丈量。2

    3. 不说谎：2

    4. 不抱怨：2

    5. 尽己责：2

    当日得分：10

老师的点评回应和学员的反馈

点评回应

    岳老师，早安！您分享的故事，真的很令人感动。每次我看到这样的故事，都会热泪盈眶，内心也不住地想，如果我们周围多一些这样的人，我们这个国家和民族，何愁没有希望！李老师可谓真正走出了"小我"，活出了"大我"，心中无私。相比之下，我自惭形秽，还做不到像李老师那样，很多时候仍在为自己的私利计较。李老师称得上是"仁"者，也是一位"觉者"，是"修己达人"的典范。李老师的故事和您所说的"仁道在己心之好恶"，正是"为仁由己"的最好诠释。向你们学习，以你们为榜样。

学员反馈

    老师，谢谢您分享自己的深层感悟和对我的鼓励，参加这个百日学习后，我感觉身边的仁爱之人越来越多，也许身边从来都不缺少仁爱之人和美好之事，只是被自己忽略或漠视罢了。随着学习的深入，我发现自己那颗心越来越柔软，真善美总是无法抗拒地入眼入心。尘世中，与仁爱之人为伍，让大爱永驻心田，长流血液，融进骨髓。感受生命的美好，分分秒秒。

案例2 学员—学员互动模式

学员的打卡记录

> ### 2018 年 8 月 27 日星期一
>
> 2 组 "双名" 工程学习班 + 张老师
>
> 1. 听录音，读原文：《论语·述而第七》之 7.3　2
>
> 2. 听分享，写心得：孔子认为，修养品德讲习学问，实践道义是必须时时研读的人生必修课。我认为要想让生命觉醒，就要时常按照礼法道德不断审视自己，改正自身的缺点。道义不能只停留在嘴上、纸上，还要付诸实际行动。还需通过读书学习提高文化修养，并做到知行合一。因为教师有了良好的品德修养才可为人师，具有了扎实的学识才可做经师，要用生命去唤醒生命，用智慧去激发智慧，做唤醒生命的使者。2
>
> 3. 不说谎：2
>
> 4. 不抱怨：2
>
> 5. 尽己责：2
>
> 当日得分：10

学员的点评回馈

> ### 点评回馈
>
> A：真巧，张主任，我俩平时就很熟，又是学习友伴，今天很高兴你的作业被组长分享到大群，由我来点评。"做生命唤醒的使者"，你说得真好。通过这段时间的经典学习，真的觉得自己的生命被唤醒了，每天的生命都是崭新的，身上充满正能量，新学期来临，觉得自己更有力量了。只有先 "醒来" 的人才有可能唤醒学生 "醒来"，为了提升自己这方面的能力，"要养德，要博学，要明辨，要笃行，要改过"。只有这样，才无愧于 "人师"，让我们携手前行。还有一点想与晓慧主任和大家探讨。很赞同你的观点，"只有教师有了良好的师德

才能做人师",又到了新学年的开始,学校里招来了不少年轻教师,给他们进行好职业生涯的第一课,树立"立德树人"的观念尤为重要。但是年年做,还是有一些年轻教师在这方面出现问题。不知道大家有什么好的建议?希望得到大家的回馈。

B:@首期名师班于老师 和年轻老师结成对子,给他们压担子,让他们读好书,用学校丰富有营养的活动滋养他们,他们一定会成长得更快。

C:于老师,年轻教师的成长并非一朝一夕之功,仅仅是一两次培训,很难实现持久的效果。我觉得您不妨借鉴一下我们100天线上学习的经验,带领这些老师成立一个"学习共同体",通过日常学习"经典",定期召开读书会或分享会的形式,慢慢增加这些年轻老师的信心和正能量。方法总是有的,事在人为。

(三)2天线下"好老师会讲"

在百日线上学习的过程中,根据学习情况,我们还将以"品读经典·做好老师"或"新时代好老师会讲"等为主题,安排1~2次线下分享会,每次1~2天。活动将邀请线上学习的主讲老师到场为大家答疑解惑,并邀请在经典学习上有切实感悟、能够知行合一的学员代表进行经验分享,展示新时代好老师的典范。期间,我们还会选取在全校开展"品读经典·做好老师"活动的优秀试点学校,并送"培训"上门,即邀请传统文化教育专家去试点学校考察体验,并把培训送到学校,帮助学校不断提升教师传统文化素养。

我们还会将这些分享作为好的案例和素材进行收集和整理,记录老师的生命成长之路,并联合出版社、媒体等策划出版《好老师的生命成长故事》等系列书籍,宣传榜样,为更多老师提供示范和引领,带动全国更多教师群体的生命成长。

"105"师德研修模式基本围绕"心上用功""实修实证"和"内圣外王"三条路径展开,注重在心灵深处塑造心灵品质,引导教师与祖国同频共振、树立高远志向,在内心深处明道立德,为祖国教育事业的发展做出实质性贡献:

1.心上用功

程子说:"如读《论语》,未读时是此等人,读了后又只是此等人,便是不曾读。"

学习经典不是为了卖弄才学、徒事"口耳之资"，而是要真正在心上用功，在"起心动念"处着力，用"心"去体会经典中的每一句话，并以之为镜，时刻反观自己，改过迁善，使自己内心充满正能量，从而获得心灵上的成长。

2．实修实证

在学习过程中，不仅要对中华经典进行知识性的学习和了解，更要用生命去体悟经典中的奥义、用行动践行古圣先贤的教导，坚持知行合一、实修实证，真正改变自己的心理行为和言行举止，真正做到"精义入神"、学以致用，使中华文化的精髓内化于心、外化于行，融入自己的生命，滋养自己的心灵。

3．内圣外王

教师立德树人的基础是自身心性的提升和生命状态的改变，只有教师自身的生命焕然一新了，才能成为他人的榜样，才能使周围的人"亲其师而信其道"，进而带动更多人朝向圣贤、化育天下。同时，教师在学习的过程中不能"悬空守寂""独善其身"，而要在完善自身的同时努力承担起"传道、授业、解惑"的重任，再在承担、践行的过程中反求诸己，持续改善自己的生命状态。

二　面向全体教师：中华文化涵养师德公共必修课

中华文化源远流长，涵盖了中华优秀传统文化、革命文化和社会主义先进文化三个方面的内容，蕴含着中华民族独特的世界观、人生观和价值观，是涵养教师师德的重要道德资源和宝藏。中华传统美德更是中华文化的精髓，引领新时代教师通过学习中华文化在内心深处"明道立德"是涵养师德的大道和捷径。2017年1月25日，中共中央办公厅、国务院办公厅也印发了《关于实施中华优秀传统文化传承发展工程的意见》，强调"迫切需要深入挖掘中华优秀传统文化价值内涵"，将中华优秀传统文化"贯穿国民教育始终"，并着重指出需"加强面向全体教师的中华文化教育培训，全面提升师资队伍水平"。如何"加强面向全体教师的中华文化教育培训"，并将其"贯穿国民教育始终"？一直以来也是我们不断思考的问题。为此，我们借助为北京市13万中小学幼儿园教师研发"社会主义核心价

值观与中华优秀传统文化公共必修课"的机会，并依托"师范生师德涵养'知行合一'计划"项目，逐步形成了一套系统的面向全体教师群体的"中华文化涵养师德公共必修课"。

公共必修课的以"明大道，正人心；温润滋养，变化气质"为宗旨，以中华文化经典的学习为核心，以"重内化、重涵养，低压力、小步子"为理念，围绕"切实改变中小学幼儿园教师的群体生命状态，增强教师实际获得感，加强教师的文化自觉和文化自信"这一核心目标进行系统设计和研发，强调"一门深入，长时熏修"的学习理念，将"经典天天见"与"经典十讲"相结合，"主修课"与"辅修课"相结合，课程分批、分类有序推进；同时，通过网络与手机 APP 终端等多种方式支持教师在线自主学习，同时与线下学习相融合，结合区域实际，持续生成新的实施课程资源，构建"线上—线下"融合、"点—面"结合、"基础学习—高级研修"有序修习的体系化课程学习模式，力求创新教师中华文化继续教育发展新模式，切实解决师德建设中的突出问题，将中华文化中蕴含的修身智慧学出来、悟出来、做出来、传下去。该课程旨在让中华文化各领域"明师明家"的经典科普直达每一位教师，采用教师听得到、听得进、听得懂的方式讲解，帮助他们在小步子、低压力、低门槛的学习中，长时熏修、长期浸润，促进教师修身与教学实践相融合。

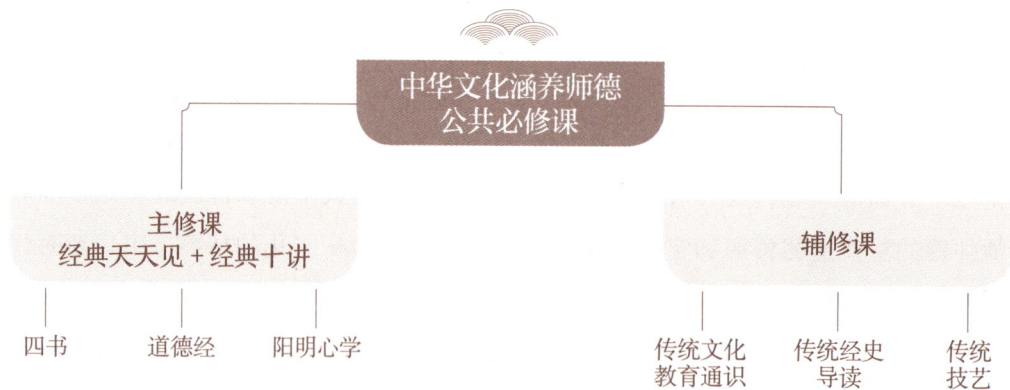

（一）主修课

"主修课"倡导"一门深入，长时熏修，一经通，百经通"的理念；以"四书"中的《论语》《学庸》、阳明心学和《道德经》为主要学习内容，每个阶段专修一门；

通过"经典天天见"与"经典十讲"的网络、手机 APP 端学习，改变传统修习方式，构建中国教师传统文化的实修体系，高度关注教师实际获得和行为改变。

1. 经典天天见

基于传统文化修习规律及对当前在线学习问题的认识，主修课学习以"经典天天见，每天十分钟"为重要方式，以录制《经典72则》导读与配套教材为主要学习内容；基于微信平台，分批面向区域关键群体，建立学习共同体；以专家导读、个人诵读、每日打卡反思、分享践行心得等多种形式相结合；同时，构建制度化管理体制，对参学群体进行分组，建立互相监督、互相促进的学习机制，制定系统的考核评价制度，按照自律和他律相结合的方式，敦促每位成员按规定完成每日修学内容；同时，将线上学习与阶段性线下学习结合，组织经典学习会（如每月一次），邀请经典导读专家与区域教师面对面交流答疑。

期望通过"经典天天见，每天十分钟"的100天学习，使老师在低压力、小步子、低门槛的学习中，长时熏修、长期浸润、以滴水穿石的力量，激发教师传统文化学习热情，变被动学为主动学，逐步在学思践悟中慢慢得到提高。

2. 经典十讲

为帮助教师深入学习阶段主修经典，同时为更广大教师群体提供优质公共必修资源，计划将基于网络平台，每阶段上线一门经典讲读课程，作为本阶段主修课。四年计划分批上线四门主修课，具体内容如下：

• 《论语》十讲

《论语》是春秋时期一部语录体散文集，由孔子弟子及再传弟子编纂而成。主要记录孔子及其弟子的言行，较为集中地反映了孔子的思想，是儒家学派的经典著作之一。本课程力求通过反复诵读原文和对篇章的深入分析，引领教师进入孔子的思想世界，力求辩证地认识孔子在中国文化史上的地位，把握孔子思想的核心概念和重要命题，尤其是他的"仁义忠恕"思想。最重要的是，建立对于中国儒家文化的亲近感，并在日常生活和教学中参悟与实践"克己复礼""有教无类""因材施教"等思想。

• "学庸"十讲

《大学》是《礼记》的第四十二篇。《中庸》是《礼记》的第三十一篇。经唐代韩

愈、李翱表彰后，二者的地位逐渐升高。至南宋时期，经朱熹编撰斟酌，渐渐由《礼记》中的两篇，成为与《论语》《孟子》并称的"四书"。本课程重点介绍《大学》的"三纲八条目"和《中庸》的"中和之道"，力求通过反复诵读原文和多角度诠释原文经典篇章的方式，帮助教师理解二者的核心要义，包括各自思想内容的侧重点。教师通过课程的学习可以初步领会儒家"修己安人"的核心精神，在课程提供的"诚""中""和"等框架下体悟天地之道、为人之道等与生命价值紧密相关的问题，并在躬身实践中贯彻自我反思、自我完善、自我进步的修身之道。

● 《道德经》十讲

本课程以《道德经》为核心内容，运用反复诵读原文和多角度诠释原文经典篇章，包括游历道家文化等方式，学习老子的"道论"思想，深入了解其丰富的朴素辩证法哲学思想、追求顺其自然的人生境界及"无为而无不为"的治世观，体会积极入世、内省求仁的儒家思想与超然出世、无为而治的道家思想在中华民族历史文化发展中互为补充、相辅相成的特点，从而全面深入地理解中华民族的性格的形成。

● "阳明心学"十讲

心学，是儒学的一门学派，最早可追溯自孟子。北宋"二程"开其端，南宋陆九渊大启其门径，与朱熹的理学分庭抗礼。至明朝，由王守仁（号阳明子）首度提出"心学"二字，并提出此学的宗旨在于"致良知"。之后，心学开始有清晰而独立的学术脉络。心学逐渐被称为"阳明心学"。基于王阳明心学体系之结构的全面把握，本课程比较全面而系统地讲解、阐述了王阳明的心学思想，旨在使教师对其思想体系中"致良知"和"知行合一"的精髓能有深刻的领悟。

（二）辅修课

"辅修课"以丰富、补充和完善教师在"主修课"学到的内容为主要目的，重在激发、推动和保持教师学习中华优秀传统文化的兴趣，并引导其将所学内容与个人的实际工作与生活相联系。主要包括以下三类：

1. 传统文化教育通识

传统文化教育通识类课程旨在帮助教师了解"为何要学习中华优秀传统文化"，

进而树立关于中华优秀传统文化教育的正确观念。将由传统文化教育和国学研究方面的知名专家学者主讲，授课方式以专题讲座为主，主题涵盖传统文化教育的概念与内涵、传统文化教育的意义和价值、传统文化教育的内容、次第和方法、传统文化教育与现代学科教育的融合等方面。内容涵盖中国古代教育思想、儒家传统价值观教育、中国传统哲学、传统文化教育与人格塑造等。

2. 传统文化经史导读

传统文化经史导读类课程是对"主修课"的拓展、丰富与深化。将以经、史、子、集为基本框架，精选中国传统文化典籍中有代表性的内容供教师进一步学习。目的是帮助教师全面了解中华优秀传统文化的基本构成、思想精髓和历史脉络，以经史合参的方法，全面介绍对中华优秀传统文化的探究路径，不断加强教师文化底蕴并增加学习兴趣。具体将包括《中国通史》导读、《中国传统蒙学教育》导读、《中国古代教育思想》导读、《礼记》导读、《诗经》导读、《群书治要》导读、《孝经》导读和《易经》导读等。

3. 传统文化技艺

传统文化技艺类课程旨在帮助教师了解和感受传统文化中"游于艺"部分的多姿多彩。课程以琴、棋、书、画为主，辅之以传统戏剧、传统节日与养生方法等不同内容。同时注重所学传统技艺与教师日常生活和教育教学实践的联系，使得通过传承技艺，有效提升教师传统文化的艺术修养。

"公共必修课"以化育一支"以德施教，以德立身"的教师队伍为宗旨，以"切实改变教师群体的生命状态"为目标，诚邀国内外在传统文化教育领域有精深造诣和深厚学养的"明师大家"，为广大中小学幼儿园教师群体量身设计，并联动政府，以区域为单位纳入教师继续教育学分的管理中，是每一位老师都必须学习的。同时配以"好老师生命成长营"的线下集中研修，激发教师学习中华文化的热情，增强文化自信。概括来说，"公共必修课"的主要特色体现在以下几个方面。

第一，立足传统文化教育经典，导之以正、固本培元。课程精选中华优秀传统文化中影响深远、最具代表性的国学经典，一方面，邀请中央电视台主播、中央人民广播电台播音名家配音诵读并精心录制，以最美的声音带领教师感悟经典的魅

力，增强对文化的认同感；另一方面，邀请既懂国学又懂教育、既重义理又重实修的"明师大家"，对经典进行全方位、多层面、深层次的解读，带领教师与圣贤对话、与经典同行。

第二，关注教师当下的生命状态，修身为本、教学为先。课程的总体设计以"关注教师的生命成长"为出发点，通过发掘传统文化教育中能够启发心灵、丰富生命的内涵，以"春风化雨、润物无声"的方式，使传统文化的精髓内化于心、外化于行，融入教师的生命、滋润教师的心灵，帮助教师树立崇高的志向、宽阔的胸怀和担当的精神，激发他们对教育的热爱。

第三，注重教师的实际获得，学思践悟、知行合一。课程通过专家导读、个人诵读、每日反思、心得分享、答疑解惑等多种形式，启发教师不但要把传统文化中蕴含的修身智慧和教育智慧"学出来、悟出来"，还要能够"做出来、传下去"，引导教师把所学渗透到自身生活和实践的每一个环节，做到以学立德、以学养德，通过身体力行来提升气质，并能够以身示范，发挥良好的育人作用，做好学生的引路人。

第四，关照教师的职业特点，次第修学、长时熏修。课程的设计充分考虑到教师工作的特殊性和基础教育的实际情况，以不给教师增加负担为导向，按照"低压力、小步子"的原则，分批、分类有序推进，并构建"线上—线下"融合、层层递进的课程体系和有序学习模式；同时，充分依托现代教育技术，通过北京师范大学未来教育高精尖创新中心全力开发的手机移动客户端和 PC 运行的双重途径，运用微信、APP 等现代通讯技术，见缝插针，在不影响教师工作的前提下，保持教师随时随地进行公共必修课学习的兴趣和积极性。

"中华文化涵养师德公共必修课"的开设，就广大中小学幼儿园教师群体而言，是一项开创性的工作，必将对广大教师的中华传统文化教育产生深远影响，也必将在提升教师队伍整体素质和专业化水平过程中发挥至关重要的作用。

三 面向中小学校：中华优秀传统文化传习坊系列

中华文化博大精深，影响深远，积淀着中华民族最深层的精神追求，含有中华民族最根本的精神基因，为中华民族生生不息、发展壮大提供了丰富的营养。在 2016 年 5 月 17 日召开的哲学社会科学工作座谈会上，习近平总书记强调："要加强对中华

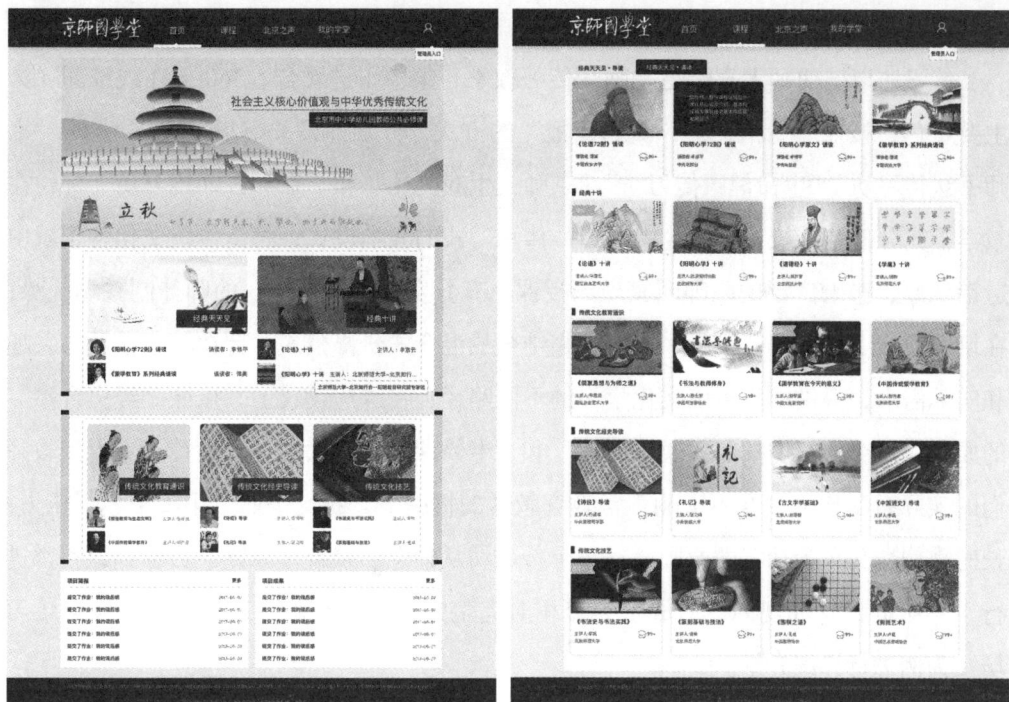

"京师国学堂" APP 界面

优秀传统文化的挖掘和阐发，使中华民族最基本的文化基因与当代文化相适应、与现代社会相协调，把跨越时空、超越国界、富有永恒魅力、具有当代价值的文化精神弘扬起来。"2017 年 1 月，中共中央办公厅、国务院办公厅共同印发了《关于实施中华优秀传统文化传承发展工程的意见》，指出要丰富拓展校园文化，推进书法、高雅艺术等进校园，并强调要"加强面向全体教师的中华文化教育培训，全面提升师资队伍水平"。

在开展"中华文化涵养师德"的各种培训中，我们也充分关注不同区域、不同学校的不同需要，并融合各区域、各学校的办学特点和教育传统。为加快推进经典、书法、高雅艺术等进校园、进课堂的步伐，我们还依托北京市中小学中华优秀传统文化"行知计划"项目、北京市"中华优秀传统文化涵养师德"项目、"中华美德立言行动计划"项目等，面向广大中小学、幼儿园教师群体，创造性地开设了"中华优秀传统文化传习坊系列"，特邀国学经典、京剧、书法、中医、古琴、戏剧等领域的"明师大家"，通过一对一指导和手把手传习，带领有需要的学校和教师共同走上中华文化

的"传习路"。

传习坊以"明师大家传道、师徒传习教学、集中跟进融合、360 天在线浸润"为主要特色，按照"专精一艺，贯通诸经"的方式，分别开设"中华经典传习坊""京师书法传习坊""生命健康传习坊""京师人生戏剧社"和"京师古琴传习坊"等；在教学上充分借鉴传统文化教育中"师徒传承"式的教学模式，聘请传统文化各领域中造诣深厚、影响广泛的明师明家现场授课，充分发挥"传帮带"的师徒制教学优势；在培养模式上，采用"线下—线上"相结合的混合式研修模式，旨在基于学员的兴趣和实际需求，提供中华传统文化学习的不同路径；在课程设置上，按照"经史合参"的原则，每个传习坊按照"通识课程"和"专修课程"两大类进行设计。考虑到教师们的实际教学压力，在不影响正常教育教学的情况下，我们按照"小步子、低压力；长时熏修、久久为功"的原则，对每个传习坊从理念、宗旨、原则、目标到课程都进行了系统的设计和规划，形成了一套相对完整的方案和经验。现以"中华经典传习坊"为例进行详细介绍。

"中华经典传习坊"以"修身为本，教学为先"为理念，以"品读国学经典，传承师道精神"为宗旨，本着"循序渐进，熟读精思；虚心涵泳，切己体察；居敬持志，一门深入"的原则，旨在通过对中华传统经典的学习，带动每一位老师"感悟经典魅力，增长教育智慧；践行经典精神，树立高远志向；礼敬中华文明，传承中华师道；接续国学薪火，传承文化命脉"，并实现"读经典、立厚德、开智慧、传师道、育英才，为天地立心、为生民立命、为往圣继绝学、为万世开太平"的伟大理想。"中华经典传习坊"聘请对国学经典有深刻体会和实修实证的教授学者为导师，并邀请一大批有着丰富经验的一线传统文化教育专家进行授课。课程主要内容如下：

课程类型		主要课程内容
通识课程		国学经典教育的重要意义和价值；国学经典诵读方法；国学经典教育的内容与方法；学校如何开展国学经典教育……
专修课程	蒙学经典	《三字经》《百家姓》《千字文》……
	经史研读	《大学》《论语》《中庸》《孟子》选读……
		《礼记》《诗经》《史记》选读……
	诸子研读	《道德经》《庄子》《黄帝内经》选读……

在"专修课程"中，不是所开设的每一门课都学习，而是根据老师们的自身需求和教学实际，以"一门深入"为理念，在不同阶段重点学习一部经典，例如《论语》。《论语》的课程，邀请祖国大陆和台湾等海内外既懂国学又懂教育、既重义理又重实修的专家学者担任主讲。学习方式上，每月安排一次线下集中学习活动，每次一天。上午由主讲专家授课，下午邀请来自全国各地大中小学的注重实修实学并独具教育特色的专家和教师分享各自开展传统文化教育的实践经验。在每次分享之前，先请学员进行还课，即请老师根据自己所学的内容，结合教学实际，进行课程设计，并分享自己的成功经验，再请专家进行点评回应。另外，还有定期的线上学习活动，精选出《论语》72条，每周在微信群中推送2条，邀请传统文化教育专家进行语音导读（每条导读10～15分钟），学员在读原文、听导读的基础上，每周在微信群中打卡，分享读书心得。

传习坊在课程设置上，每月既有固定环节，又让学员有所期待，充分采用"线上—线下"相融合的培养模式，注重引领学员传统文化学识水平与修身践行工夫融为一体，日益增进。通过这种互动学习的方式，不但可以提升老师们的传统文化素养，还能够对老师们的教学实践提供帮助。

再如"京师书法传习坊"。该坊以"传书画之道，育君子人品"为理念，以"写好中国字，做好中国人"为宗旨，以"认识汉字之'美'、感悟书法之'道'、体会做人之'理'"为目标，引导老师在一撇一捺之中发现美与善，在一笔一画之中提升境界，在一纸一笔之中感悟人生。书法坊的课程不单纯只教如何写字，而是把中华传统文化教育中的历史、文学、哲学和书法艺术融会贯通，以时间为经，以字体的演变为纬，以临摹历代经典书法作品为路径，在深厚历史文化的熏陶下，帮助教师形成起具有深度和广度的历史与人文素养，提升教师学科教学的学识高度与视野。该课程每两周进行一次线下集中学习，每次半天。学员每两周完成一份书法作业，并把作业拍照提交至微信群，由专家学者定期对每一位学员的书法作业进行点评，并在线对学员们的书法学习给予指导。

课次	课程主题	课程内容
1	书法概论	书法是中华传统文化的载体
2	文房四宝	文房四宝的文化意义和选用方法
3	执笔	破除执笔的谬说、执笔的正确方法

续表

课次	课程主题	课程内容
4	临帖	如何选帖、临帖的意义和临帖的方法
5	石鼓文	石鼓的发现与流传、石鼓文的艺术特色和临习举要
6		
7	史晨碑	汉碑概述、史晨碑的艺术特色和临习举要、隶书代表作品赏析
8		
9	敦煌写经	写经书法的历史背景和艺术特色
10		
11	王羲之与《兰亭序》	王氏家族的历史、《兰亭序的传说》、《兰亭序》的艺术特色和临习举要
12		
13	赵孟頫与《胆巴碑》	赵孟頫的生平及艺术成就、《胆巴碑》的艺术特色和临习举要
14		
15	创作指导与课程总结	书法作品创作与指导、作品展示与师生学习心得交流

"中华优秀传统文化传习坊系列"的开设，适应了传统文化进校园的发展趋势，充分借鉴了中华传统文化教育中"由艺入道"的思想，在一定的程度上满足了学校发展的需要，也解决了老师们传统文化教学中的困惑和问题。

第三节

经验与反思

"中华文化涵养师德"的探索与实践创新的过程并不是一蹴而就的，而是在由内而外的多个活动的基础上不断反思、总结和调整而发展起来的。在这个过程中，我们总结了一些经验，也进行了一些需要进一步加深的思考。

104

一　以关注每一位老师的生命成长为核心，在心灵深处塑造心灵品质

现有的师德培训中存在道德圣化和泛化的倾向，对教师的道德期望过高，让教师成为"红烛""春蚕"和"铺路石"等呼声日高，却不能提供具体的实践路径和方案。因此，在师德培训中，应清醒地认识到教师是一个普通人，具有与大多数人一样的生活压力、情绪烦扰与人际关系囹圄，包括各种利益诱惑等，不能给教师群体设立过高的道德标准。结合当前师德研究与培训要回归生活的呼唤，要把教师从"圣坛"上请下来，在鼓励他们追求君子品格的同时，也要从日常生活出发，规划合乎人性和常理的道德实践路线。中国传统道德教育历来重本，教师的德行涵养也要有本，抓住根本才能事半功倍。《孟子·告子下》说："尧舜之道，孝弟而已矣。"中华传统美德以孝为根，以敬为本。"孝亲尊师"是大根大本，也是和谐亲子关系、师生关系、亲师关系的道德基础。《论语》说："君子务本，本立而道生。孝弟也者，其为仁之本与！"《礼记》开篇即说"毋不敬，俨若思。"因此，我们以"孝亲尊师"作为涵养师德的根本，从培养教师的"孝心敬行"开始，并以此为基础，立足亲子关系、师生关系和工作关系三个最重要的关系，通过心灵对话、经验分享和礼敬老师等多种方式，启迪他们的心灵，启发他们的思考，引导他们学会感恩，学会尊重，关爱他人，处理好与家人、学生、同事之间的关系，建立和谐温馨的班级、校园和家庭，进而实现个人与社会的和谐、个人与自然的和谐，真实、深入地体验到自己作为"一个人"和"一个教师"的意义和幸福感。

二　汲取中华文化的精髓，引导教师构建以中华美德为基石的师德观

中华文化积淀了中华民族最深层的精神追求，是中华民族独特的精神标识，为中华民族生生不息、发展壮大提供了丰厚滋养。2014年2月24日，习近平总书记在中共中央政治局第十三次集体学习时，明确做出"中华传统美德是中华文化的精髓"的论述，要求社会各界"认真汲取中华优秀传统文化的思想精华和道德精髓，大力弘扬以爱国主义为核心的民族精神和以改革创新为核心的时代精神，深入挖掘和阐发中华优秀传统文化讲仁爱、重民本、守诚信、崇正义、尚和合、求大同的时代价值。"中

国台湾著名心理学家杨国枢说："以儒家文化为基底的中国文化其实是形塑中国人的心理和行为的非常重要的精神资源。"只有坚持以中华优秀传统文化、革命文化和社会主义先进文化等中华文化精髓为思想道德来源，以其中蕴含的丰富道德理念和规范为基础，以中华文化根源性典籍为根脉基础，树立以中华美德为基础的师德观，将中华文化的精髓融入教师实际教学和日常生活，引领教师在学教结合的实际体验中修身立德，才能使中华文化真正浸润教师的心田，进而使中华文化涵养师德真正落到实处。所以，从"师德观直接决定师德好坏"的基本点出发，在培训过程中，我们十分重视引导教师构建以中华传统美德为基础的师德观，主张教育的本质是净化人心，圣化人性。"四有"好老师应该是具有君子品格的老师，要"务本""替人着想，利人利己""内圣外王""自强不息、厚德载物"。"四有"好老师要追求成圣、成贤、成君子的人生境界，在传承与创新为师之道中，努力做到"以身作则，言传身教""学为人师，行为世范"。

三 重视自我反思与提升，在不断地自我转化与提升中实现"修己达人"

有关道德的新近研究表明，道德作为一种精神价值，需要成为人们的信仰，内化为人的德性。否则，道德善的实现就没有内在动力的支持，无法产生持久的伦理效应。这一点与中华优秀传统文化讲究向内探寻，即"反求诸己"，注重自身修养，重视自我转化的基本精神不谋而合。因而，在"四有"好老师发展模式中，我们十分重视教师包括培训者的自我转化与提升。强调美好的教育内涵有赖于师生心与心的交流；教师的教学过程是教学相长、师生同途"明明德"的过程；学生的课堂生活体验、校园生活体验和师生关系体验，是好老师"教人向善，以养正气"的反映，也是基础教育的至高目标，更是所有贤德教师的崇高职责。同时，我们鼓励教师树立更开阔的生命理念，从"独善其身"走向"兼济天下"，有"修己达人""天下为公"的意识。贤德教师的生命成长首先是个人身心的和谐，而后推己及人，实现个人与学生、同事、家人之间的和谐，进而达到个人与社会、个人与自然的和谐。生命成长是以改变自己为出发点，通过多种方式引发教师反思自身生命成长中的问题，启发教师从改变自己做起，通过自我的转化来和谐与他人的关系，包括师生关系、同事关系、亲子关系等，从而实现对他人及更大系统的转化。

四 组建由多层面人员组成的"大有义工队"，传递关爱，至诚践行

"人皆可以为尧舜。"榜样具有强大的道德示范功能，能够启迪他人通过榜样的形象，直观、生动地理解榜样所代表的精神实质并付诸实践。心理学研究也表明，人类的大部分行为包括道德行为是通过观察学习、借鉴、模仿他人的行为反应来完成的，而榜样正是模仿行为发生的关键。因为榜样具有替代性强化的作用，对榜样的奖励能使学习者表现出榜样的行为。因而，为生动诠释"行为世范"的内涵，给参加成长营的老师树立一个良好的榜样，以"正人先正己，正己先正心"的态度，我们建立了一支由海内外专家学者、北京师范大学师生和热心公益的退休教育工作者等多层面人员组成的"大有义工队"。义工们以"帮助别人就是帮助自己"的理念，在培训过程中，躬先表率，处处示范，时时陪伴于老师的左右，为老师提供支持与帮助，尽力让每一位老师都能够在"润物细无声"的研修氛围中感受到信任、关爱与尊重，很多参加成长营的老师表示，"大有义工队"给他们留下了深刻的印象，给他们树立了"学为人师"的群体形象。在参训的过程中，大部分老师都为"大有义工队"的服务和精神所感动，甚至提出要让自己的孩子和学生来做义工。这就是"四有"好老师发展新模式最具生命力和最重要的特色。

五 打造"互联网＋师德养成"平台，构建"集中研修＋保温课程"新模式，引领教师"唤醒—反思—改过—成长"，推动师德发展新生态

师德是教师精神世界的重要组成部分，以其特有的方式体现在教师的职业习惯、工作态度和价值取向之中，具有内隐性、多层次性和广泛性等特点，因而仅靠道德说教或文理分析并不能真正使传统文化浸润教师的生命成长。只有依靠生命唤醒、榜样感召、经典培德等多种途径和手段，以明师明家的真诚解读和生命故事感召教师们以圣贤为镜、以史为鉴、以经典为标准不断反思体悟，打开教师的心门，才能让中华文化照亮教师的心扉。同时，师德涵养是一种持续建构与更新内心世界的生命成长过程，充满痛苦、蜕变、矛盾、曲折和坎坷，不可能一蹴而就。任何想要通过一次培训就能"毕其功于一役"的想法都是不现实的。因此，在中华文化涵养师德模式体系中，

为避免传统的师德培训模式中教师结束培训回到学校后"又变回老样子"，我们充分发挥互联网和现代信息技术的优势，建立了一个旨在发挥"保温"功能，全方位、立体化的师德涵养支持体系，以提升心灵品质，构建以人与人、心与心的连结为核心，高度关注教师在师德养成中的实际获得，给教师提供了网上学习的精神家园。通过采用"105"师德研修模式、"中华文化涵养师德"公共必修课、"中华优秀传统文化传习坊系列"等多种方式，展示、记录与传承一批又一批好老师的典型案例，形成良好社会正能量，推动师德发展新生态。

总之，在"和谐关系、立德树人；传承师道，化育天下"的核心理念指导下，我们建构的"四有"好老师培养模式已初步成型。该模式以中华文化尤其是传统儒家文化为主体，对"做什么样的人，为什么样的师"这一根本问题进行深入探讨与实践，目的是通过内容丰富，视角多元的文化解读帮助教师准确理解中华文化的思想精髓，并以此为根基叩问教育本质，开启智慧人生的探寻之旅。我们希望在此基础上，继续创造和积累经验，并逐步形成可复制、可推广的教师培训模式，带动全国的师范院校开展好老师的培养工作，帮助更多的专业教师进修机构和学校开办"好老师生命成长营"，探索中华文化教育的规律、特点和路径。正如习近平总书记在《做党和人民满意的好老师》的讲话中所说的那样："一个人遇到好老师是人生的幸运，一所学校拥有好老师是学校的光荣，一个民族源源不断涌现出一批又一批好老师则是民族的希望。"我们要深入探索以中华文化涵养师德的新模式，为化育一批又一批的"四有"好老师，从而实现中华民族的伟大复兴而不懈努力。

第四章

中华文化涵养师德：
课程体系

　　中华文化历史悠久，博大精深。中华文化涵养师德的路径、方式、方法也因此呈现出"百家争鸣，百花齐放"的局面。在持续多年的积极探索和深悟笃行不倦之中，我们逐渐达成了一个共识：课程是中华文化涵养师德这一理念得以落地的客观载体，要解决当前中国教师师德培训中存在的诸多问题，创建具有中国特色、管用、接地气的师德培训课程体系是当务之急。本章对我们用四年时间打磨出的中华文化涵养师德之课程体系作一介绍，阐明其中的基本理念、设计原则、课程框架、课程内容和课程资源，以系统总结与全面展现我们立足中华文化对师德师风建设这一时代课题进行持续探索的阶段性成果。

第一节

基本理念

理念是课程的灵魂，决定了课程的方向与色彩。本课程体系秉承"中西融通、古为今用；思想引领、确保方向；立足时代、传承师道；学生为本、教学为先；学思践悟、知行合一；系统设计、分类实施"的理念。

一 中西融通，古为今用

中华民族是一个具有长期道德教育传统的民族，新时代中国教师师德提升必须以东方道德价值观为根本道德来源，通过中华优秀传统文化、革命文化和社会主义先进文化系列课程，引导教师树立正确的历史观、民族观、国家观和文化观，提升师德素养，增强文化自信。另外，师德教育是把外在的专业道德要求内化为自我的道德需要，实现教师的专业道德从"他律向自律"升华的过程。当代教育学、心理学对师德内涵的新解读、师德发展的规律与机制的新成果，以及师德培养的干预与培训技术等，对师德培训课程设计大有助益。要以东方道德价值观为指导，充分吸收当代教育学、心理学的先进研究成果，古今贯通，中西融通，开创新时代师德教育研究与实践的新局面。

二 思想引领，确保方向

以习近平新时代中国特色社会主义思想为指导，将社会主义核心价值观贯穿师德养成的全过程，把提高教师思想政治素质摆在首要位置，引领教师坚定中国特色社会主义道路自信、理论自信、制度自信和文化自信，引导教师增强政治意识、大局意识、核心意识和看齐意识，推动教师成为先进思想文化的传播者和党执政的坚定支持者，确保教师人生发展的正确方向。

三 立足时代，传承师道

创造性转化和创新性发展中华优秀师道传统，充分挖掘和汲取中华文化中所蕴含的丰富思想道德资源，通过系统设计、分类实施和有针对性的培训，加深教师对"师道"的认识和对"师德"的理解，启发教师传承中华优秀师道传统，立足新时代、树立新思想、弘扬新精神、勇担新使命、奋力新作为，全面提升教师的职业道德素养。

四 学生为本，教学为先

以学生的健康成长与发展为最终指向和最终落脚点，以培养心里装得下万亿儿童青少年的"四有"好老师为根本目标。师德培训要以"立德树人"为根本任务、以"在内心深处提升心灵品质"为着力点来设计课程，引导教师在教育教学实践中以德立身、以德立学、以德施教，以德育德，全心全意做学生锤炼品格、学习知识、创新思维、报效祖国的引路人。

五 学思践悟，知行合一

重视实践取向，关注教师的实际获得，聚焦教师普遍关心的生活与工作问题，关心教师在学校、家庭和社会等多重角色，通过创设形式多元、内涵丰富的道德体验场景，引导教师将所知所学践行于日常生活和工作中，以"知"促"行"、以"行"促"知"，在实践中不断提升修养和智慧；启发教师不仅要"学出来、悟出来"，还要"做出来、传下去"，并贯穿于整个教师职业生涯的始终。毕竟，道德教育是个体内在感受不断积淀、内在经验不断重组、内在精神意志不断坚定生成的漫长过程，不能有一次培训就养成高尚师德的急功近利想法。

六 系统设计，分类实施

根据教师群体的整体特性，系统规划和设计"线上——线下"融合的师德培训课程；根据不同教师群体的不同特点和在教育中发挥的不同作用等实际情况，开展有主题、有序列的师德培训；基于跟踪、调研、观察和分析，按照过程中教师学习的积极性、深入性和实际获得情况等，对教师的学习程度划分层次，以此设计能够满足不同层次需求的后续保温课程，增强培训的有针对性，促使不同教师群体职业道德素养的提升。

第二节

设计原则

原则是课程的"四梁八柱"，决定了课程的基本范围与整体架构。本课程体系的设计遵循以下几项基本原则。

一　以习近平新时代中国特色社会主义思想为指导

通过对党的十九大报告精神、社会主义核心价值观和习近平重要教育论述等的深入学习，深化教师对党的教育方针政策的理解和把握，激发教师的家国情怀和对教育的热爱，帮助教师树立起崇高的志向、宽阔的胸怀和担当的精神，引领教师向"四有"好老师的最高道德典范前进，在对民族与人类命运的勇敢担当中走向崇高与伟大。

二　坚守中华文化立场，充分吸收当代教育学、心理学的新理念、新成果

通过开展中华优秀传统文化、革命文化和社会主义先进文化教育，引导教师树立正确的历史观、民族观、国家观、文化观，增强文化自信；通过借鉴当代教育学、心理学师德形成机制的新成果，构建由"教化—内化—外化"而实现"身入—心入—自我介入"的心理机制，促进教师知情意行的统一发展，增强培训的针对性和实效性。

三 创造性继承和发展中华优秀传统文化中的道德修养方法，帮助教师逐步建立师德涵养的自我觉察和反思系统

师德教育要引导教师不断生成新的道德世界，做不断自我超越、生成性的人。本课程体系注重在"道"上下功夫，在"心"上着力，通过帮助教师建立自我反思系统，引导教师在心灵深处下功夫，不断激发善念，通过自我反思、自我觉察、自我学习走向自我领悟、自我更新，树立起道德的自觉与自律，并在团体的共同领悟中不断强化自身的道德意识与道德建设，内化于心，外化于行，知行合一，立德树人。

四 以教师当下的生命状态为出发点，关注教师的生命成长，激发教师的生命活力

通过课程参与和情感体验，启发教师感受自己真实的生命状态；通过发掘和汲取中华文化中能够启迪心灵、唤醒生命的思想道德资源，以春风化雨、润物无声的方式，融入教师的生命、滋润教师的心灵，增强教师的职业认同，坚定教师的职业信念，升华教师的职业理想，引领教师向更健康、更自信、更幸福的生命状态不断前进。

五 注重教师的实际获得，引导教师在教育教学实践中学思践悟，知行合一

课程设计注重理论联系实践，通过多个主题和多种方式，启发教师不但要把中华文化中蕴含的修身智慧和教育智慧"学出来、悟出来"，还能够"做出来、传下去"，引导教师把所学所悟渗透到自身生活和教育实践的每一个环节，通过躬身践行影响与感召学生，发挥积极的育人作用，做学生的引路人。

六 集中研修与日常学习结合，线上学习与线下学习融合，带领教师全程全方位参与，贯穿教师职业生涯的始终

在课程研修方式上，通过线下集中研修，集体唤醒，引导教师理解教育的本质与

规律，明确教师的角色、使命与担当；通过 100 天线上浸润式学习，持续保温，明晰心灵觉知的价值与意义，养成良好的道德行为习惯；通过日常教育教学中的温润滋养，学思践悟，持续促进教师道德水平的提高和道德修养的升华。

第三节

课程框架与课程内容

　　基于上述基本理念与设计原则，我们初步构建出了中华文化涵养师德的课程体系。该体系以培养和造就新时代"四有"好老师为目标，围绕"内心净化、志向高远、智慧生成"的师德内化模式，设计"主题式"研修课程。主要包括："思想引领—心灵觉知—生命唤醒—经典培德—激扬高远"五个主题课程，分别实现"确保方向—觉察反思—榜样感召—温润滋养—坚定信念"的重要功能。最终目标是让教师通过不同主题和功能课程学习与研修，成为有理想信念、有道德情操、有扎实学识、有仁爱之心的"四有"好老师。

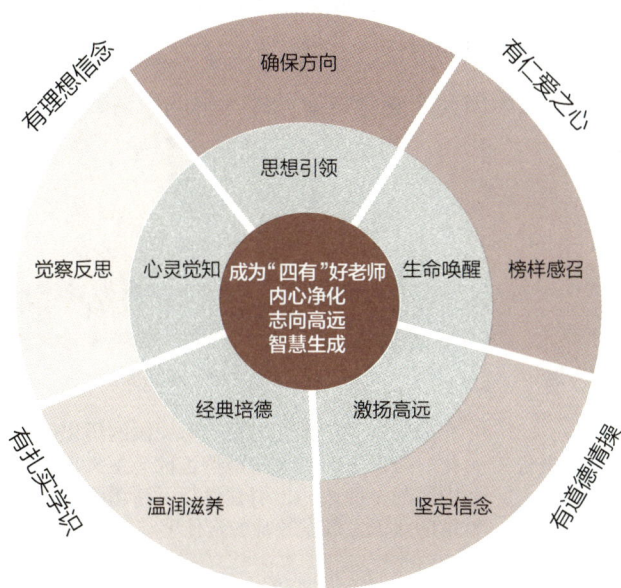

一 思想引领课程

思想引领课程的功能定位是确保方向，包括习近平新时代中国特色社会主义思想、社会主义核心价值观和中国教育的发展和未来三部分内容。

（一）课程目标

通过本课程的学习，引导教师深入学习领会习近平新时代中国特色社会主义思想，树立正确的历史观、民族观、国家观和文化观，增强中国特色社会主义道路自信、理论自信、制度自信和文化自信；准确理解和把握社会主义核心价值观的深刻内涵，增强价值判断、选择和塑造能力，带头践行社会主义核心价值观；充分认识中国教育辉煌成就，扎根中国大地，办好中国教育；推动教师成为先进思想文化的传播者、共产党执政的坚定支持者和学生健康成长的指导者。

（二）实施建议

本课程在实施过程中应坚持"学原文，悟原理"的原则，认真研读、充分领会、深刻理解、准确把握和切实贯彻执行党和国家的政策文件。同时，建议在针对教师党员的培训中，加大本专题课程的分量，开展"不忘初心、牢记使命"主题教育，并补充和加强全面从严治党和中国共产党党章解读等内容的学习。

（三）研修主题

主题1：习近平新时代中国特色社会主义思想		
编号	课程专题	内容要点
1-1	《党的十九大报告》精神解读	充分解读党的十九大报告对我国的历史定位、社会主要矛盾转化、习近平新时代中国特色社会主义思想、新征程与新方略等内容的全面阐述，引领教师不断增强对党情、国情、社情和民情的认识，激发教师的责任感与使命感。

续表

主题 1：习近平新时代中国特色社会主义思想		
编号	课程专题	内容要点
1–2	习近平新时代中国特色社会主义思想的精神实质与丰富内涵	深入领悟坚持和发展中国特色社会主义的"八个明确"和"十四条基本方略"中的精髓，明确中国共产党人的初心与使命，引导教师坚定中国特色社会主义的道路自信、理论自信、制度自信与文化自信。
1–3	习近平总书记关于教育的重要论述	明晰新时代教育工作和教师工作的极端重要性，引导教师承担其立德树人的职责与使命：充分认识建设教育强国是中华民族伟大复兴的基础工程，必须把教育事业放在优先位置，加快教育现代化，办好人民满意的教育。 教师承担着传播知识、传播思想、传播真理的历史使命，肩负着塑造灵魂、塑造生命、塑造人的时代重任，是教育发展的第一资源，是国家富强、民族振兴、人民幸福的重要基石。 深刻理解习近平总书记对教师提出"四有"好老师、"四个引路人""四个相统一"的师德要求，引导广大教师以德立身、以德立学、以德施教、以德育德。

主题 2：社会主义核心价值观		
编号	课程专题	内容要点
2–1	习近平总书记关于社会主义核心价值观的重要论述	引导教师准确理解和把握社会主义核心价值观的深刻内涵，积极培育和践行社会主义核心价值观：富强、民主、文明、和谐是国家层面的价值要求，自由、平等、公正、法治是社会层面的价值要求，爱国、敬业、诚信、友善是公民层面的价值要求。 社会主义核心价值观将涉及国家、社会、公民的价值要求融为一体，既体现了社会主义本质要求，继承了中华优秀传统文化，也吸收了世界文明的有益成果，体现了时代精神。 全面认识习近平总书记对青少年、领导干部、教师等不同群体培育和践行社会主义核心价值观的要求，引领广大教师要从现在做起、从自己做起，使社会主义核心价值观成为自己的基本遵循，并身体力行大力将其推广到全社会。
2–2	新时代教师要带头践行社会主义核心价值观	引导广大教师要用好课堂讲坛，用好校园阵地，用自己的行动倡导社会主义核心价值观，用自己的学识、阅历、经验点燃学生对真善美的向往，使社会主义核心价值观润物细无声地浸润学生们的心田、转化为日常行为，增强学生的价值判断能力、价值选择能力、价值塑造能力，引领学生健康成长。

主题 3：中国教育的发展与未来		
编号	课程专题	内容要点
3-1	改革开放 40 年来我国教育的发展历程与基本经验	全面认识改革开放 40 年来，从确立教育优先发展战略，到把实施科教兴国作为基本国策，再到人才强国战略……在前所未有的挑战与战略机遇面前，中国作出了攸关国家前途和民族命运的重大历史抉择，一条更好、更公平的教育之路在 13 亿中国人民的脚下铺展开来：恢复高考、立德树人、改革创新、促进公平、提高质量……以浓墨重彩之笔绘制出一幅让人民满意、人人出彩的中国教育画卷，也让 13 亿用知识与信念充实起来的中国人成为托举中华民族复兴梦的强大引擎。
3-2	新时代中国教育改革的理念与方向	理念：新时代的教育目标是培养德智体美全面发展的社会主义建设者和接班人。 方向：一是加快教育现代化、建设教育强国，办好人民满意的教育。二是解决好教育面临的发展不平衡、不充分的各种问题，让每一个孩子都能享受优质而又公平的教育。

习近平总书记指出，各级党委要把教育改革发展列入议事日程，党政主要负责同志要熟悉教育、关心教育、研究教育。中国有在职教师 1628 万人，其中约有 500 万名教师党员（含预备党员）。他们都是教育领域中的杰出代表和中流砥柱，是推动新时代中国教育改革的第一方阵。

只有各级党政主要负责人和党员教师队伍永远保持一颗为人民的赤子之心，牢记使命，学为人师，行为世范，向最高道德典范的目标不断努力，才能引领全国千万教师大军前行。

建议开设面向各级党政主要负责人和党员教师"不忘初心，牢记使命"主题教育，应加大本专题课程的分量，并补充和加强《全面从严治党》《中国共产党党章解读》等内容的学习，全面提升党员教师的思想政治素质和师德素养。

二 心灵觉知课程

心灵觉知课程的主要功能是引导教师觉察反思，包括"探寻生命，叩问教育""自我觉知，观照内心""觉察他人，和谐关系"和"生命践行，知行合一"四部分内容。

（一）课程目标

通过本课程的学习，引导教师对生命的意义、教育的本质和教师的角色进行再思考，重构对教育的认知，明确新时代教师的角色与定位，以及个人生命成长的方向与路径；并通过在内心深处"照镜子"，在内心深处"找根子"，在内心深处"清垃圾"，在内心深处"拔钉子"，提升个人生命质量与心灵品质，建立一套融入教师教育教学的时时、事事"内心净化"自我监控系统，贯穿教师职业生涯始终，逐步"从他律变为自律"。

（二）实施建议

本课程在实施过程中，首先，应重视现场氛围的营造，引导教师静下心来，开放自我，抛下成见与固有思维模式，将最真实的内心唤醒、打开，以真诚感召真诚；其次，使教师理解生命的成长不会一蹴而就，需要久久为功，历事炼心，引导教师通过"学思践悟"，在日常生活工作中建立个人践行、团队交流机制，形成长效的心灵品质提升模式。

（三）研修主题

主题 1：探寻生命，叩问教育		
编号	课程专题	内容要点
4-1	生命的探寻与成长	通过追问我们为什么而活，我们想成为什么样的人，我们的人生应该怎样度过？促使教师思考、追寻生命的真正意义，探索生命成长的方向与路径，成就有信念、有梦想、有奋斗、有奉献的人生。
4-2	教育本质与为师之道	深刻领悟教育不是为了升学考试，追求功利，不是由外而内获取知识与技能，而应"导之以正"，唤醒每一个人原本具有的那颗能量智慧的心，充分彰显人性的光辉，引领学生立志成为复兴民族大业的时代新人。 而教师的重要，就在于教师的工作是塑造灵魂、塑造生命、塑造人的工作。"师者，所以传道授业解惑也"，作为教师，应该"传为人之道、授为学之业、解偏蔽之惑"，引导学生成为一个"大写"的人。

主题2：自我觉知，观照内心		
编号	课程专题	内容要点
5-1	自我觉察：聆听内心声音	充分认识"内省"这一心理过程在德育形成与发展中具有的关键性作用。 通过多种活动的开展，引导教师走进内心，觉察自我产生的各种想法以及背后的思维与认知习惯。
5-2	反思改过：清除内心障碍	明确认识反思改过是心灵成长的重要途径，通过开展批评和自我批评，有勇气用"手术刀"深度解剖灵魂，把那些隐藏在暗处的私心杂念清除出去，将自己置于"阳光"之下。 建议引导教师回顾、梳理生命成长中的重要经历，聚焦最核心的"三重关系"，即师生关系、家人关系、同事关系，识别其中的关键事件，深入分析问题出现的根本原因，进行自我反思与改正，清除思想和行为上的灰尘。
5-3	正向认知：提升内在动力	引导教师通过冥想、教练式等心理学专业干预技术，帮助建立积极正向的态度与认知方式，学会调节不良情绪；建立积极的心理品质，找到支持自我生命成长，活出生活意义的内驱力，不断自我完善。

主题3：觉察他人，和谐关系		
编号	课程专题	内容要点
6-1	和谐师生关系	引导教师深刻体悟良好的师生关系是促进学生发展和减少学生问题行为的关键因素，有助于学生思想品德养成、学业提高、智能培养，以及身心的全面发展。 明确"理解、爱并尊重"是建立和谐师生关系的重要前提。"不理解孩子的内心世界便没有教育文明"，"教育成功的秘密在于尊重学生"，"只有爱孩子的教师，他才可以教育孩子"。 帮助教师通过多种途径与方法的学习，与学生建立助益性的连结关系，发挥积极正向的育人功能。
6-2	和谐重要他人关系	明确"反求诸己""与自己和解"是与他人建立和谐关系的前提与关键。 引导教师通过多种途径与方法的学习，与同事、学生、家人、朋友等重要他人建立真诚、理解、尊重、和谐的关系。并推而广之，和谐与社会、与自然的关系。

		主题4：生命践行，知行合一
编号	课程专题	内容要点
7-1	构建"内心净化"监控系统	引导教师将自我觉知、觉察他人的方法融入日常，坚持每日三省吾身，觉察自己的一言一行。遇事不顺、不如意时，经常反思自问，"行有不得、反求诸己"，多从自身寻原因、找问题，学习加强情绪管理，做到心态平和；并通过持续的学习、反思，逐步建立起一套时时、事事、贯穿职业生涯始终的"内心净化"监控系统。
7-2	助力学生生命成长	引导教师通过自我生命的觉知与成长，改变惯性的分析、评判、建议模式，聆听学生心声，帮助学生更好地认识自我、明确目标，激发学习成长的内驱力，从而成就自我，成就他人和崇高的教育事业。

三 经典培德课程

"经典培德系列课程"的主要功能为温润滋养。课程内容以中华优秀文化为核心涉及《大学》《中庸》《论语》《孟子》《道德经》《传习录》等国学经典及中外教育名著。此外，根据教师的不同学科背景，有选择性地补充研读其他国学经典名篇，例如《九章算术》《书论》《黄帝内经》和《乐记》等。

（一）课程目标

通过研读经典帮助教师浸润于丰富的思想道德精髓之中，体悟其中所蕴含的深刻内涵，引导教师与圣贤君子对话，以圣贤君子为镜，反观自我，克服私欲与偏狭，清除困惑与障碍，努力达至内心的澄明，以圣贤君子人格养成的智慧滋养生命，修养身心，涵养性情，明道立德，并逐步构建起崇道尚德的师德观。进而从教育者本位出发，透彻领会经典中"言传身教""有教无类""启发诱导""因材施教"等重要教育观念，厚积于思想，活学活用于育人实践，成为以德施教的好老师。

（二）实施建议

本课程实施过程中，首先，各主题课程均以经典原文为根本研修素材，通过反复、多次、长时研读经典原文，直接体悟其中所蕴含的思想精髓，尽量减少后人因解读与诠释所引起的误读与曲解，如有需要，可以在较为熟知原文的基础上、在导师的建议下，阅读其他权威研究著作辅助研修。其次，可根据具体课程目标与课时安排采用不同方式进行研修，既可以"一部经典一门课"遵循"一门深入，长时熏修"的原则，在一段持续、固定的时间内（如100天）集中纵向学透一部经典，也可以按照相关理念与相近主题，横向融合多部经典内容，相互参照，相互拓展。最后，在注重经典原文研修的同时，更要注重知行合一，躬身实践，不拘泥于文本本身，本课程始终提倡在当代背景下，在现实的具体的问题中去理解经典中立德树人的核心精神，并将其融入教育实践和日常生活中，修正身心，和谐关系，真正做到学为人师，行为世范。最后，为有效构建时时研修、自律律他、互助激励的研修机制，在实施本课程的各个阶段中，均可以采用线上—线下相结合的研修方式，增强研修的灵活性与适用性。

（三）研修主题

主题1:《大学》		
编号	课程专题	内容要点
8-1	何为"大人之学"	全面理解中华文化中"大人"心性上的特质，如视人犹己、视国犹家和以天地万物为一体，进而从目的到程序，体悟"大人之学"中比较完整的道德教育体系。
8-2	三纲要：为人治学的根本纲领与目标	从"三纲要——明明德、亲民、止于至善"看为人与治学的纲领和目标，包括彰显天性光明的德性，回归纯净真切的内心，修身立德，弃旧革新，达到最善最美的境界，达成最高志向与理想。
8-3	八条目：达成"内圣外王"的必要路径	从"八条目"看实现"三纲要"的进修步骤，包括"格物、致知、诚意、正心、修身、齐家、治国、平天下"的内涵与其相互作用，最终通过"内圣外王"的路径，从中体悟内心的"明、诚、正"对于树立最高志向的重要性。

续表

编号	课程专题	内容要点
	主题1:《大学》	
8-4	定、静、安、虑、得：探求净心与务本	从"定、静、安、虑、得"深入理解内心达到纯净、安定和坚实状态的路径与方法，同时，感悟这种内心状态对于实现为人、做事的正确目标、抓住根本和分清本末的重要性，由此延展到把握何为"教育之本"，以及"务本"的路径与方式。
8-5	修身为本：实现自我教育与完善	全面理解"修身为本"中蕴含的通过向内求索、反求诸己最终树立至高志向、达到至高道德境界的思想精髓，理解"自修"作为"自我教育"的本质特点。

编号	课程专题	内容要点
	主题2:《中庸》	
9-1	中庸：达到至高生命境界的理论与方法	理解"中""庸"与"中和"的内涵，感悟中华文化"天人合一"的理念，以及对自我和谐、人际和谐和人与自然和谐的追求。
9-2	诚与明：内修外治的根本	探索以"诚"为根本的道德体系，深切理解"诚"是"内修"的发端与根基，更是"内修"的目标与路径，进而理解由内到外，最终掌握"外治"的路径与方法。
9-3	君子慎独：修身立德的核心	融汇《大学》章句理解"君子慎独"对于提升自身素养、涵养美德的重要性，结合实际问题，获取切实可行的"修身立德"实践路径。
9-4	"尊德性，道学问"的教育之道	感悟教育对于为人和做事达成"至诚"状态的重要意义与作用方式，正确理解"德性"与"学问"在教育实践中的定位与意义。
9-5	"学、问、思、辨、行"的学教路径	学以致用"博学、审问、慎思、明辨、笃行"的治学方法，理解这是通向"自明诚"的必由之路，再由"自明诚，之谓教"深入探索更加广泛意义上教化育人的必由之路。

编号	课程专题	内容要点
	主题3:《论语》	
10-1	"学""习"与心性上的自我觉醒	由"学而时习之"引入，全面理解孔子对于人"性""习""觉醒"的认识，把握其核心理念中对人内在心性与品质的重视，感悟其伦理道德理念中所蕴含的具有普世意义的仁爱智慧。

续表

	主题3:《论语》	
编号	课程专题	内容要点
10-2	圣人、君子、士、成人的品质特点与生命成长路径	理解"圣人、君子、士、成人"的不同品质特点，对比体悟他们对自我的不同期许、树立的不同志向以及为达到志向所做的切己实践，由此把握住个体修身立德的前进方向和阶梯。
10-3	"六艺"与由艺入道的基本路径	分别了解"礼、乐、射、御、书、数——六艺"具体内容，理解其中每一项对于个体修身立德的意义，进而感悟"由艺入道"的涵义与路径。
10-4	"学思知行"的治学与育人路径	在学习与教育的语境中，理解"学、问、思、知、言、行"的内涵及其相互关系，从中获取可学可用的具体治学与育人的路径与方式。
10-5	孔子的教育实践与为师之道	结合孔子的教育实践，特别是他与几名主要弟子的教学互动，深入理解作为一名理想教师的基本要求，例如以身作则、诲人不倦、爱护学生和有教无类，从而反思自我，感悟如何成长为一名好老师。
10-6	孔子的教育原则与方法	在当代背景下，在现实问题中，深入理解孔子所创设的重要教育原则与方法，例如温故知新、启发诱导、因材施教和从实际出发，并能学以致用，指导自身教育实践。

	主题4:《孟子》	
编号	课程专题	内容要点
11-1	存、养与扩展人性的"善端"：把握为人治学的始发点	全面理解"良知"与"良能"的先天性，体悟"恻隐之心""羞恶之心""辞让之心""是非之心"是"仁、义、礼、智"的发端，明确这些思想上的善意发端都需要在为人和做事的实践中不断扩充，发扬光大，达到更高的道德境界，同时出于教育者本位探寻教育的本真与根本使命。
11-2	求其放心：恢复固有的善性与天赋的道德观念	理解后天环境与选择对道德观念发展的影响，探寻如何通过"求其放心"，将已经丧失的"善端"寻找回来，并最终使之发扬光大而成为道德高尚的圣贤君子。
11-3	集义养气：提升心性与完善人格	探寻如何排除外界干扰，积累道义，培养浩然正气，从而通过长期的道德修养达到内心坦荡泰然，正大光明，俯仰无愧于天地的精神境界。
11-4	反求诸己：通过内省与反思涵养内在美德	结合为人与治学的实际问题，理解遇事反躬自问，严以律己、宽以待人对于执守中正，行忠恕之道的必要性，充分重视和发挥培养道德修养的自觉性和主观能动性。

续表

	主题 4:《孟子》	
编号	课程专题	内容要点
11–5	生于忧患，死于安乐：确保长久的正向发展与成长	感悟面对外在不良环境与诱惑时，如何保持自己的操守，锻炼自己的心志，在艰苦的实践中不断磨练和提高自己的意志与道德品质，确保能够长久正向发展与成长。

	主题 5:《道德经》	
编号	课程专题	内容要点
12–1	为而不争：以仁爱之心包蕴万物	全面理解"天之道，利而不害，圣人之道，为而不争。执大象，天下往。往而不害，安平太"的内涵，引导教师体悟虽积极作为，但是不居功、不占有，展现一颗利他、利天下的仁爱之心。
12–2	道法自然：遵循为人治学的客观规律	由"道法自然"充分理解要遵循客观规律，从而实现人格和谐、人际关系和谐以及人与自然关系和谐，在教育语境中，更要正视教育的复杂性，遵循教育的科学性和规律性。
12–3	反者道之动：辩证地看待为人治学的实际问题	客观地看待万事万物的运动变化规律，在为人与治学的语境中，辩证地看待问题，包括有与无、多与少和强与弱等，从而找到恰当的实践路径和方式。
12–4	为学日益，为道日损：探寻为人治学的有效实践路径	感悟靠加法学习文化知识，以减法消除层层偏见，复归真生命、真性情和真智慧的为人与治学路径，并以此指导实践，有效提升内在精神生命状态，有效治学。
12–5	抱素见朴：涵养与充盈自然的德性	整体把握道家对于自然特性的珍视，找到因循自然的德性，例如淳朴、无私、清静、谦让、守柔和淡泊等，进而通过为人与治学的实践恰当地涵养与充盈这些德性。
12–6	不言之教：顺应天性的教育之道	尊重受教育者的思想与行动自由，正视他们的天性与发展需要，探索注重反思、身教与勤习实践的教育路径。

	主题 6:《传习录》	
编号	课程专题	内容要点
13–1	王阳明"立德、立功、立言"的一生	结合王阳明年谱，了解王阳明的人生与教育经历，深入体悟在中华文化中，"立德、立功、立言"的圣贤所具有的心灵特质与道德品质。

续表

<table>
<tr><td colspan="3" align="center">主题6：《传习录》</td></tr>
<tr><td>编号</td><td>课程专题</td><td>内容要点</td></tr>
<tr><td>13-2</td><td>致良知：向内求索，回归内心的清澈</td><td>全面理解"良知"是"心"的本质，体悟"良知"中包含的先天的、不教自能的伦理道德观念和品质，认识外物给"良知"带来的昏蔽，从而进一步领悟教育的作用就是不断向内求索，克私去蔽，恢复"良知"，达到"良知"的极致。</td></tr>
<tr><td>13-3</td><td>知行合一：谋求道德意识与实践的统一</td><td>从错知、错行到正知、正行，对比理解不同层次的知行特性与其相互联系、相互转化的作用，明确知行合一的实质是以"良知"为标准，统一于"良知"，从而探寻达到知行合一的自修路径与育人方法。</td></tr>
<tr><td>13-4</td><td>立志、勤学、改过、责善：探寻自修与育人的有效路径</td><td>精读集中体现王阳明先生教育主张的《教条示龙场诸生》与其他重要篇目，分别深入理解"立志""勤学""改过""责善"的内涵、意义、做法与在具体问题中的应用。</td></tr>
<tr><td>13-5</td><td>纠偏导正：确保修身立德的正确方向</td><td>立足自身修身立德与教育实践的现状，体悟"致良知功夫"的真正内涵与意义，反思与纠正"不正""不诚"的偏颇"功夫"。</td></tr>
</table>

<table>
<tr><td colspan="3" align="center">主题7：《中外教育名篇选读》</td></tr>
<tr><td>编号</td><td>课程专题</td><td>内容要点</td></tr>
<tr><td>14-1</td><td>中国古代教育名著选读</td><td>阅读中国古代有关教育与为师之道的名著，例如《礼记·学记》、韩愈的《师说》和荀子的《劝学》，与其他各部经典相互补充，加深和拓宽对中国古代教育思想的理解。</td></tr>
<tr><td>14-2</td><td>西方古代教育名著选读</td><td>阅读西方古代有关教育与为师之道的名著，例如柏拉图的《理想国》、昆体良的《演说术原理》和维夫斯的《知识的传授》。兼具中西方视野，理解西方教育理念的发端与核心。</td></tr>
<tr><td>14-3</td><td>中外近现代教育名著选读</td><td>阅读中外近现代教育名篇，例如蔡元培的《对于新教育的意见》、陶行知的《教学合一》、叶圣陶的《假如我当教师》，再如福禄贝尔的《人的教育》、克里希那穆提的《教育就是解放心灵》和帕克·帕尔默的《教学勇气》。在对比中深入理解中西方重要教育理念的发展路径。</td></tr>
</table>

四 生命唤醒课程

生命唤醒课程的功能定位是榜样感召。课程包括经验分享、教育影像、心理剧场和立志行动四部分内容。

（一）课程目标

课程通过榜样力量的感召，以个体生命的觉醒去点燃一个个生命，让每个生命在感受、体验、反思和内省的螺旋式上升状态中，内心得到净化，在内心深处产生崇德向善的情怀。同时，这种无形的感染力引发团体的共鸣与共情，形成强大的正能量场，使个体在团体的影响与激励下获得持久成长的力量，不断走向生命的自我觉悟与更新，并最终树立高远的志向与坚定的信念，立志成为一名党和人民满意的"四有"好老师。

（二）实施建议

本课程在实施过程中，注重情感与精神的感召，按照"真实情感、真实情境、真实体验"的原则，以生命唤醒生命，以真诚感召真诚。同时，注重榜样感召与自我反思相结合，以榜样为镜子，反思自己的教育教学实践，将榜样的力量转化为自身的行动力。

（三）研修主题

主题 1：经验分享		
编号	课程专题	内容要点
15–1	好老师的生命故事	立足教师真切的生命与教育体验，发掘师德典型，讲好师德故事。通过具有感染力的师德楷模故事引发参训学员的情感与心灵的共鸣，唤醒参训学员内心的教育良知，促进参训学员的深度反思与内省，并在榜样的感召下生发向榜样学习的正向力量。
15–2	我们的成长之路	采用小组分享和写成长故事等形式，组织参训学员围绕自己职业生涯中有意义的关键事件，以及这些事件如何影响自己的教育信念、教育思想等进行分享，形成相互激励的正能量场。
15–3	我的教育初心	采用小组分享或者写反思日志的方式，引导参训学员回顾与讲述自己的教育初心，如选择教师职业的初心、理解教育教学本质和规律的初心、当校长的初心等，重新回望师者的初心、教育的初心，并以榜样为镜子，找出差距，明确努力方向。

		主题2：教育影像
编号	课程专题	内容要点
16-1	教育影像欣赏	运用中外经典教育电影、教育家传记、教育类影视片，充分发挥影像声像并茂、视听兼顾、极富感染力的特点，在集体观影下，潜移默化地进行理想教师形象的价值引导，促使参训学员对自身教育信念、道德情操和师生关系等方面进行深入的思考与探寻。
16-2	心得你我他	在观影后精心创设一些与师德内涵相关的问题，组织参训学员围绕影像中体现的教育现象、教师理念等，开展好老师面对面小组讨论或线上观影感受讨论，促使其对"四有"的深入理解。
16-3	我的观影日志	集体观影及讨论后，鼓励参训学员联系现实教育工作，记录观影后的感悟，引发的思考与联想，激发的决心与理想等。

		主题3：心理剧场
编号	课程专题	内容要点
17-1	情境创设与角色体验	围绕师德的内涵，精心选择典型性、容易进入的教育情境或故事情境，借助戏剧艺术技巧和戏剧活动，引导参训学员全身心投入既定情境，感受情境中角色的心理状态，对情境内涵进行思考。
17-2	戏剧活动与自我探寻	再次体验情境中的角色，不再局限于既定情境，鼓励参训学员自由创造情境，演绎自己对角色人物的理解和感悟，在群体思维的碰撞下完成对人生、教育、道德等的深层思考与追问。
17-3	生命体悟与反思	从戏剧中抽身而出，对情境中所呈现的师德相关话题进行评论与反思，可以采用个人汇报、小组讨论、集体朗诵等方式开展。

		主题4：立志行动
编号	课程专题	内容要点
18-1	榜样感召，唤醒激励	立志课是从生命的自我觉醒，升华到教师职业使命感的重要环节。充分发挥榜样的感召力，邀请已经立下坚定志向的老师分享自己的志向，激励参训学员把个人的理想与祖国紧密联系起来，立志成为党和人民满意的"四有"好老师。
18-2	报效祖国，庄严立志	营造庄严的氛围，引导参训学员思考自己的教育理想与信念，坚定其信心，激扬其高远，郑重地写下自己的志向、或者在公开场合大声读出自己的志向或团队共同的志向，让集体见证自己的决心与成长。

五　激扬高远课程

激扬高远课程的功能定位是坚定信念。课程包括中华文明精神、革命文化与社会主义先进文化和人类命运与未来发展四部分内容。

（一）课程目标

从历史文化的角度切入，选取中华民族历史进程与当代发展中的典型阶段、典型人物和典型事例，并结合实地参访活动，探寻挖掘其中蕴含的中华文化的根本精神与当代价值，帮助教师深刻体悟文化背后的深厚底蕴，逐步建立起文化认同和民族自豪感，引导教师在学习中华历史文化的过程中坚定理想信念，了解中国发展的历史规律和现实国情，树立高远的志向，并落实到自身教育实践之中。

（二）实施建议

本课程在实施过程中，需要特别注意如下几点。首先，按照"见人、见事、见精神"的原则，重在体悟文化背后的精神与内涵，以史为鉴，以文化人。其次，重视"带入感"，营造"身临其境"的氛围，连接历史、文化与精神，激发教师的家国情怀和历史责任感，将责任与使命贯彻到日常的教育实践。最后，注意"因地制宜"，可以结合本地历史，挖掘当地典型的道德模范、历史事件和思想精神，还可以利用当地的名胜古迹、历史遗址、爱国主义教育基地和体现现代化建设成就的场所；一方面缩小与参训教师的距离，增强教师的亲近感，另一方面也便于开展相关培训活动。

（三）研修主题

主题1：中华文明精神		
编号	课程专题	内容要点
19-1	中华民族的艰辛历程和辉煌成就	选取能够展现中华文化跌宕起伏、波澜壮阔的历史阶段和事件，感悟勤劳勇敢、百折不挠、自强不息等伟大的民族精神，认清并把握社会历史发展规律。

续表

主题1：中华文明精神		
编号	课程专题	内容要点
19-2	中华历史人物的精神风貌	选取中国历史中的古圣先贤和志士仁人的生平和事迹，通过典型人物的典型事件，展现他们富有感染力的成长细节。学习和继承他们心怀天下、修己安人、坚韧不拔、矢志不渝的品格与襟怀，自觉立志成为时代的楷模与道德的模范。
19-3	中华文化的根本精神	深入挖掘中华优秀传统文化中的理念、智慧、气度和神韵，注重对中华文化精神的整体把握。深入感悟中华文化的根本精神和独特内涵，感受中华民族最深沉的价值追求。
19-4	参访名胜古迹	参观书院遗址、名人故居、历史文化纪念馆等能够展现中华民族精神的名胜古迹，感受中华文化的博大精深、学习中国传统的教育智慧，生发民族自豪与自信，感悟中华文化天人合一、厚德载物的深远意义。

主题2：中国革命文化		
编号	课程专题	内容要点
20-1	中国共产党艰苦奋斗的革命精神与文化	以中国共产党艰难坎坷的革命历程为线索，缅怀革命先烈，重温革命事迹，深刻理解共产党员优良的革命传统，切实感受共产党人的智慧与力量，感悟革命理想高于天的精神。
20-2	拜访历史遗址和爱国主义教育基地	拜访革命老区、抗日战争纪念馆等承载革命文化精神的历史遗迹和爱国主义教育基地，追溯革命光荣历史，感受革命传统，弘扬革命精神，激发教师的家国情怀与历史责任感。

主题3：社会主义先进文化		
编号	课程专题	内容要点
21-1	改革开放以来社会主义先进文化的发展与成就	基于改革开放以来社会主义先进文化的发展与成就，选取一系列具有代表性的英雄模范、道德楷模和时代典范，感悟改革创新的精神、艰苦奋斗的作风。
21-2	参观体现现代化建设成就的场所	通过参观展现中国现代化建设成就的场所，体会改革开放的伟大成就，增强教师"四个自信"，增强教师的国家认同和责任意识，承担中华民族伟大复兴的教育使命。

主题 4：人类命运与未来发展		
编号	课程专题	内容要点
22-1	新时代中国发展的问题与应答	结合新时代中国发展面临的机遇与挑战，深刻解读新时代中国发展的问题与应答，引导教师思考一系列应答背后的思想内涵，推动教师以人为本，建设中华民族共有的精神家园。
22-2	中国方案与世界发展	以立足全球化的视野，全面解读"构建人类命运共同体"中国方案的时代背景，深刻领悟中国方案的深远内涵，与全世界人民同呼吸、共命运、心连心，共同维护世界和平与人类社会发展。

第四节

课程资源

一　领导讲话与相关政策文件

（一）习近平总书记关于教育和教师工作的系列讲话

1. 习近平在全国教育大会上的讲话通稿（2018 年 9 月 10 日）

2. 习近平在北京大学师生座谈会上的讲话（2018 年 5 月 3 日）

3. 习近平主持召开十九届中央全面深化改革领导小组第一次会议关于教师队伍建设的重要论述（2017 年 11 月 20 日）

4. 习近平在中国共产党第十九次全国代表大会上的报告中关于教师队伍建设的重要论述（2017 年 10 月 18 日）

5. 习近平在全国高校思想政治工作会议上强调把思想政治工作贯穿教育教学全过程开创我国高等教育事业发展新局面（2016 年 12 月 8 日）

6. 习近平在北京市八一学校考察时强调全面贯彻落实党的教育方针努力把我国基础教育越办越好（2016年9月9日）

7. 习近平在哲学社会科学工作座谈会上讲话中关于教师工作的重要论述（2016年5月17日）

8. 习近平在知识分子、劳动模范、青年代表座谈会上的讲话中关于教师工作的重要论述（2016年4月26日）

9. 习近平在全国党校工作会议上的讲话（2015年12月21日）

10. 习近平总书记给"国培计划（2014）"北京师范大学贵州研修班参训教师的回信（2015年9月9日）

11. 习近平主持召开中央全面深化改革领导小组第十一次会议关于乡村教师队伍建设的重要论述（2015年4月1日）

12. 做党和人民满意的好老师——同北京师范大学师生代表座谈时的讲话（2014年9月9日）

13. 习近平在北京市海淀区民族小学座谈会上讲话中关于教师工作的重要论述（2014年5月30日）

14. 习近平在北京大学师生座谈会上讲话中关于教师工作的重要论述（2014年5月4日）

15. 习近平总书记致全国广大教师的慰问信（2013年9月9日）

（二）关于师德师风建设的政策文件

1. 中共教育部党组印发《高校思想政治工作质量提升工程实施纲要》（2017年12月4日）

2. 中共中央办公厅、国务院办公厅印发《关于实施中华优秀传统文化传承发展工程的意见》（2017年1月25日）

3. 教育部 财政部关于实施职业院校教师素质提高计划（2017—2020年）的意见（2016年10月28日）

4. 高等学校预防与处理学术不端行为办法（2016年6月16日）

5. 教育部关于印发《严禁中小学校和在职中小学教师有偿补课的规定》的通知

（2015 年 6 月 29 日）

6．教育部关于建立健全高校师德建设长效机制的意见（2014 年 9 月 29 日）

7．教育部关于印发《严禁教师违规收受学生及家长礼品礼金等行为的规定》的通知（2014 年 7 月 8 日）

8．教育部关于印发《中小学教师违反职业道德行为处理办法》的通知（2014 年 1 月 11 日）

9．教育部关于建立健全中小学师德建设长效机制的意见（2013 年 9 月 2 日）

10．中共中央组织部 中共中央宣传部 中共教育部党组关于加强和改进高校青年教师思想政治工作的若干意见（2013 年 5 月 4 日）

11．事业单位工作人员处分暂行规定（2012 年 8 月 22 日）

12．教育部中国教科文卫体工会全国委员会关于印发《高等学校教师职业道德规范》的通知（2011 年 12 月 23 日）

13．教育部关于切实加强和改进高等学校学风建设的实施意见（2011 年 12 月 2 日）

14．教育部关于严肃处理高等学校学术不端行为的通知（2009 年 3 月 19 日）

15．教育部中国教科文卫体工会全国委员会关于重新修订和印发《中小学教师职业道德规范》的通知（2008 年 9 月 1 日）

（三）综合政策文件

1．教育部 、国家发展改革委、财政部、人力资源社会保障部、中央编办印发《教师教育振兴行动计划（2018—2022 年）》（2018 年 2 月 11 日）

2．中共中央 国务院关于全面深化新时代教师队伍建设改革的意见（2018 年 1 月 20 日）

3．国务院办公厅关于印发乡村教师支持计划（2015—2020 年）的通知（2015 年 6 月 1 日）

三 中华传统文化学习参考书目

1.《中华传统文化经典教师读本：论语》

作者：钱逊

出版社：济南出版社

出版时间：2015年9月

简介：本书分上、下两册，内容包括"《论语》其书""孔子其人""读《论语》的方法""《论语》全文解析""《论语》导读"和"怎样对待传统文化"。篇章体例包括"原文""注释""大意""解读""成语集释"和"思考辨析题"六大板块。本书读者对象为教师及教育管理人员。

2.《四书白话注解》

作者：朱熹

出版社：线装书局

出版时间：2016年1月

简介："四书"是吾国2000年来思想的总源泉。《大学》《中庸》，出自《礼记》，其文明白晓畅，吾国礼俗，多本乎是，都之可谓如德之门，《论语》为孔门弟子所记。语言简明，读之可得立身行己之方。《孟子》为践履之法，所以一部《四书》学者都应熟读成诵，体味寻索。本局有鉴于此，特将此公认为最必读的《四书》在字句上加以标点，祥为注释，是在利便学者熟读成诵，可免"读破句"之误、翻字典之劳，与内容上揭示"章旨"，衍为"演义"，坿以"短评"，并插绘图。是在利便学者体味玩索，可除百思不得其解之苦而有助增读书兴味之乐，学者得此一书，即可无师自通。

3.《论语新解》

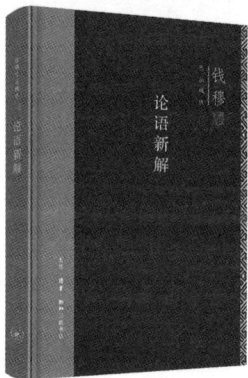

作者：钱穆

出版社：生活·读书·新知三联书店

出版时间：2017 年 6 月

简介：钱穆先生解读《论语》，重在"新解"，新在何处？钱穆说，自己不过求了个"折衷"之道。他博采众家观点，从中寻找可以令当今时代新思想者理解的路子，加以自己的阐发，力求通俗简要，直明本义。

4.《孔子传》

作者：钱穆

出版社：生活·读书·新知三联书店

出版时间：2012 年 9 月

简介：《孔子传》由钱穆著，综合司马迁以来各家考订所得，重给孔子作传。其所自述所谓"学不厌、教不倦"者，以寻求孔子毕生为学之日进无疆、与其教育事业之博大深微为主要中心，而政治事业次之。故本书所采材料亦以《论语》为主。

5.《经典常谈》

作者：朱自清

出版社：中华书局

出版时间：2014 年 4 月

简介：这部书以经典为主，以书为主，不以"经学""史学""诸子学"等作为纲领。但诗、文两篇，却还只能叙述源流；因为书太多了，没办法一一详论，而集部书的问题，也不像经、史、子的那样重要，在这儿也无需详论。书中各篇的排列按照传统的经、史、子、集的顺序；并按照传统的意见将"小学"书放在最前头；各篇的讨论，尽量采择近人新说；这中间并无编撰者自己的创见，编撰者的工作只是编撰罢了。

6.《国学大纲》

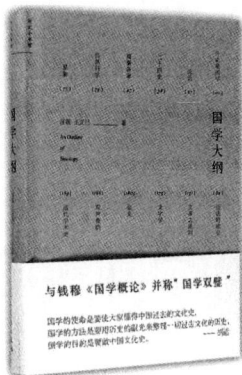

作者：汪震、王正己

出版社：民主与建设出版社

出版时间：2017 年 8 月

简介：《国学大纲》是学者汪震和王正己合著的一部国学论著。
《国学大纲》原为民国中学生经典国学教材，其中所含国学
常识，条理清晰，不甚艰深，又不失偏颇。文经史哲，皆
有涉及；总论分述，各有所长。全书共分九章，第一章综
述国学概义，余下各章分别从经学、史学、哲学、自然科
学、文学、文字学等方面入手，用语浅白，介绍全面，脉
络清晰地将国学概况展示在读者眼前，能满足一般读者了
解国学之需要。

7.《国学概论》

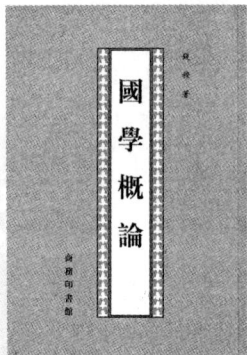

作者：钱穆

出版社：商务印书馆

出版时间：1997 年 7 月

简介：《国学概论》将我国古代学术，按每个时代的学术思想、主
要潮流，略加阐发，使读者了解两千年来学术思想流传变
迁的趋势，可使今人获知 70 年前学者对当时学术思想的一
种看法，亦可作为一种资料阅读。该书前 8 章专言经子，
颇多新意。例如，以"阶级之觉醒"论先秦诸子，以"个
人之发现"论魏晋玄学，以"大我之寻证"论宋明六百年
之理学，不乏真知灼见。该书第九章专论清代考据之学，
常有精辟之论，时人有"竟体精深"的评价。

8.《人生哲学》

作者：冯友兰

出版社：中华书局

出版时间：2014 年 4 月

简介：《人生哲学》广泛收集冯友兰先生各类著述，增补冯友兰先生的英文原作、发表在报纸/杂志的短文、写作于建国初期特殊年代的作品，以及此前未曾公开发表的书信等。重新梳理冯友兰先生全部著作版本源流，重新分卷。重新校订冯友兰先生全部著作的文字和引文，力求准确完备。为各卷分别编制人名及书篇名索引。

9.《梁启超修身三书》

作者：梁启超

出版社：上海古籍出版社

出版时间：2016 年 4 月

简介：20 世纪初，梁启超（任公）先后编纂了 3 种关于传统的修身方面的书。此三书既是梁启超本人用以自修的随身札记读本，也是任公用以推行公民德育的指导书。其中《德育鉴》是按照修身的方法和步骤，摘录编排先秦至明清的儒者的相关言论，并加按语跋识。《节本明儒学案》由节录《明儒学案》中的修身言论而成，但此书绝非是原书的简略本。《曾文正公嘉言钞》是从曾国藩的书札、家书、家训、日记、文章中摘录有关修身内容汇编而成，时加按语提示，书末另附曾国藩部属和学友胡林翼、左宗棠的名言选辑。

10.《古今名人读书法》

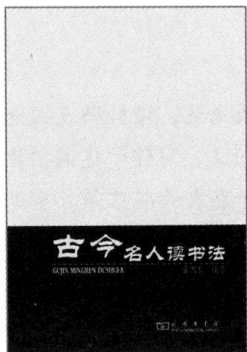

作者：张明仁

出版社：商务印书馆

出版时间：2007 年 10 月

简介：《古今名人读书法》采集古今300 余位名人读书心得，列为八百余则，上自孔孟，下至蔡元培、胡适之，以时代为序，依次罗列，便于检索。书末附相关书目数十种，并介绍其作者、版本、存佚，乃至内容之优劣，尤便查考。《古今名人读书法》很早于1940 年由本馆以繁体字竖排形式出版，后又多次重印。本次改成简体字横排形式出版，只进行了少量必要的校订，内容并无增删。

11.《中国人的修养》

作者：蔡元培

出版社：中国长安出版社

出版时间：2012 年 11 月

简介：《中国人的修养》是蔡元培公民道德修养方面的代表作，主要收录他最为重要的道德思想代表作品《中学修身教科书》和《华工学校讲义》，并收录蔡元培其他有关道德修养的零散文章，充分体现了蔡元培先生对于现代中国人应具有的道德素养的总体构想。

从形式看，本书原是普通学生所用的教科书，乃通俗的指导实践之书，而非学术理论著作。它完美结合了中华传统修身与现代公民教育的观念，以具体的行为实践为出发点，用浅显的思想、易操作的方式来直接引导读者，是一部值得所有国人阅读的道德自修手册。

12.《中国的品格》

作者：楼宇烈

出版社：四川人民出版社

出版时间：2015 年 4 月

简介：作者以其在北京大学 50 年的中国哲学研究为底蕴，怀着对中国文化的深深挚爱，厚积薄发，以聊家常般的平实语气，深入浅出地介绍了整个中国传统文化的精粹，详细梳理了中国文化的脉络与体系，总结出了中国文化的内涵与核心精神。

13.《朱子读书法》

作者：朱熹

出版社：中国致公出版社

出版时间：2018 年 8 月

简介：《朱子读书法》是古代较有影响的读书方法论，是宋代理学家朱熹的学生汇集他的训导概括归纳出来的，共有六条：循序渐进、熟读精思、虚心涵泳、切己体察、着紧用力、居敬持志。这"六条"不是孤立的，而是有相互联系的有机统一体，存在内在的逻辑关系，是一个完整的读书、求学、进业的程序和步骤。

三 国内外经典教育影像

A. 纪录片

1.《孔子》

时　　长：90 分钟

播出时间：2016 年 9 月

简介：在五千多年文明发展进程中，中华民族创造了博大精深的灿烂文化。孔子作为中国伟大的思想家、政治家、教育家，创立的儒家学说是中国传统文化的重要组成部分，对中华民族价值体系的形成及发展有极其深刻的作用和影响。

纪录片由"孔子其人""传奇""哲学""至圣先师""传承""当今"等单元组成全片，由浅入深，由表及里，以质朴的影像语言娓娓道来，对孔子——这位早已为全世界所认可的中国伟大思想家、教育家、政治家，进行了生动鲜活的、国际化的影像呈现。这是迄今为止中外合作拍摄的首部孔子题材的纪录片，90 分钟时长的纪录片客观呈现了孔子的生命历程、思想体系及其对后世的深远影响。

2.《启功》

集数与时长：2 集，每集约 24 分钟

播出时间：2013 年 5 月

简介：启功，乾隆皇帝的弟弟弘昼的后人，出生于 1912 年。启功虽然贵为帝胄，但从没做过一天大清国的子民。家中变故让这个大家庭仅剩下母亲、姑姑、启功三人。幼年时给启功留下了一段刻骨铭心的记忆。成年后，启功有幸结识了陈垣先生，并从此站定讲台，直至去世。启功先生一生经历波折，这些经历铸成了他悲悯和超脱的心态。启先生不是一个普通意义上的文人，他的身上折射出整个时代的悲欢离合。纪录片分《时代》和《真相》两部。

3.《先生》

集数与时长：10集、每集约36分钟

简介：《先生》是一部10集大型纪录片，以陈寅恪、梁漱溟、陶行知、晏阳初、竺可桢、梅贻琦、张伯苓、马相伯、蔡元培、胡适10位先生的个人经历为经，中国社会变革为纬，将他们的性格性情、命运经历、学术作为，以及他们的善良、无奈、焦虑和欢喜，在点滴中渐次呈现，充分反映了先生们贴近群伦又卓尔不群的独特全貌，让读者走近他们，走进那个时代。

《先生》中所选择的先生均侧重教育方面，10位先生中有6位曾是大学校长，3位是乡间平民普及教育的先行者，1位是教学育人的倡导者。

《先生》聚焦民国国家讲坛上的大家身影，揭示中国教育的宏观走向和个性榜样，梳理中国教育百年间的重大事件、观念嬗变，旨在溯源问脉，固本图新。余音袅袅里是千年前范仲淹先生的长叹："云山苍苍，江水泱泱，先生之风，山高水长。"先生，一个称谓，一种修为，一部纪录片。

4.《王阳明》

集数与时长：5集、每集52分钟

简介：王守仁（1472—1529），汉族，浙江余姚人。字伯安，号阳明子，世称阳明先生，又称王阳明。中国明代最著名的思想家、哲学家、文学家和军事家。陆王心学之集大成者，非但精通儒家、佛家、道家，而且能够统军征战，是中国历史上罕见的全能大儒。封"先儒"，奉祀孔庙东庑第58位。该片曾在CCTV 10科教频道播出。

5.《黄大年》

集数与时长：2集、每集约25分钟
播出时间：2017年10月

简介：黄大年，男，广西南宁市人，汉族。国家的"千人计划"特聘专家（第二批）教育部国家重点学科引进。曾任吉林大学地球探测科学与技术学院教授、博导，长期从事海洋和航空移动平台探测技术研究工作，探测地下油气和矿产资源以及地下和水下军事目标。2017年1月8日13时38分，因病医治无效在长春与世长辞，享年58岁。

2017年4月28日，教育部追授吉林大学黄大年教授"全国优秀教师"荣誉称号。2017年5月，中共中央总书记、国家主席、中央军委主席习近平对黄大年同志先进事迹做出重要指示。2018年3月1日，荣膺感动中国2017年度人物。纪录片分《初心》与《传承》两部分。

6.《李保国》

集数与时长：3集、每集约20分钟
播出时间：2017年4月

简介：1981年，李保国响应科技进太行的号召，来到前南峪参与小流域治理。看见灾后良田尽毁，百姓食不果腹，他极为痛心，立志用科技让这里山变绿，村变美，人变富。

李保国深入科技扶贫第一线，相继开发了富岗苹果、发展了绿岭核桃产业，先后完成山区开发研究成果28项，增加农业产值35亿元，纯增收28.5亿元，使太行山10万群众脱贫奔小康。

2014年，李保国将目光锁定红树莓，并致力于打造世界最大的红树莓谷，但不想因积劳成疾，于2016年4月10日心脏病发作，不治而终。李保国是当之无愧的"太行山精神"的传承者，被中央批示为新时期共产党人的楷模、知识分子的优秀代表。

7.《寻找最美乡村教师》

集数与时长：30 集、每集 20 分钟

播出时间：2012 年 8 月

简介：2012 年"寻找最美乡村教师"是中央电视台和光明日报社共同主办的大型公益活动，央视新舞台献给最美乡村教师。用真挚的情感真实记录乡村教师无私奉献、甘为人梯的精神风貌。为人师表，最美人生，采访了数位"最美乡村教师"，分享他们对生活和生命的感悟，用爱心点燃了希望。

8.《不忘初心继续前进》

集数与时长：7 集、每集 50 分钟

播出时间：2017 年 10 月

简介：本片全景展现党的十八大以来党中央治国理政新理念、新思想、新战略，真实展示了五年来中国经济社会全面发展的生动实践和辉煌成就，充分展现以习近平同志为核心的党中央继往开来、逐梦前行的勇气、担当、智慧和中国共产党人不忘初心、砥砺奋进的壮阔征程，生动讲述五年来打动世界、激荡人心的中国故事。

9.《我们这五年》

集数与时长：10 集、每集 50 分钟

播出时间：2017 年 9 月

简介：纪录片《我们这五年》是国家新闻出版广电总局迎接党的十九大重点项目，共 10 集，每集 50 分钟。本片通过数十个普通中国人的故事，在"中国梦既是国家梦、民族梦，也是每个中国人的梦"的主题下，展现五年来当代中国人对美好未来的憧憬和追求，展现出了普通人勤劳、善良、智慧、坚韧的精神风貌以及自强不息、积极向上的奋斗精神和家国情怀。通过整合当下各行各业中国人的生活及奋斗经历，通过个体梦想叙事，既展现中国人对于美好生活的向往，也表达中国人面对逆境永不服输的抗争精神，体现这个时代人人享有人生出彩的机会，人人享有梦想成真的机会。

10.《筑梦中国》

集数与时长：7 集、每集 30 分钟

播出时间：2015 年 6 月

简介：《筑梦中国》认真贯彻党的十八大、十八届三中、四中全会和习近平总书记系列重要讲话精神，通过回顾 1840 年鸦片战争以来中国人民在屈辱苦难中奋起抗争，为实现民族复兴进行的种种探索，特别是中国共产党领导全国各族人民争取民族独立、人民解放和国家富强、人民幸福的光辉历程，充分展现了中华民族的复兴之路，生动阐释了中国梦的深刻内涵。

11.《苦难辉煌》

集数与时长：12集、每集45分钟

播出时间：2015年6月

简介：《苦难辉煌》根据国防大学教授金一南原著改编而成，是一部成功再现长征历史的精品力作。该片多维度、宽视野、全景式再现了中国共产党团结和带领人民英勇奋斗的壮丽征程和革命精神，重点刻画了从大革命失败到土地革命战争兴起、从第五次反"围剿"失败到抗日战争兴起两次历史性转变。回答了1840年以来，救亡与复兴成为中华民族最紧迫历史使命的时代背景下，为什么中国共产党能够带领中华民族从苦难走向辉煌的重大问题。它让我们看到的是这个党饱受磨难而自强不息、历经曲折而越挫越勇、备尝艰辛而愈加成熟的高贵品质；看到的是这个党在各种困难和挑战面前，砥砺前行的意志，增长自己的智慧，积聚自己的力量，不断增强自我净化、自我完善、自我革新、自我提高能力，推动党和人民事业从胜利走向新的胜利，不断创造新的辉煌的坚强意志。

B. 经典教育电影

1.《死亡诗社》（*Dead Poets Society*）

上映时间：1989年

语言：英语

片长：128分钟

制片国家/地区：美国

简介：威尔顿预备学院以其沉稳凝重的教学风格和较高的升学率闻名于世，其毕业班的学生，理想就是升入名校。新学期时，文学老师约翰·基汀的到来如同一股春风，一反传统名校的严肃刻板。

　　基汀带领学生在校史楼内聆听死亡的声音，反思生的意义；让男生们在绿茵场上宣读自己的理想；鼓励学生站在课桌上，用新的视角俯瞰世界。老师自由发散式的哲学思维让学生内心产生强烈的共鸣，他们渐渐学会自己思考与求索，勇敢地追问人生的路途，甚至违反门禁，成立死亡诗社，在山洞里击节而歌。

　　基汀教授、基汀老师、基汀船长，他的教育宛如春风化雨，润物无声地留在每个人心里……

2.《凤凰琴》

上映时间：1993 年
语言：普通话
片长：90 分钟
制片国家 / 地区：中国

简介：虽然付出了无数的艰辛，但是农村女孩张英子却无奈吞下两度高考失败的苦果。她把希望寄托在当乡教委主任的舅舅身上，无论如何都要离开农村进城工作。可是，命运的捉弄，英子最终被安排在位于山区的界岭小学当代课老师。破破烂烂的小学校，全靠余校长、副校长邓友梅、教导主任孙四海等四位民办教师支撑。几位老师生活清贫，兢兢业业，同时还有各自的小九九。他们时刻等待转正的消息，时刻渴望改变这步履维艰的命运。心高气傲的英子在此任教期间，内心受到巨大的触动……

3.《美丽的大脚》

上映时间：2002 年
语言：普通话
片长：103 分钟
制片国家 / 地区：中国

简介：张美丽的丈夫多年前因无知犯法被判处死刑，数年后也失去了孩子。她深知没有文化的后果，于是张美丽当上了村里的老师，教全村的孩子们知识。

城里的老师夏雨来这个穷乡僻壤当志愿者。夏老师的到来给张美丽与孩子们带来了许多新鲜的知识与希望。可是，夏老师对艰苦的环境并不适应，是张美丽那淳朴真实的感情逐步感动了夏老师，即使丈夫前来要带走夏老师，她都舍不得离去。

他们相处和睦，可是夏老师还是要回北京去，夏老师让张美丽一起去，可是张美丽丢不下孩子们，于是一大群人来到城里，城里人的歧视也让张美丽清楚一定要孩子们好好念书。

夏老师说服丈夫帮助改善村里的经济状况，本来以为不会再见到张美丽的，却因一场意外，夏老师再次回到村里……

4.《放牛班的春天》(*Les Choristes*)

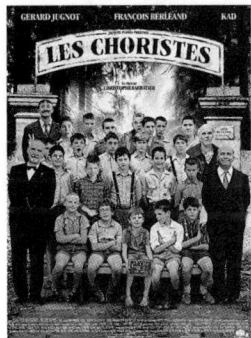

上映时间：2004 年
语言：英语
片长：126 分钟
制片国家 / 地区：美国

简介：《放牛班的春天》是一部关于教育的经典影片，一所管理制度非常苛刻的学校，一个铁血无情的校长，一位出色的老师。他用诗歌、音乐和自身行动去引导学生和帮助学生，解放学生们的思想，重塑孩子们的灵魂。我们可以看见，老师非常和蔼可亲，教学方式是引导和启蒙学生。而影片中随处可以看见以校方为代表的制度和学生内心本质的冲突。马修发现了孩子们对唱歌的喜爱，因此组建了合唱团，这是这部影片的转折点。正是因为有了对思想的批判和对灵魂的发现，真正的教育才能扬帆起航。

5.《地球上的星星》(*Taare Zameen Par*)

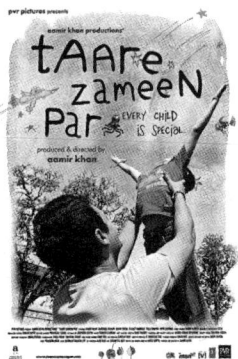

上映时间：2007 年
语言：北印度语 / 英语
片长：165 分钟
制片国家 / 地区：印度

简介：Ishaan Awasthi 是一个 8 岁小男孩，他的世界充满了别人并不以为然的惊奇：色彩、鱼儿、小狗和风筝。这些对成人并不那么重要，他们对家庭作业、分数和次序更感兴趣。而 Ishaan 在学校里，总显得那么格格不入。当惹出的麻烦已经超出父母能承受的范围，他被送到了一所寄宿学校接受"教育指导"。在新学校里，一切并没有什么不同，甚至愈演愈烈。Ishaan 必须承受额外的与家庭分离的创伤。

一天，一位新的美术老师 Ram Shankar Nikumbh 突如其来，用乐观和自由的教学风格感染每一个学生。他打破了"事情是如何完成的"的所有规则，让学生自己去思考，去梦想，去想象。学生们都满怀热情，除了 Ishaan。Nikumbh 很快也发现了 Ishaan 并不快乐，然后他开始找寻原因。用时间、耐心和关怀，他最终帮助 Ishaan 找回了自己，还有快乐。

6.《一个都不能少》

上映时间：1999 年
语言：普通话
片长：145 分钟
制片国家 / 地区：中国

简介：水泉小学唯一的老师高老师因为家中有事，不得不暂时请假回家。村长不得不从隔壁的村子找来了一个十三四岁的女孩魏敏芝来代替高老师上课。高老师觉得她年纪小，可是无奈找人不容易，只好嘱咐魏敏芝每天给他们抄课文，准确点清人数，一个都不能少。原本 30 多个学生，因为家里负担不起，所以只剩下 26 个了。

学生都觉得这个老师太年轻了，没有老师的样子便开始欺负她，整个教室都乱哄哄的。张慧科是班上的学习委员，可是家里穷，母亲又病卧在床，他不得不到城里打工挣钱。魏敏芝得知情况后，呼吁同学一起凑钱去找他回来。

魏敏芝到城里后，历经千辛万苦，在好心人的帮助下找到了张慧科。这些山里的孩子受到了社会的很大关注。

7.《心灵捕手》(*Good Will Hunting*)

上映时间：1997 年
语言：英语
片长：126 分钟
制片国家 / 地区：美国

简介：美国麻省理工学院的数学教授蓝波在课堂上公布了一道难解的数学题，却被年轻的清洁工威尔解了出来。可是，威尔却是个问题少年，成天和好朋友查克等人四处闲逛，打架滋事。当蓝波找到这个天才的时候，他正因为打架袭警被法庭宣判送进看守所。蓝波向法官求情保释，才使他免于牢狱之灾。蓝波为了让威尔找到自己的人生目标，不浪费他的数学天赋，请了很多心理学专家为威尔做辅导。但是，威尔十分抗拒，专家们都束手无策。无计可施之下，蓝波求助于他大学的好友，心理学教授尚恩，希望能够帮助威尔打开心扉。经过蓝波和尚恩的不懈努力，威尔渐渐敞开心扉，而好友查克的一席话，更是让他豁然开朗。

8.《生命因你而动听》(*Mr. Holland's Opus*)

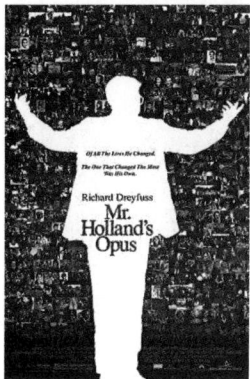

上映时间：1995 年
语言：英语
片长：143 分钟
制片国家／地区：美国

简介：1964 年秋，美国俄勒冈州。胸怀远大理想的作曲家格兰·霍兰为了挣钱完成他的事业，在一所中学谋到了一份音乐教师的工作。在霍兰的悉心培育下，原本对音乐一窍不通的白人学生格楚特·兰和黑人学生路易斯·鲁斯分别学会了单簧管和大鼓。

之后 30 年间，霍兰不但提高了学生们的音乐素养，而且还用爱心、信任和理解赢得了大伙的尊敬和爱戴。他启发并改变了数以百计的学生。在他退休前，满怀感激之情的历届学生们欢聚一堂，为老师开了一场盛大的欢送会，管弦乐队奏响了一支激昂雄壮的"美国交响曲"，向霍兰致以最崇高的敬意。

霍兰受学生及家人的启示，最终明白了人生并不会总是按照我们的计划而行，而是要求我们接受意料之外的事情。

9.《叫我第一名》(*Front of the Class*)

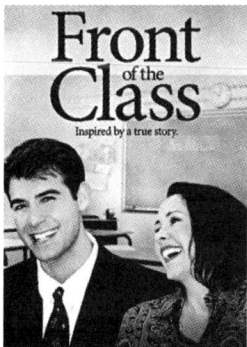

上映时间：2008 年
语言：英语
片长：95 分钟
制片国家／地区：美国

简介：布莱德患有先天性妥瑞氏症。这个严重的痉挛疾病，导致他无法控制地扭动脖子和发出奇怪的声音。在学校里，老师经常批评他，同学们更是对他冷嘲热讽。

到了初中，一次全校大会上，校长巧妙地让大家了解了布莱德的真实情况，并且也让布莱德说了一些自己的想法，让大家了解他并不是故意作怪。这次机会也让他有了成为一名教师的坚定梦想，即使这个病症可能会让布莱德在寻求教师梦想的道路上遭到众人怀疑，频频受挫。

大学毕业后，他秉持着每个学生都值得被教导的想法，去各个学校面试，寻求教职。但是，校方人员总因为他的症状而对他持怀疑态度。布莱德为了找到一个愿意接受自己的学校，不放弃信念，默默努力。最后，经过了大约 25 所学校的面试后，有一所学校肯招聘他了。他终于成了一位二年级教师。

10.《自闭历程》(*Temple Grandin*)

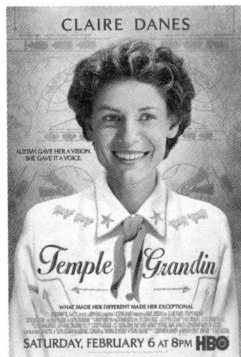

上映时间：2010 年
语言：英语
片长：107 分钟
制片国家 / 地区：美国

简介：本片根据自幼患有自闭症的美国动物科学家、畜牧学博士——天宝·葛兰汀的个人自传改编而成，讲述葛兰汀与众不同的成长经历。

葛兰汀 4 岁时被医生诊断为自闭症，母亲尝试多种方法让她开口说话。为了让葛兰汀拥有正常人的生活，妈妈忍痛送她去一所寄宿学校念书。在这里，葛兰汀认识了开启她天赋大门的恩师卡洛克博士。在恩师的帮助下，葛兰汀顺利地考上了大学。临上大学前的暑假，葛兰汀来到姨妈家的农场度假。自此，葛兰汀对牲畜产生了浓厚的兴趣。在大学里葛兰汀制作"挤压机器"来平复紧张情绪。毕业后，葛兰汀继续从事畜牧业的研究，设计出大幅提高屠宰率且更为人道的屠宰方式。葛兰汀以她独有的方式去认知世界，"像牲畜一样地思考"，在自闭症研讨会上大声讲出自己的亲身经历……

11.《讲台深处》(*Beyond the Blackboard*)

上映时间：2011 年
语言：英语
片长：95 分钟
制片国家 / 地区：美国

简介：贝斯从小就渴望成为一名教师。大学毕业后，她得到了一个机会，到流浪汉避难所执教。虽然贝斯从来没有想过自己的梦想会以这样一种方式成真，但她还是干劲十足地走上了讲台。

虽然理想是美好的，但现实却很残酷。避难所里，只有一间教室供贝斯使用。而她要负责的，是整整六个年级的学生。屡屡遭受挫折的贝斯有了放弃的想法。此时，她的丈夫布兰登坚定地站在了妻子的背后，支持并鼓励她。在布兰登的帮助下，贝斯重新粉刷布置了教室，还招收了一个名叫尼尔森的流浪汉为美术老师。这所小小的学校正在步入正轨。

12.《蒙娜丽莎的微笑》(*Mona Lisa Smile*)

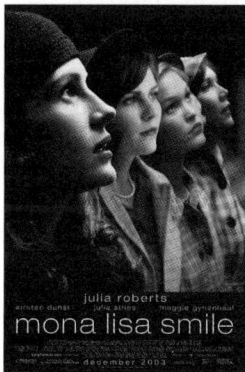

简介：20世纪50年代，美国女性的社会地位表面上看来有了明显的提高。然而，在如卫斯理般著名的女子大学里，教师们教授学生，仍是一切围绕将来的好姻缘打转，并不鼓励她们主动获取自己感兴趣的知识，也不注重培养她们的心理素质。美丽成熟的凯瑟琳大学毕业，怀揣理想和热情来到该学校担任艺术史教师时，便因想散播自由的种子而连连碰壁。

　　然而，因为风趣、率直、热情和渊博，凯瑟琳很快赢得了学生们的喜爱。她的几个学生，想同男孩一样干出一番事业的琼、活泼好动的丽薇等，也慢慢地露出真性情。然而，另一名学生贝蒂要结婚的消息，又将自由浪漫的氛围打破了。

上映时间：2004年
语言：英语 / 意大利语
片长：117分钟
制片国家 / 地区：美国

13.《皇家俱乐部》(*The Emperor's Club*)

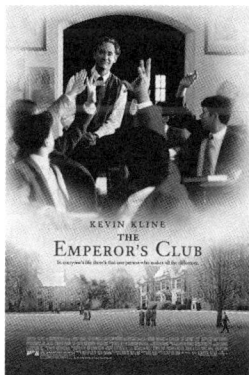

简介：威廉姆是一位恪尽职守的教师，他不仅十分热爱自己所教的课，同时将教书育人当作是人生的终极目标。一位名叫贝尔的男生出现在了威廉姆的课堂上，他是参议员的儿子。尽管贝尔桀骜不驯又喜欢带头捣乱，但威廉姆依旧从他的身上看到了闪光点。他表示绝不放弃贝尔。

　　在威廉姆的努力下，贝尔的成绩提升得很快，两人的敌对关系也有所缓解。威廉姆十分重视的凯撒知识问答大赛即将开始。贝尔在预选赛中取得了第四名的好成绩。可是，只有前三名能够进入决赛，看着手上的成绩单，威廉姆陷入了深深的沉思。此时，威廉姆并不知道，他接下来的所作所为将彻底改变贝尔的一生。

上映时间：2002年
语言：英语
片长：108分钟
制片国家 / 地区：美国

第五章

中华文化涵养师德：
典型案例

    中华文化是中华民族的精神命脉，蕴含着中华民族独特的世界观、人生观和价值观。经历了五千多年风风雨雨，中华文化迄今仍在利益民众，造福社会，积极推动人类文明进程。我们的实践探索表明，中华文化涵养师德是提升大中小学教师师德素养的有效方式。中华文化涵养师德的具体实施离不开中华文化涵养师德的课程体系及其实施方案。本章以 2018 年教育部"国培计划"中小学名师名校长领航工程的"师德第一课"为例，对中华文化涵养师德课程体系的实施方案作一简要介绍，以帮助读者更为直观、深入地了解我们所倡导的中华文化涵养师德的课程体系是如何在师德培训中进行实际运用的。

第一节

"双名工程"：师德第一课

　　为积极响应习近平总书记四年来对"四有"好老师成长的一贯要求和期待，深入贯彻党的十九大精神，具体落实中共中央、国务院印发的《关于全面深化新时代教师队伍建设改革的意见》等系列文件要求，切实推动教育部等五部门联合发起的《教师教育振兴行动计划（2018—2022 年）》，建设高素质专业化创新型的教师队伍，教育部在"国培计划"中小学名师名校长领航工程（以下简称"双名工程"）启动之际，特别委托北京师范大学继续教育与教师培训学院、北京师范大学中华文明传播中心，依托其在前 6 期"京师好老师生命成长营"成功举办的基础上，以"中华文化涵养师德"为主题，以"京师好老师生命成长营"的形式，开展"师德第一课"专项培训，旨在帮助全体学员打好厚重的生命底色，激扬高远的教育理想，发挥"四有"好老师的模范和引领作用。

2018 年 5 月 9 日至 11 日，"双名工程"师德培训活动暨"京师好老师生命成长营"第 7 期在外研社国际会议中心隆重举行。北京师范大学副校长王守军在开班仪式上致辞，教育部教师工作司副司长黄伟出席并讲话，全国师德标兵、北京师范大学资深教授林崇德做开班报告，北京师范大学继续教育与教师培训学院院长王文静教授和10 余位专家教授为学员授课。来自全国 32 个省（自治区、直辖市）及香港和澳门特别行政区的"双名工程"首批与二批名校长、首批名教师，"双名工程"培养基地的专家学者，以及来自北京师范大学的志愿者团队等共 300 余人，共同参加了这一隆重而庄严的培训活动。

北京师范大学王守军副校长在致辞中指出，高尚的道德情操是教师的立教之本，北京师范大学作为全国师范教育的排头兵，始终以立德树人为根本，以服务国家重大战略需求为导向，紧紧围绕深入贯彻落实习近平总书记 4 年前在北师大师生座谈会上提出的"四有"好老师讲话精神，引领全国教师的生命成长与专业发展，在铸就教师教育的"珠穆朗玛峰"的道路上奋力前行。王守军副校长希望"双名工程"的学员们要虚怀若谷、求真务实、志存高远，把个人理想与国家发展、民族复兴和世界变革紧

密相联，成为中国教育改革的先行者、改变中国教师群体生命状态提升的引领者。

教育部教师工作司副司长黄伟在讲话中阐述了把师德培训作为"双名工程"第一课的重要意义，指出它是教育部认真领会习近平总书记系列讲话精神、贯彻落实中共中央、国务院系列文件指示，建强做优教师教育，全面提升教师素质能力的重要举措，强调要大力推动"师德养成教育全面推进行动"，注重通过中华优秀传统文化涵养师德。黄伟副司长重点从在坚定理想信念上下工夫、在提高道德修养上下工夫、在示范引领上下工夫三个方面，向"双名工程"的全体学员提出了具体要求。黄伟副司长希望"双名工程"的学员们能够深悟笃行、率先垂范，做一个淡泊名利，真正在内心深处提升心灵品质的名师，明确新时代教师的重要角色地位，自觉担负起国家责任、政治责任、社会责任和教育责任，不负党和人民的嘱托。

全国师德标兵、北京师范大学资深教授林崇德做了题为《教师大计，师德为本》的精彩开班报告。林崇德教授动情地谈到自己的师德观是源于成长道路上几位老师的言传身教和榜样力量，他现场向大家深情地朗诵了自己在高中毕业填写志愿时写下的一首关于教师的诗。林崇德教授还结合自己在中学、大学不同时期一个个不忘教育初心的感人生命故事，从"论师业、讲师学、有师能、立师风"4个方面，以朴实真诚而又豪情万丈的述说，对"四有"好老师做出了生动而又深刻的解读。

台湾国学名家、台北艺术大学辛意云教授做了题为《〈论语〉中的"为师之道"》的专题讲座。他说："'师'是教育启发我们的，使我们对生命有所觉察、觉醒。人唯有对生命有所觉察、觉醒，才能将每一个人自身的才能开展出来，走上自我实现、自我完成、自我创造的路。这是每一个人的第二生命。自我觉醒从什么地方开

始？从反省自己开始。"

当代教育名家、北京师范大学教育学部郭齐家教授解读了《大学》与教师修身的关系。他说："修身是以道德自觉性的培养为根本要求，基础是格物致知、诚意正心。如果基础不好，修心就达不到高度的自觉，道德一定是自觉的，要靠别人强迫你、监督你，那是不管用的。我们读国学就是把你的生命唤醒，唤醒你沉睡的良知，你才有觉悟。"

此次培训活动的总负责人，北京师范大学继续教育与教师培训学院院长王文静教授介绍到，本着"教育者先受教育"的理念，4 年来学院全体教职员工坚持开展"品读经典·做好老师"活动，积极开创新时代教师师德建设 3.0 计划。依托以上系列探索与积累，她首先以《读懂伟大新时代，开启人生新篇章》为题，对本次培训课程的设计理念，以及"思想引领—心灵觉知—生命唤醒—经典培德—激扬高远"5 个主题课程系列，做了详细解读和说明，启发学员认真思考如何让人生下半场更精彩。在互动课堂中，王文静教授又进一步引领学员认清教育本质和新时代教师的使命等重要问题，通过"四维明道、五环内省"课程的讲解与体验，为学员提供在内心深处明道立德的三大路径，即心上用功、实修实证、内圣外王。王文静教授最后总结说，"双名工程"的每一位名校长、名教师都是皇冠上的一颗明珠，她勉励大家要做有"道"的教育者，要拥有日月的光辉，无愧于"皇冠上的明珠"这一光荣称号。

党的十九大代表、中国劳动关系学院法学院院长姜颖教授、国家教育行政学院进修部主任从春侠教授、北京师范大学教育学部杜霞副教授等 10 多位来自中国大陆和台湾师德高尚、学识丰厚的专家学者进行了精彩授课。山东省淄博市临淄区第一中学

孙正军、湖北省武昌实验小学张基广、内蒙古包钢第一实验小学宋建东首批 3 位名校长代表和北京市朝阳区劲松四小的陈金荣校长，分别做了"教育是生命的共同成长"的主题演讲。

　　培训期间，每日晨间和午间，全体学员和志愿者还齐声诵读《论语》《大学》和《传习录》等国学经典篇目，大家在亲近原典中感悟圣贤修身之道。

为感召全国更多的中小学幼儿园教师修身立德，重振师道尊严，承担培养担当民族复兴大任的时代新人，值此师德培训活动开班之际，在教育部教师工作司王定华司长、黄伟副司长的指导下，由北京师范大学和全国中小学名师名校长领航班全体学员，面向全国中小学幼儿园教师，郑重发出了"争做'四有'好老师，当好学生引路人"的庄严倡议。在培训现场，北京师范大学继续教育与教师培训学院王文静院长、"双名工程"领航班全体学员和北京师范大学 30 余名志愿者等全体与会人员，通过聆听中央电视台著名主持人李修平的声音，共同庄严承诺率先做到坚定理想信念，做师德表率；提升专业能力，做育人能手；满怀博大爱心，做心灵使者，号召全国广大教师要立志做新时代"四有"好老师，不忘初心，牢记使命，传承师道，立德树人，以实际行动为教育事业奉献终身。

最后，在中国音乐学院青年作曲家徐秀丽老师的指挥下，培训在全体人员嘹亮的《歌唱祖国》声中圆满结束。校长和教师们纷纷表示，这是一场不同寻常的师德培训，是一次触及灵魂的培训，它较好地诠释了立德树人的路径，指明了人生下半场的航向，从古圣贤的光辉思想中找到了立德树人的精神内涵，重新确立了教育的方向和从业的理想。

第二节

课程安排

5月9日			
时间			主持人
9:00—9:10	节目欣赏：《何为第一等事》		王文静
9:10—9:15	嘉宾介绍：与会领导和专家介绍		
时间	课程	主讲人	主持人
9:15—9:30	领导致辞：北京师范大学学校领导致辞	北京师范大学 王守军副校长	王文静
9:30—9:45	领导讲话：教育部教师工作司领导讲话	教育部教师工作司 黄伟副司长	
9:45—11:15	专题讲座：教师大计，师德为本	全国师德标兵、北京师范大学资深教授 林崇德先生	
11:15—12:00	课程解读：读懂伟大新时代，开启人生新篇章	北京师范大学继续教育与教师培训学院院长 王文静教授	
12:00—14:00	午餐·休息		
时间	课程	主讲人	主持人
14:00—14:15	纪录片欣赏：不忘初心，牢记使命，永远奋斗	全体学员	田佳
14:15—15:30	专题讲座："党的十九大报告"精神解读	党的十九大代表、中国劳动关系学院法学院院长 姜颖教授	
15:30—15:40	休息		
15:40—15:55	视频欣赏：做党和人民满意的"四有"好老师	全体学员	
15:55—17:30	互动课堂：新时代教师的使命	北京师范大学继续教育与教师培训学院院长 王文静教授	
17:30—19:00	晚餐·休息		
19:00—20:30	纪录片欣赏：《百年巨匠——启功》	全体学员	夏红

5月10日			
时间	课程	主讲人	主持人
8:30—8:40	经典诵读：《论语·学而》	全体学员	杜霞
8:40—10:10	专题讲座：《论语》中的"为师之道"	台湾国学大家、美学名家、台北艺术大学 辛意云教授	
10:10—10:20	休息		
10:20—10:30	经验分享：教育是生命的共同成长	山东省淄博市临淄区第一中学 孙正军校长	
10:30—10:40		湖北省武昌实验小学 张基广校长	
10:40—10:50		内蒙古包钢第一实验小学 宋建东校长	
10:50—11:00		北京市劲松第四小学 陈金荣校长	
11:00—12:00	沙龙对话：砥砺前行，共话成长	辛意云、孙正军、张基广、宋建东、陈金荣	
12:00—14:00	午餐·休息		
时间	课程	主讲人	主持人
14:00—14:10	经典诵读：《大学》	全体学员	杜霞
14:10—15:40	专题讲座：《大学》与教师修身	当代教育名家、北京师范大学教育学部 郭齐家教授	
15:40—16:00	现场互动		
16:00—16:10	休息		
16:10—17:30	心灵觉知：和谐关系，立德树人——"五环内省法"解读	北京师范大学继续教育与教师培训学院院长 王文静教授	
17:30—19:00	晚餐·休息		
19:00—19:30	专题讲座："知行合一"阳明先生波澜壮阔的一生	北京知行合一阳明教育研究院秘书长 张立平老师	王文静
19:30—20:30	体验课堂："五环内省"现场体验		

5月11日			
时间	课程	主讲人	主持人
8:30—8:40	经典诵读：《教条示龙场诸生》	全体学员	田佳
8:40—9:40	视频课堂：不忘初心，方得始终	中国人民解放军国防大学战略研究所原所长 金一南教授	

续表

5月11日			
时间	课程	主讲人	主持人
9:40—10:00	经验分享：立德养心，彼此成就	国家教育行政学院进修部主任 从春侠教授	田 佳
10:00—10:20	经验分享：心上立志，修己达人	北京师范大学教育学部 杜霞副教授	
10:20—11:20	立志分享：学员代表发言	学员代表	
11:20—11:30	集体宣言：全体学员立志	全体学员	
11:30—12:00	总结致辞：传承师道，立德树人	北京师范大学继续教育与教师 培训学院院长 王文静教授	
12:00—12:10	大合唱：歌唱祖国	中国音乐学院青年作曲家 徐秀丽老师	

第三节

专题讲座

一 林崇德：教师大计，师德为本

【编者按】北京师范大学林崇德教授是首界全国十佳师德标兵中的第一位，对于"师德"的内涵，他不仅仅是从字面上理解，更是在切实的实践中体悟和感受。何为"师德"，何为"教育"？林崇德教授用他扎实的学识、崇高的理想和高尚的品德给现场所有的老师递交了一份精彩的答卷。林崇德教授的生命故事感召着现场的每一位老师，生动诠释了"四有"好老师的深刻内涵。

教师大计，师德为本

林崇德

各位领导、各位老师上午好！

我非常感谢咱们大会组委会安排这么一次活动，命老朽来讲师德的故事，当然不是讲我自己的故事。听说，这是黄伟副司长布置的任务，他刚才给大家布置了任务，也给老朽布置了一个任务，让我来讲故事，我故事的题目叫做"教师大计，师德为本"。

"弘我教化，昌我民智"是历史赋予我们北京师范大学的伟大使命，北京师范大学的师生始终秉承爱国进步、诚信质朴、求真创新和为人师表的优良传统。今天我想本着这样的精神向大家来汇报"教师大计，师德为本"。

诸位，咱们都是从事教育工作的。什么是教育，教育的实质是什么？我是搞发展心理学的，从我自己的专业出发，我认为教育就是发展，作为从事教育工作的教师，促进人的发展了，推进社会发展了，搞得好就是好教育，出色的教育，成功的教育，否则就没有搞好教育。因此什么是教育，教育的定义有很多，我认为教育是一项以促进人的发展、社会的发展为目的，以传授知识、经验和传授文化为手段的培养人的社会活动。

咱们平时经常说"百年大计，教育为本；教育大计，教师为本；而教师大计是师德为本"。我今天向大家汇报的指导思想来自2014年9月习近平总书记与我们北京师范大学的师生一起庆祝教师节、与师生座谈的时候讲到的"教师重要，就在于教师的工作是塑造灵魂、塑造生命、塑造人的工作。一个人遇到好老师是一生的幸运，一所学校拥有好老师是学校的光荣，一个民族源源不断地涌现出一批又一批的好老师，这是民族的希望。一名好教师要有理想信念，有道德情操，有扎实知识，有仁爱之心，为发展具有中国特色世界水平的现代教育，培养社会主义事业建设者和接班人做出贡献"。我想总书记这一段话不仅仅意义深远，也是对"百年大计，教育为本；教育大计，教师为本；教师大计，师德为本"这一教育思想的一个全面诠释。我今天向大家汇报五个问题：

一、传师德，促成我的师德观

总书记说："一个人遇到好老师是人生的幸运，一个学校拥有好老师是学校的光荣，一个民族源源不断地涌现出一批又一批好老师，这是民族的希望。"这是习近平总书记提出"四有"好老师的前面说的一段话，我深有体会，教育事业就是教书育人，育人是为了使人的心灵沐浴阳光，让人的生命幸福成长，这一切就来自教师的师德精神。

我的师德观的形成源于我自己成长道路上的几位老师：小学的陈老师，初中是上海市普光中学的张老师，高中是上海市上海中学的孙老师，到大学是我的导师、心理学泰斗朱智贤老师，我这里仅仅讲我高中时期的故事。

在我初中一年级学习语文书中的一篇课文——《詹天佑》时，我就被这个伟大的爱国主义者的精神深深感动，于是我立志要当一个现代詹天佑，这样的执拗、这样的向往真正鞭策着我，鼓励着我认真读书，将来当一个现代詹天佑，这个理想和奋斗目标一直持续到高中三年级。

我高中三年级的时候是 1960 年。1960 年 3 月，距高考只有 3 个月。有一天，我的班主任、上海市劳动模范、著名物理教学家、年近花甲的孙老师来给我们上物理课。按当时的教学要求，先提问也就等于复习，然后给学生打分，转而讲新课，因此课堂提问是当时教学大纲中一个很重要的组成部分。可是，当孙老师提出一个物理问题，我们班有一个同学被叫起来回答的时候，他怎么也回答不出来。尽管经过老师的启发，他仍然站在那里说不出个所以然来。我们突然看见孙老师变了，变得那么严肃、很严肃。他说了这么一段话："同学们，还有三个月你们就要离开上中，你们就要投入高考，今年 9 月以后如果没有特殊情况，咱们班同学100% 地能够升入高校。若干年以后，当全国各地捷报传来的时候，说咱们班同学为党、为国家、为人民干出一番事业的时候，是我一个人民教师的最大欣慰、最大荣光，也是最大的幸福。如果从哪个角落里头传来咱们班同学出事了，做了一些对不起党、对不起国家、对不起人民的事情的时候，我将为此感到最大的惭愧，最大的不安。"年近花甲的孙老师两手发抖，左手操起了板擦，右手拿起了粉笔，转过身来想掩饰一下他自己的感情，然而下课的时候我们已经把黑板擦得干干净净。他控制不了自己激动的心情，当他转回身来时，我们看到这位年近花甲的老人在我们跟前叭嗒、叭嗒地流眼泪，他说了最后的几个字："如果学生不争气，这是当老师最大的耻辱。"

我们全班都为之而震惊，特别是我。我家境贫寒，是人民助学金 10.05 元供我上

高中，高二的时候我母亲病重，那时候刚好兰州铁路专科学校到上海来招优秀学生。我听说，每个月有22元助学金，我想10元钱吃饭、2元钱零花，能够给我母亲剩下10元钱，尽一个孩子对妈妈的孝。我报名了，我准备到兰州专科学校去当插班生。那不挺好吗，一进去就是大专二年级，再过两三年就能够参加工作，说不定也能用詹天佑的精神来武装自己的头脑，使自己有所作为。我那个举动被孙老师知道了，孙老师先后找我进行了三次谈话。每次都语重心长地跟我讲中华文化的美德，讲优秀的传统文化，讲中华传统美德，讲忠与孝的关系。他鼓励我说，你应该念完高中，你应该考上上海交大或唐山铁道学院（即：现在咱们铁路方面最好的交通大学——西南交通大学），你不能够半途而废。语重心长，一次、两次、三次，他看我有实际困难，跟学校校办说给我解决两元钱的零花钱，后来到高三又给我增加了一元钱让我买学习参考书，迎接高考。

面对孙老师那时的言行举止，我深受感动。回想孙老师给我的教诲、鼓励和帮助，我懂得了如何做人，做一个什么样的人。经过一个星期左右的思考，我找到班主任老师。我说，孙老师，我不想当詹天佑式的人物了。孙老师说，那你要干什么？我说，我要当老师，我要当一个像您一样的人民教师。

是的。我对比了人类灵魂工程和铁道工程师的异同点，我决心当一个像孙老师那样的、上海市劳动模范那样的人民教师，我想当一个当代教育家。我记得，高考填志愿时，那年一个人要填23个志愿，我把23个志愿全部填了师范。那年红五月，上海中学举行了一次征文比赛，班里的同学们都在写文章。可是，我语文学的不好，我喜欢数学，但是我突然看到5月初出版的5月期华东师范大学的学报，华东师大中文系的一位学生写了一首"教师之歌"，我读了又读，这就是诗啊！我也会写，不知道哪来的激情，我写下了这样一段文字：

理想之歌

未来的理想，就像滚滚扬子江那样源远流长；

生活的道路，如同汹涌澎湃的东海一般无比宽广。

伟大的祖国呀！

天高任鸟飞，海阔凭鱼跃。

各行各业都让一个高中毕业生那样的向往；

然而，一个崇高的名字——"人民教师"

落在我的志愿书上。

憧憬未来，我有无尽的遐想；

啊，

虽然我当不上铁路专家，

可我一样可以为南京长江大桥铺设钢梁；

虽然我不能荷锄下地，

可我一样可以给五彩缤纷的市场运送蔬菜和棉粮；

虽然我未能穿上军装，

可我一样可以为保卫祖国边疆而跃马扛枪；

我的岗位，坚守在三尺讲台上，

可我的足迹，遍布祖国四面八方；

我的两鬓，总有一天斑白，

就像我的班主任孙钟道老师那样，

可我的青春，却千百倍、千万倍地延长，延长……

这就是我的理想：

为祖国培育栋梁之材，

献出我毕生的热血、智慧和力量。

　　就这样，我以优异的成绩考上了第一志愿——北京师范大学教育系心理学专业，成为北京师范大学心理专业的首届学生。谁能想到当时中国最倒霉的两门自然科学，一门叫遗传学，一门叫心理学。心理学早在 1964 年已经被打入垃圾筒里，成为处理品。我学了 5 年心理学，还是首届的心理学专业学生，1965 年我被当成处理品分配。但是，时任北京市长兼市委书记彭真同志说，那些分不出去的学生，只要不是思想反动或作风败坏，就留下到北京刘少奇同志搞的半工半读（那里去），就是现在的职高，我到了职高。第二年少奇同志在"文化大革命"初期被打倒，我又到了一所基础薄弱校。但是不管怎么说，我觉得今天的师德不管是 1997 年版，还是 2008 年版，如果做起来，我当年的一些做法，恰恰符合这方面的要求。

二、论师业，爱岗敬业铸师魂

我从职高后来重新分配到一所基础薄弱校，就是朝阳区雅宝路中学，现在没有了。这个学校有四个特点：第一，朝阳、东城、崇文三个区三不管的地方，学校不大，占地 20 亩，上海中学占地 450 亩。这所学校没有暖气，楼里没有厕所，在小小的所谓操场角落有一个公共厕所，朝南的门是男同学集体上厕所，朝北的是门是女同学集体上厕所。学校的南面是一大片树林，是流氓出没的地方，"文化大革命"期间要早请示晚汇报，晚汇报以后七点半、八点钟，女老师害怕走进南面的小树林，我们男老师得把她们送到建外大街，这是第一个特点。第二，是少数民族占 42%，是一个民族杂居区，因此我们说话特别小心。第三，只有极少的知识分子成堆的单位，好像北京肿瘤医院、外交部的宿舍盖在我们学校旁边，但绝大部分是我们的劳动人民子弟。第四，这所学校旁边有一条护城河，护城河旁边有拉货的货车，有一天我从东城骑自行车到学校，经过护城河小桥，我突然看见一辆货车，拉着满满的货物从我后面徐徐地过去，但是我突然听到另一个声音："林老师快接住！"我回头一看，一个大西瓜啪地冲我扔了下来，我头一偏，这个西瓜就掉到护城河里了。也就是说，我们这所学校有 20% 的学生，他们吃的、用的、穿的全都是从那个货车上买的，我从不用偷字，当老师的嘴里不能说偷字，这就是我的学生。有一次上课的时候，有个学生牵了一只羊进来，那羊咩咩直叫，在女老师面前跪下，待会又被牵到最后一排蹲下。老师在前面讲课，那个羊在后面咩咩直叫，牵羊的学生就对老师、对同学说："我今天为我们的老师牵来一位好学生，你看，你们都不能跟老师互动，只有它能够跟我们老师互动。"我们平时有的学生带一把两尺长的刀，一不小心白刀子进去肠子就哗哗往外蹿，送到朝阳医院，只要不死人，这个学生最多被关三天，回来继续上学，这就是我的学生。

我从一个班的班主任到另一个班的班主任，又到年级组长，再到校办厂长，后来当了五年校领导。我曾经带学生到密云去种树，后来人家说雅宝路中学的学生打遍天下无敌手，北京打架第一名，这就是我的学校。但是，我们有一批年轻教师，当时另外三位年轻的老师跟我号称这所学校的四大金刚，我们愣把这所基础薄弱校带出来了。

我想，这可能就是理想信念吧，也可能是我们的事业吧！理想信念是师德之魂，魂者，精神也。灵魂在一定的意义上是一个比喻，它的意思是指具有指导作用。师德首先要有魂，要有一个指导和决定作用的因素，这就是理想信念。因为教师承担着最庄严最神圣的使命，所以师德要有"为了谁、依靠谁、我是谁"的理想信念。有了理想信念师德建设就有了方向，师德高尚的老师既能够当经师，又能够当人师。因此，我想我们广大的教师要忠于人民的教育事业，树立崇高的职业理想和坚定的职业信念，把咱们全部的精力和满腔热情献给教育事业，做爱岗敬业的模范。这就是我对理想信念的体会。

老师们，我讲的是当年。1978年心理学获得了新生，那时候我是一个十年一贯制学校的领导班子成员之一。我可以这样说，从小学一年级的小巴豆，一直到高中二年级马上要考大学的学生——可以这样说，我在台上一站，可能我吼一吼，下面的学生会抖一抖。我不愿意离开与我相处的师生和已经13年的基础教育生涯。但是，国家在呼唤，北京师范大学心理学系的老师死的死，跳楼的好几个，因为心理学是伪科学。退休的退休，回外地的回外地。教育部说，要重新组建心理学专业，没有人了，于是他们到处在找，当年的好学生在哪里，我心说有一个好学生马上要当一个学校的第一把手正校长了，我能回你北京师范大学吗？但是他们一次又一次地跟我谈话，说党用人民助学金把你培养起来，培养你成为心理专业首届毕业生，现在党的教育事业需要，你不回来对得起党的教育事业吗？

就这样我含着泪离开了与我朝夕相处的中小学的老师和同学。由于干得还可以，所以好多大学用别墅来召唤我，尤其是上海。20世纪90年代末有一所非常有名的大学盖了四栋别墅，要引院士进去，说第一座别墅就给你了，尽管你现在还不是院士；北京比北京师范大学声望高的学校又让我去，推荐人是中国心理学界两位最著名的心

理学家。但是，我在中国心理学会常务理事会上表达了这样意思：（那时候的我快60岁的人了，今年78岁了）"生是北师大的人，死是北师大的鬼，哪儿也不去。"这可能就是一种理想信念吧！不知道为什么，谁把我头一天晚上发誓的话传给了我们校领导，第二天时任校长钟秉林就到我的办公室给我鞠了一个躬。

我："你来干嘛。

钟秉林：向你表示感谢。"

我："我有什么可感谢的。"

钟秉林："有人说你把一生都要献给北师大。"

我："谁那么多嘴。"

我按照我前面讲的中小学规范的顺序，先讲师爱。

三、讲师爱，无私大爱最神圣

好老师有要仁爱之心，仁爱之心是师德之源。源者，源头也，水要源远流长，关键在源头。教育就是"仁而爱人"的事业，所以仁爱之心是师德的魂。我想，咱们当老师要爱每一个学生，关爱每一个学生的成长进步，以真情、真心、真诚教育影响我们的学生，努力成为学生的良师益友，成为学生健康成长的指导者和引路人。

师爱不是那么容易的事儿。我以前总是讲某个直辖市，后来上海搞师德培训课程标准时候，我把上海教委老领导殷厚清老师也请来了。他说，你这个东西是我们上海搞的，我说，我一直在搞，有些人够损的、够坏的，他倒好，说这就是我们上海搞的。

怎么损呢？第一天按比例找来100位小学、中学和大学老师，第二天就把他们的学生找到一起，100位老师和4000多位学生，对老师们说现在每人发一张问卷，你感到你对学生很爱、爱、一般、不太爱和不爱。好，第二天把学生找来，你感受到老师对你很爱、爱、一般、不爱和不太爱。咱们老师也傻乎乎的，

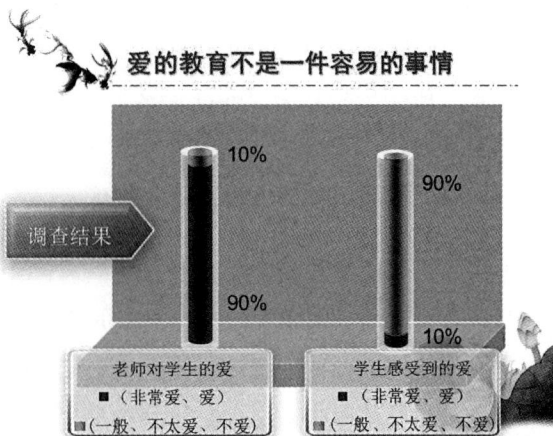

爱的教育不是一件容易的事情

调查结果

老师对学生的爱	学生感受到的爱
10% （非常爱、爱）	90% （非常爱、爱）
90% （一般、不太爱、不爱）	10% （一般、不太爱、不爱）

（问卷中选）我对我们学生爱、非常爱，这样的学生达到 90% 以上，90% 的老师认为自己爱学生、非常爱学生。可是，学生真没有良心，真不是东西，感受到老师对他非常爱和爱的不到 10%，真是岂有此理。但从另一个侧面又告诉我们师爱不容易。

这由它的性质所决定，这种爱是一种只讲付出不计回报的爱，是一种无私的爱，是一种广泛却没有血缘的爱，更是一视同仁的爱。我有一个台湾好朋友高振东，这位从军十几年的军长，39 岁那年军长不当了，去当老师了，后来办教育了，忠信高级职业学校的创始人。他写了一本书，内容是在祖国大陆的演讲稿，出版前他请我为他作序。他在书里写了两句话："爱自己的孩子是人，爱别人的孩子是神。"我看了以后，在序里我就将他的意思改了。我说，爱自己的孩子是本能，老母鸡护小鸡那不是本能吗？不咬人的母狗见了生人，要生狗崽子了，扑上去咬生人几口，这是狗的本能。母爱、父爱有时候也体现本能。因此，学校里有些学生的家长为什么护犊，就是本能。但我们人民教师，刚才说了没有血缘关系，却爱学生，那才是神。也正因为如此，我认为师爱是神圣的，这种爱是我们当老师的教育学生的情感基础，学生一旦能够感受到这种感情，就会"亲其师而信其道"。

20 世纪 60 年代我在当第一届班主任的时候，有一个学生无意中被划到了另一派，我把他保护起来了。1969 年我把他送到东北军垦，在那边是最卖力气的一个兵团战士，用了 8 年的时间入党。后来第 11 个年头的时候，他从东北黑龙江华南县回到北京，从泥水匠开始，没有任何政治背景，一直当到副区长、副厅局级干部。

他在任期间做了好多好多好事，北京市委看在眼里、记在心上。2000 年，我们要承办奥运会，北京市市长从莫斯科回北京后的第一件事情就是找到他，给他布置一项任务，说今天找你来，明天你不再是副区长了，你到集团去锻炼半年，然后你得接受党交给你的任务。半年以后，他回来，市长跟他说现在北京市人民政府给你建了一个公司，你是奥运会场馆建设的总指挥，如果这件事情干好了，没有你的份儿，因为这是党的任务，如果你没有干好，对不起，拿头来。

2004 年，就是那个学生带了我第一次当班主任的 27 个学生，在北师大的一个教室里，写下了我们师生久别重逢、语重心长、富有情感的话语。没想到这个学生居然含着泪说我当年怎么包庇他，怎么爱他。他说："老师啊，人民教师当时是国家干部待遇，你保护了一个无意中出错的学生，你要被惩罚的，你要被开除的。可是你当时为了我，你为了爱护学生，你什么都不顾了。老师啊，我爸爸是一个普普通通的警

察，我妈妈没有工作，我还有一帮兄弟姐妹，如果我当年被打入另类，我的家就完了。可是，您为了保护我，冒着丢职的风险，如果做不好，我今天怎么对得起您？您经常说，忠诚党的教育事业，我把教育两个字去掉，不就是忠诚党的事业吗！老师，我把您这种爱化为我对党（的爱），为国家做出我自己的贡献！"

就是这样一个大老爷们，50岁左右的人居然说了这么一段话，我深为感动。而那天来倒水沏茶的我的研究生们悄悄地说，都说林老师有师爱，原来他一开始当班主任的时候就有一颗爱心，难怪他能做到送到美国的16个学生，居然有15个按时回国。他们说是为他而回来的。中国教育报给他写了一篇文章《他像一块磁铁》。

老师们，就是这个学生，在我虚岁70和75两次生日的时候带领全班同学为我过生日。人民教师的幸福啊！你知道最大的幸福是什么呀，不就是这个嘛！学生成才，学生成长为国家需要的人才，我的学生得到过我的爱，他居然建造了震撼世界的大厦。2008年奥运会的场馆不就是震撼世界的嘛！谁建的，谁领导的？我的学生。

四、有师能，严谨治学守规矩

这就是咱们总书记所说扎实的知识，好老师要有扎实的知识，这是师德之基。基者，基础也。房有房基，地有地基，"邦家之基"引出了这个词。师者要为事业，就要"基于其身"，师德之基，基在扎实的知识。师德的目标是教书育人，教书育人要以知识为前提。正如咱们总书记习近平同志所说的那样，"知识是教育的根本基础。"咱们当老师的要不断学习、不断充实自己。广大教师要有科学的精神并树立终身学习的理念，如饥似渴地学习新知识、新技能和新技术，拓宽自己的视野，更新知识结构，不断提高教育教学质量和教书育人的本领，树立求真务实和严谨自律的治学态度，弘扬优良学风。这是为了努力造就一支"师德高尚，业务精湛，结构合理，充满活力的高素质专业化的教师队伍"。

1978年，我归队了，我回来重操旧业搞我的心理学。但是，我没有忘记与我摸爬滚打在一起的基础教育教师们。也正因为如此，在我的恩师朱智贤教授的指导下，他说："打开西方心理学的书，满篇都是西方的材料；当我们打开苏联的心理学的书，一种强烈的俄罗斯民族自豪感逼得你透不过气来；当我们打开中国的心理学书，新中国成立前学西方，新中国成立以后学苏联，现在又开始学西方。哪天哪月哪年，成就具有中国特色的心理学，我们的爱国、我们的爱国心和我们的爱国精神就表现在哪里。"受我恩师朱智贤教授这段话的启发，我决定重回基础教育岗位。这就是1978—2002年，甚至有的地区是到2004年，我们坚持在26个省、自治区和直辖市搞了3000多个试验点，开展提高中小学生智力和能力的改革研究。教育部几任部长，我永远忘不了这些部领导，他们有时候参加我们整个课题组的大会。

是的。我们是在努力，是中小学的校长和老师们他们的敬业精神，是他们的师能，他们严谨治学守规范的世界观教育了我、影响了我。于是，我和我的学生申继

亮、辛涛等一起开展了教师的知识结构这个课题的研究。我认为，一个好的中小学老师，应该具有四种知识：一是本体性知识，你教什么就要具有什么知识；二是宽泛的文化性知识，高中学生对老师的看法，老师的威信与他的文化宽泛性，我们的研究结果表明，三者是成正比的；三是实践性知识，老师不能照本宣科，应该真正做到因材施教；四是条件性知识，就是懂得教育规律，以教育学、心理学包括教育法作为理论依据。

北京五中老校长吴昌顺，他年长我3岁多，是我们中学课题组组长。由于他的努力，整个北京五中都积极投入教科研。于是，这所学校以科研为导向，德育工作更上一层楼。好多学生的学习成绩很好，北京人敢把第一志愿填向外地，"祖国哪儿需要，哪儿就是我的家"，树立了这样的观念。

第一，以科研为导向，整个学校的教学质量上了一个新台阶。北京五中在北京市重点中学的排名中，当时还排不上前几名。因为吴昌顺当校长，由于他坚持改革，坚持和我们一起搞教科研，居然他当校长时候的毕业生，中考和高考在北京市都名列前茅。可以这样说，当年的北京五中可以和北京四中、北师大实验中学和人大附中争一个高低。

第二，以科研为导向，加强管理团队建设。因此，北京五中当年的领导个个都是双料领导，双肩挑。也正因为如此，这所学校在吴校长的手上培养了5位特级教师，30多位北京市或者东城区某个学科的学科带头人，20多位成为北京市或东城区的优秀教师或班主任。其中，有一位后来到我们师范大学回炉的梁艳老师，就是北京市到外地去讲语文教学经验的两位之一——一位是四中的顾德希老师，他年长我两岁，还有一位就是五中的梁艳老师，全国各地都邀请他们两位去讲学。应该讲两个星期的课，梁老师用四节课就能拿下。她完全是用心理学所讲的"概括是一个人思维的最大特点"，她用概括的手法，也就是合并同类项，把书里面需要掌握的东西，都让学生掌握了。而且四堂课以后，学生能够写出一篇比一篇强的优秀说明文。

我记得，她上最后一堂课的时候是这样讲课的。她问，今天上午第一堂是什么课？学生们回答是数学，（梁艳老师问）老师怎么讲的？（学生们说）用的数学的说明文讲的函数。又问第二堂课是什么课，第二堂课是物理，讲的是力学，（梁艳老师问）讲的什么内容，（学生）回答老师："用说明文的表达方法来讲的物理课。"特点是什么？学生说："有人说数学老师呆。可是，我们认为数学老师能把死人说活了。"

这就是老师的特点，就这样她联系了其他学科，又联系了初中二年级的说明文。最后，她让几个学生口头做作文。有个学生起来讲广东人喝茶，前面有一段描述：今年回到故乡，到了广东。（第一段讲茶壶）广东人的茶壶非常非常别致，只有我们北京人用的大茶杯那么大，（这对不对那另说）茶杯比我们小酒杯还小，客人来了茶叶一抓一大把，起码也得一二两。（哪有茶叶一二两的？这是夸大的说法。）他又说，不像我们北京人那么抠。我说，北京人才不抠呢！我们老家上海人蛮抠，可是他为了说明广东人大方，说客人来了，怎么给客人沏茶，这么大的茶壶沏得满满的，当着客人面倒掉了，这叫洗尘。洗尘后就一杯杯敬给客人喝，结果他没有看见哪个客人喝第三杯，一个客人最多喝两杯。我和吴校长到广东讲学的时候，我到华南师大去了，华南师大有我们一个老同学。我说。你们拿广东茶杯，到广东了，还给我拿那么大的茶杯。他说，神经病，你看你看，那不是我们广东人的茶杯。后来，我喝了两杯、满满的茶水。后来，我说你们广东人喝茶不能喝第三杯。他说神经病。这时候他妻子说，老林说得对，那是潮汕一带喝的功夫茶，不是我们广州喝的那个茶，那是非常优美的茶具和茶杯。

这个学生的说明文写得怎么样？把我和吴校长说服了。这就是我说的老师的师能，这就是咱们总书记所讲的扎实的知识。

五、立师风，为人师表重履践

一个好老师要有道德情操。我觉得，道德情操是根，师德之根。根者，事物之本源也。作为教师职业道德的师德，根在哪里？就在道德情操。我经常对我的学生说，今天也把这段话拿来和大家研讨，希望广大的老师们勇于创新、奋发进取。我们老师从事的是创造性事业。只有教师富有创新精神，才能培养出创新性人才；同时也希望广大老师要淡泊名利、志存高远，高尚的师德是对学生最生动、最具体、最深远的教育。

我们北师大的校训是"学为人师，行为世范"，北师大的育人理念是"治学修身，兼济天下"。我想，我们今天的老师在道德上至少要做到 16 个字："爱国守法，团结协作，终身学习，廉洁从教。"

有些事我不知道是说好还是不说好，有一年我们心理学院，（现在叫心理学部，这说明心理学受大家重视变成学部了。）心理学院有本科生、硕士生、博士生，毕业时让我给予临别赠言。最后我反复强调你们不管将来有多么大的出息，不管将来成了多么有名的专家，不管你们将来当多大的官，别忘了老师对你们的临别赠言："床别找错，口袋别伸错了！"这就是我的临别赠言。既然我对学生有这样的要求，我自己特别注意廉洁从教。2005 年，我父亲 89 岁与世长辞。2004 年，我接到上海华山医院的病危通知，2004 年国庆节我带领全家，老伴、儿子、儿媳妇和孙子回到上海，当时孙子 4 岁半。爸爸一看很高兴，因为我是长子，于是他给（孙子）发红包，太爷爷发、太奶奶发、所有叔爷爷发、叔奶奶发。我的兄弟姐妹很多，那时候还没有计划生育，所有红包放到孙子前面说全给你。孙子不屑一顾，拿来全扔了，说我告诉你们，我们家从来不收别人的钱，拿走。在上海人口研究所当研究员的小妹说，别人都说大哥廉洁，今天从 4 岁半小孙子身上，我看到了大哥无愧于廉洁从教的模范。

六、结语：三个感受和希望

第一，把师德作为教师素质的核心。

第二，衡量师德的根本标准是学生的发展。我倡导要培养出超越自己，值得自己崇拜的学生。我认为，不想当将军的士兵不是好士兵，不想超越老师的学生绝对不是好学生；而不想学生超越自己，值得学生崇拜的老师应该是被淘汰的老师。否则，国家兴旺，民族振兴就只是一句空话。黄鼠狼下崽一代不如一代，那个悲剧我们绝对不能上演。所以，要保证学生的发展。

第三，我提倡对学生严慈相济，严在当严处，爱在细微中。中宣部有一个副局长，当年是我的博士研究生，他的博士论文改了 22 遍，给我送来时候，他愁眉苦脸对我说，老师我是不是最笨的学生，改了 22 遍。我说，不，你是最勤奋的学生，在你身上大家看到了什么叫严谨，什么叫科学。

这就是今天我向大家汇报的全部内容，谢谢大家！

三　郭齐家:《大学》与教师修身

【编者按】双名工程培训会上，年过花甲的郭齐家老师开讲《大学》，短短 1025 个字，却是"初学入德之门"。郭老师说，读《大学》要用生命去读，要用真诚感召真诚，用生命唤醒生命。他的演讲抑扬顿挫、大气磅礴。他的讲解抽丝剥茧、循循善诱。一场讲座，饱含他对《大学》的生命感悟和对教师这一职业的殷切期望。他说："把心找回来。这就是教育，这就是办教育。"

《大学》与教师修身

郭齐家

今天有机会跟大家一起来学习《大学》，是我的荣幸。首先，我要向在座的各位好老师致敬。

一、师者：人之模范也

2015 年 11 月，习主席在第二届"读懂中国"国际会议上说过这么一句话："我们从哪里来？我们走向何方？中国到了今天，我无时无刻不提醒自己，要有这样一种历史感。"2017 年 1 月，习主席在联合国日内瓦总部演讲中也这样说："我们从哪里来，现在在哪里，将到哪里去？"

各位，我们能不能读懂中国？习主席说，读懂中国首先要想我们从哪里来。党的十九大闭幕的那一天，中午我看电视时看到一个镜头，一位十九大代表谈他对十九大的感受。这位代表是外交部的一位翻译。他说，有一年他有机会随习主席到国外访问，外国的国家元首问习主席："你作为一个大国领袖，你经常想什么？"大家知道习主席经常想什么吗？习主席说："中国有五千年的文明，我经常想的是不要把五千年的文明搞丢了；我们的祖先留下那么大的地盘，我经常想的是不要把这个地盘搞小了；中国有 13 亿人口，我经常想的是不要把 13 亿人口的生活搞差了。"各位，这就

177

是我们的领袖，我们的主席。我们现在经常说要有大局意识、政治意识、核心意识和看齐意识，我们应该和中央保持一致。习主席想的这些，我们都想到了吗？

前几天，习主席在北大做了一个著名的演讲。大家看，这个演讲里头首先讲的是《礼记·大学》里说的"大学之道，在明明德，在亲民，在止于至善。"我记得，2014年他在北师大也讲过这句话，所不同的是这一次他做了一个说明："古今中外关于教育和办学思想流派繁多，理论观点各异。但在教育必须培养社会发展所需要的人这一点上是有共识的。"这个说明特别重要，古今中外办了多少学校，办了多少教育，有多少流派，有多少教育家，但是"大学之道，在明明德，在亲民，在止于至善"一直是我们大家的共识。

习主席在北大还提到："2014年教师节时，我同北师大的师生代表座谈会就如何做一名好老师提出了四点要求，即要有理想信念、有道德情操、有扎实学识、有仁爱之心。我今天再强调一下。""古人云：'师者，人之模范也。''师范'一词就是这样来的。在学生眼里，老师是'吐辞为经，举足为法。'吐辞是言论，举足是行动，一言一行，都给学生以极大的影响。教师思想政治状态具有很强的示范性，要坚持教育者先受教育，让教师更好担当起学生健康成长指导者和引路人的责任。"可以说，这是习主席对我们生命成长营最直接的指导。

二、《大学》：修身入门之学

接下来，我把《大学》给大家作一简要介绍。

《大学》《中庸》《论语》和《孟子》是中国人都要读的"四书"。怎么读"四书"呢？不能只用嘴读，不能只用脑子读，要用心读。"四书"要用心去读，以生命对生命，以真诚对真诚。古代圣贤指点人，不是权威说教，而是启发学生或读者自己去领会。因为儒学是生命的学问，儒学也是学问的生命。要体验、实践，知行合一、身心合一。它不是让我们做买卖，它强调的是真。中国人说，人性是善性，人心是良心，人情是真情。如果我们这样学习，就有助于我们生命的成长。

《大学》本是《礼记》中的一篇文章，一共1751个字。《礼记》是汇编，是儒家重要经典之一。据说孔子当年选取士必须学习的礼制17篇，编为《礼》或《士礼》，后来也叫《仪礼》。儒家后学又编了《周礼》。《周礼》就是《周官》，是西周的官志。儒家后学还编了《礼记》。这三本书叫"三礼"。《礼记》一化为三叫"三礼"。《汉书》的作者班固说："七十子后学所记也。"意思是说《礼记》是孔子的 72 个学生以及他们的弟子一起写的。古代的书不是一个人写的，往往是集体写的。《汉书·艺文志》著录《礼记》131 篇。西汉宣

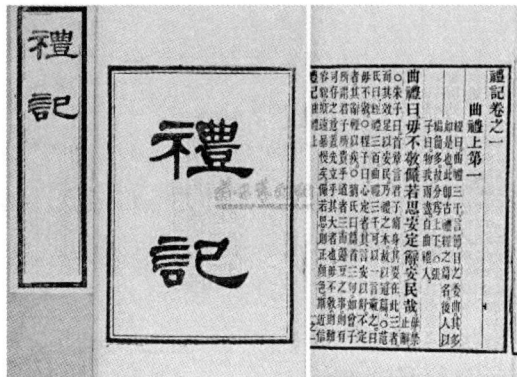

帝时代，太学博士戴德传 85 篇，世称《大戴礼记》。西汉太学就有博士，我们今天也有很多博士，我们在座的好多是博士。古代的博士和现在的博士两个字一样，但含义不一样。我们今天的博士是学习了西方的学衔制度，有学士、硕士、博士，古代的博士是文官制度。中国最早的博士出在战国后期，比如说鲁国、齐国、以及后来的秦国，都聘用了博士，博士是文官。博士有三项任务：第一，议政事，议论政治上的事；第二，被咨询，朝廷有什么重要的事情咨询他一下；第三，掌古籍，就是掌管书，当时的书很少，很难得到书。

《大戴礼记》现在还可以看到 39 篇，戴德的侄子戴圣编了一本叫《小戴礼记》，49 篇。我们今天一般提《礼记》，指的就是《小戴礼记》。我们现在说的《大学》《中庸》和《学记》等都出自《小戴礼记》。如果你要单独引用《大戴礼记》一定要注明，但是引用《小戴礼记》可以不写"小戴"，直接写《礼记》就行了。

子程子曰："大学，孔氏之遗书，而初学入德之门也。"第一个子是形容词，第二个子是名词，"子程子"，就是尊敬的程颐先生曾经说过。程颐是北宋时期的人，他和朱熹共称为程朱理学。（这句话的意思是说）《大学》是孔子学派遗留下来的，是我们入德的门，也就是最初步的学习需要掌握的。"于今可见古人为学次第者，独赖此篇之存，而论·孟次之。"《大学》最大的特点是什么呢？就是告诉我们作为一个学习的人，作为一个学者，先学什么、后学什么以及重要的是掌握什么。这叫"为学次第"。"独赖此篇之存"，《大学》讲为学次第讲得最透彻、最具体。而《论语》《孟子》也讲过。但是《论语》《孟子》没有《大学》讲得这么具体。"学者必由是而学焉"学习的人从《大学》这本书开始学。"则庶乎其不差矣。""庶乎"是我们现在说的似乎。"不差"就是差不多了。似乎差不多了，这是朱熹的语气。

古代的学习分三个阶段：

- 第一个叫入门，进了我这扇门了。
- 第二个叫升堂，有进步了。
- 第三个叫入室，其中有特别好的学生。老师说你过来，到我书房里来读读，就叫入室弟子。这个很少，就像现在的博士，一个老师就几个入室弟子。

《大学》属于入门的，最基础的。

朱熹按照程颐的观点，认为《大学》所教，是"穷理正心，修己治人之道。"《大学》是"为学纲目"，读书"先读《大学》，以定其规模"。《大学》把人一辈子成长的规模计划都定下来；"次读《论语》，以立其根本"，《论语》多半是孔子的教导，把我们做人的根本都讲透了，所以是做人的根本。"次读《孟子》，以观其发越。"孔子和孟子的时代存在时间差，孔子是春秋末期，孟子是战国中期的。100 多年变化动荡之中，儒学大大发展了，孟子发展了孔子很多思想。从孟子可以观察儒家思想的发展变化，所以叫"观其发越"。再读《中庸》，《中庸》是总结概括，"以求古人之微妙处"。《中庸》哲理性很强，《中庸》《道德经》和《易经》这几本书把中华民族理论思维提高了。黑格尔一直鄙视中国文化，但是他对这几本书却很佩服。

按照朱熹的《大学章句序》，"三代之隆，其法寖备，然后王宫、国都以及闾巷，莫不有学。人生八岁，则自王公以下，至于庶人之子弟，皆入小学，而教以洒扫、应对、进退之礼，礼乐、射御、书数之文；及其十有五年，则自天子之元子、众子，以至公、卿、大夫、元士之适子，与凡民之俊秀，皆入大学，而教之以穷理、正心、修己、治人之道。"15 岁以前是小孩，上小学，15 岁之后成年了，就上大学了。古代没有中学，中学是后来我们引进西方的。他说，这是学校之教、大小节之别。朱子要表达的是，自天子至庶民的孩子，都要接受学校的教育。学校分小学与大学，小学教的是应事接物与六艺之学，即是以礼乐为中心的养成教育；而大学教的是更深层的正心诚意的修身之道与外王治民之学。

当然，即使是当时的上层贵族，精英子弟的大学，其教育也是寓教于乐，内圣外王之理想的培养、训练，仍然是在学习经典及其实习的过程之中进行的，也会配合礼、乐、射、御、书、数等的陶冶。朱子所说的重点是，《大学》的主旨是培养士人做大人、做君子。

按照朱熹的解释，《大学》分"经一章"与"传十章"。所谓"经一章"是前面的 205 字，朱熹叫它"经一章"，是全文总纲。"盖孔子之言，而曾子述之"，大概是孔子生前讲课讲的，而孔子的学生曾参追记下来，整理出来。所以，这一段特别重要，我们今天也是重点把 205 个字多讲一讲，让大家明白。后面叫"传十章"，是"则曾子之意而门人记之也"。"传"是对"经"的解释，"传十章"则是曾参对"孔子之言"的解释和说明，曾参的学生们把它记录下来、整理出来。而"传十章"又分为两个部分，前四章着重解释"三纲领"，即明明德、亲民、止于至善，朱熹叫"纲领要旨"；后六章着重解释"八条目"，即格物、致知、诚意、正心、修身、齐家、治国、平天下，八个条目，就是八个过程、八个步骤、八个要点，朱熹把它叫"条目工夫"。朱熹认为，由于错简，原文"格物致知"一章缺失了，后六章只从"诚意"章开始。朱熹说："旧本颇有错简，今因程子所定，而更考经文，别为序次。"朱熹认为，有一章叫"格物致知"，不知道错到哪篇文章去了，所以他就补了一章，然后把其他的章也是按这样的顺序编排的。所以，下面我们看到的朱熹重编的《大学》的章节次序跟我们刚才读的稍微有点不同。

三、《大学》总论：修身的目标与路径

（一）"三纲领"：为人治学的根本纲领与目标

"大学之道，在明明德，在亲民，在止于至善。"

"大学之道"可以解释为大人之学，或者学大道。它的纲领、宗旨有三：第一，在于阐明光明的德性；第二，在于亲爱人民；第三，在于达到至善的境界。

大学是什么呢？大学即大人之学，讲个人修身成德，和谐家庭，逐步扩大到治国平天下的道理。我们读古书需要翻工具书，例如《辞源》。注意不要读《辞海》，《辞海》是翻译西方的东西。读外国的东西可以查《辞海》，但是读中国古代东西不要查《辞海》，要查《辞源》或者《汉语大辞典》。《辞源》或《汉语大辞典》一般解释"大学"有 4 个含义：

请大家注意，第二种解释中的小人不是小孩儿，小人和大人分别指的是小人和君子。道德、文明程度比较低的叫小人；道德、文明程度比较高的叫君子，叫大人。学

①相对于童子启蒙教育，"大学"是指成人终身教育；

②相对于"小人"教育（学小道），"大学"是指"大
人"教育（学大道）；

③相对于"大学校"，"大学"是指"大学问"。

小道就是学点专门的技术，例如泥瓦匠、木匠、铁匠的技艺。一种具体的技术性的东西叫学小道。我告诉你怎么做饭，怎么炒菜叫学小道。相对于小人学小道，大人就要学大道。大道就是今天所说的人生观、价值观、人生的方向和生命的成长。

从古代的4个含义来看，我们今天说的大学属于第二类，相对于小人学小道，大学指的是大人教育，学大道。

什么叫"道"？"道"字，有一个"首"字，首就是头，还有一个"走"的意思。头代表人，人在走路，"道"本来的含义就是人在走路。现在把"道"加以延伸，引申为规律、原理、准则、事理、精神、理念、纲领、宗旨、宇宙的本源及方法、技艺、思想、学说、一定的人生观、价值观、政治理想、主张等。现在，"道"字可以译得活一些，通常可以译为规律和价值。我们今天讲"道"，如果我们没有"道"了，这个时代的意义、价值和方向就很危险了。

接下来，我们来说说"明明德"。第一个"明"是动词，有阐明、彰显、发扬光大的意思；第二个"明"是形容词，代表光明、闪亮、先天的善端、善性；"德"是名词，是德性、品德。它说的是修养自己，提升自己的道德境界。"明明德"是"修己"。"修己"是孔子讲的；它也是"内圣"，"内圣"是庄子讲的，内心像圣人一样纯净。它的依据是什么呢？孟子说："人之性善也，犹水之就下也。人无有不善，水无有不下。"（《孟子·告子上》）"明明德"的依据就是孟子的思想：人性是善性、人心是良心、人情是真情。

《孟子·公孙丑上》提到："恻隐之心，仁之端也；羞恶之心，义之端也；辞让之心，礼之端也；是非之心，智之端也。人之有是四端也，犹其有四体也。"其中，"恻隐之心，仁之端也"，恻隐就是同情心，人人都有，是仁爱思想的端，端就是萌芽，每个人都有同情心，是人的仁爱思想的萌芽。"羞恶之心，义之端也。"羞恶是义的萌

芽，道义的萌芽。"辞让之心，礼之端也"，看见老人来了，看见抱小孩的妇女来了，我们给他让座、让路。这叫辞让之心，这是礼之端也。"是非之心，智之端也"，懂得善恶是非，这是智之端也。"人之有是四端也，犹其有四体也。"孟子说，我们每个人都有一生下来就先天有的恻隐之心、羞辱之心、辞让之心和是非之心。这就是仁义礼智的萌芽、苗或者根，跟我们有四体、四肢一样，是先天就有的，不是外界强加给我的，是本来固有的，人性本来就有。

"学问之道无他，求其放心而已矣。"我们求学、办教育没有别的（目的），"求"是寻找，"放"是丢失，"放心"就是你丢掉的心，良心丢了，本来你有了，后来也没有了。孟子说得很有趣：他说你家狗、猪、鸡丢了赶快找，你的心丢了怎么不去找呢？把心找回来，这就是教育，这就是办教育。"求其放心"就是寻找你丢失了的心。本来你很善良，但是市场经济熏陶了你了，你就想多赚一点钱，给孩子们、家长们多办一些班好多收钱，关键课程不讲，到辅导班上讲，多收孩子钱，良心就坏了。最近，我到山东、河北讲学，好多教育局长跟我讲这个问题，关键的知识他不在课内讲，非要办一个什么班，让家长另外交钱；还有卖假烟、假酒、假药的，卖毒奶粉的。这些人的心都坏了，要把他们的心找回来。

北大有一个教授写了一篇文章，说我们现在好多大学生、研究生没有道德理想，没有敬畏精神，没有团队精神，只求个人利益最大化。他将这种人称之为"精致的利己主义者"。社会是一个大染缸，大学也是一个大染缸。本来很纯洁的孩子上了大学，结果我们的老师教他这些东西。不得了啊！我们现在环境很糟糕，各种毒素都伸向我们的孩子。师德，哪里有德？看样子像人，其实是鬼，甚至有的出版社专门出坏书。

孟子说"圣人与我同类""人皆可以为尧舜"。你天天说尧的话、穿尧的衣服、做尧的事，你就是尧。孟子所说的圣贤并不是高不可攀的，我们每个人都可以成为尧舜。你住在二楼，天天把一楼到二楼的楼道扫一扫，不为名不为利，你孩子看见了，也跟着扫，坚持下来你就是圣人。孟子说的这些是不是唯心的呢？我们很多人心存疑虑。我告诉大家，这不是唯心的。

苏联有一位航天心理学家说，人先天都有同情心。有一天，他路过一个大厅，有一个妇女在十几层高楼上擦玻璃，腿伸到窗户外面，心理学家看得心惊肉跳、很害怕。他并不认识这个妇女，但是人人都有同情心，看见她那么危险，他汗都出来了，心突突突地跳。后来，他做了一个实验：让一个人站在 10 米高的跳台上，另一个人

站在地下当"观众",两个人身上都装上了肌电传感器,每人腰上都系了一根保险带。站在高台上的人做各种危险动作,而站在地上当观众的人,则替高台上的人担心。他自己没有任何危险,没有必要紧张,仪器应该没有感情色彩,而肌电图描记器的记录是,这位本身并没面临危险的观众的肌电生物电位,也与有危险的前者一样,出现了站在高处的心理状态。这位心理学家就把这作为人人都有同情心的证据,只不过孟子那时候没有条件做实验,我们现在有条件做实验了。

台大前校长李嗣涔是一个物理学家、量子力学家,获美国物理学博士学位,几十年前把祖国大陆 20 世纪 80 年代的儿童失智、特异功能等研究带到台湾。我们常说"抬头三尺有神明"。他说,现在可以用量子力学仪器检测到抬头两尺就有神明。大家不要以为这是唯心的,量子力学都证明了这个。物理学从经典力学发展到量子力学,非常有利于我们儒家、道家、佛家的思想,不要轻易扣上唯心的帽子。你天天笑 15 分钟,你的免疫力就提高了。我可以用仪器来测量。所以,不要动不动就把古人都当唯心主义者。错了,是你错了。科学的发展证明你完全错了。

接下来,我们来说说"亲民"。"亲"是动词,亲近、亲爱的意思;"民"是名词,民众、大众的意思。"亲民"用孔子的话叫"安人",让老百姓有安定的生活;用庄子的话叫"外王",内圣和外王是一体两面。内心像圣人一样纯洁,这是讲道德,向外有王者的才干、王者的能力,就叫外王。这是孔子的"仁者爱人"思想。孔子说:"己欲立而立人,己欲达而达人。"我自己立起来了,要帮我的学生也立起来;我自己通达明白了,懂得了做人的道理,懂得了生命的意义和价值,我也把这个告诉我的学生,这叫"己欲立而立人",叫"尽己为忠"。我们当老师的恰恰是这样。如果这点做不到,你至少要做到"己所不欲,勿施于人",你自己不愿意的东西,不要强加到别人头上。你自己不要愚昧、落后,你不要把愚昧、落后强加给别人。从自己想到别人,这叫"推己及人为恕"。

"老者安之,朋友信之,少者怀之",这是《论语》说的;也是《礼记·礼运》说的"人不独亲其亲,不独子其子";以及孟子说的"老吾老以及人之老,幼吾幼以及人之幼"或"亲亲而仁民,仁民而爱物"。这里,第一个"亲"是动词,第二个"亲"是父母,我爱我的父母,然后我把它扩大到老百姓。我把别人的父母也当我的父母,从人扩大到物,动物、植物,山川、河流、自然,慢慢扩大。所以,儒家是说同心圆,其中人的身和心,慢慢扩大,扩大到人和人,再慢慢扩大,扩大到人和社会、人和自然，所以儒家说的是同心圆的道理。

"民吾同胞，物吾与也"，"民"和"我"都是同胞兄弟姐妹，万物和我都是朋友。所以习主席说人类命运共同体，习主席解释人类命运共同体怎么来的？就是从儒家的"天人合一"和道家的"道法自然"演变过来的，我们慢慢扩大，你不要老看待你是你，你把大家都看成是"我"，"我"是从小我到大我，从大我到无我。无我是无处不有我，这个"我"就扩大了，就是一体。这是中国人的观点——天人合一。

亲民思想的来源就在这里。但是，宋明理学家有了新的发现。他说"亲民"也可以当做"新民"来解释。所以，程子说："亲当做新。新者，革其旧之谓也。"程朱等宋明理学家鼓励人们改革旧习，即除旧布新，淘汰旧的不良的东西，刷新自我，革新人民的精神面貌，使民众能日新又新，进步不已。这个解释也是有根据的，根据在传二章，所以程朱理学也是有根据的，不是瞎说的。实际上，要"新民"必先"亲民"，"亲民"的目的是为了"新民"，希望民众都能去除旧习，做新的人。这两个解释既不冲突，也不矛盾。

我们把这两句都解释了以后就知道，什么叫"明明德"呢？就是阐明、彰显光明善良的德性，说的是修己、内圣，不断彰显自己的内在德性，培养自己高尚的仁德，是一种自觉的功夫。亲民就是亲近、亲和民众，仁爱、德治、仁政的表现，是安人、外王，亲和百姓，以百姓的好恶为好恶，爱护民众，就是"治国"，使先知觉后知、使先觉觉后觉。

接下来，我们来说说"止于至善"。"止于至善"就是把这两者结合起来达到新的境界，把修己安人、内圣外王二者结合起来达到至善的境界，引导人们达到最高的精神境界。

三纲领从主体与客体、对己与对人两方面阐明大学之道。明明德是对己而言，彰显德性，培养仁德；亲民是对人而言，不断以自己之德教化人民，目的是使人人能明辨善恶、是非、义利，达到大学的崇高理想、大人之学的崇高理想。

习主席说："才者，德之资也。""资"就是资料、原料、基础。"德者，才之帅也。""帅"是统帅、精神、灵魂。"人才培养一定是育人和育才相统一的过程，而育人是本。人无德不立，育人的根本在于立德。这是人才培养的辩证法，办学就是要尊循这个规律，否则就办不好学。要把立德树人的成效作为检验学校一切工作的根本标准，真正做到以文化人、以德育人，不断提高学生思想水平、政治觉悟、道德品质和

文化素养，做到明大德、守公德、严私德。要把立德树人内化到大学建设和管理各领域、各方面、各环节，做到以树人为核心，以立德为根本。"习主席这段话很精彩，好像就是针对三纲领做的总结。

（二）"六证"："止、定、静、安、虑、得"的修养功夫

"知止而后有定，定而后能静，静而后能安，安而后能虑，虑而后能得。物有本末，事有终始，知所先后，则近道矣。"

[注释]

〔1〕止：所达到的地方（或境界），人应当行其所当行，止其所当止。

〔2〕定：立定志向。

〔3〕静：宁静，心不浮躁，不妄动。

〔4〕安：所处而安。

〔5〕虑：思虑周详。

〔6〕物：事物。

〔7〕本末：根本与枝节。

〔8〕终始：结局与开端。

〔9〕知所先后：把握学问修养的主次先后，轻重缓急。

〔10〕道：大学之道，至善之道。

这段话可以解释为，知道了所要达到的境界，志向才能确立；志向确立了，心意才能宁静；心意宁静了，然后情性才能安和；情性安和了，对事物才能详细思虑；详细思虑了，处理事物才能恰当，才会有所收获。万物都有本有末，万事都有终有始，知道什么是本、什么是末，什么应当先做、什么应当后做，那就离道、把握规律不远了。近道，接近把握规律。

这段话说的是，通过止、定、静、安、虑的修养功夫，能得到大学之道，得其所止。止、定、静、安、虑、得，是我们修养的工夫，这里我们重点讲"定"与"静"。"定"，也就是习主席经常讲的定力问题，我们经常讲定力，定力就是意志力、坚持

力、承受力、克服困难的勇气、潜力；而"静"，唐玄奘从印度搬回很多佛教的经书，其中就将"禅"字译为"静虑"，用《大学》的思想来译禅，禅就是静虑，后来他加上佛教的话叫"一心不乱"，非常巧妙地把古代中国和古代印度文化结合起来。所以佛家说，戒是严格的己律，管理自己，把戒律学好了，把握得好就有定力，有定力之后就生智慧。戒、定、慧是三个阶段。老子说："致虚极，守静笃，万物并作，吾以观其复""静胜躁，寒胜热，清静为天下正"；庄子说："心斋""坐忘。这些都是一致的。

道教说："大道全凭静中得""人能常清静，天地悉皆归""心静则天机自动，身静则人气自动。天机动则大道生而神通现，人气动则真阳生而功夫成"。道教很了不得，其中有功夫的人很多很多，所以说起来我很惭愧。我们知识分子爱卖弄自己会什么，其实一点都不管用，在真正的高人面前你简直比幼儿园小班的孩子还差劲。

佛教说虚、静，净心第一，利他为上。医家也说："恬淡虚无，精气从之；精神内守，病从何来？"哪里有病呢？没有。"正气存内，邪不可干。"中华文化，不管佛教、道教、儒家都讲动和静的关系，动极生静，静极生动，动静调节，身心调适，心平气和，排除杂念，物欲纷扰。深蓄厚养，储藏能量，此乃万物生长萌发之道。

（三）"八条目"：达到"内圣外王"的必要路径

"古之欲明明德于天下者，先治其国；欲治其国者，先齐其家；欲齐其家者，先修其身；欲修其身者，先正其心；欲正其心者，先诚其意；欲诚其意者，先致其知；致知在格物。"

古人把光明的德性阐明给天下的人，首先就要治理好他自己的国家。过去是分封的国家，天下是整个大陆，整个中国叫天下，然后把若干地方分封给（不同的人），例如鲁国、齐国、秦国等。要把天下治理好，先去把国治好。要治理好自己的国家，首先要整理他自己的家族。因为家是国家的细胞，基层单位，每个家好，国家就好。要整理自己的家族，首先要修饬他自己本身。要修饬自己本身，首先要端正他自己的心。要端正自己的心，首先要忠实于自己的意念，不要说假话。忠实于自己的意念，首先要充实自己的知识、扩展他的认识。充实知识、提高认识首先要穷究事物的道理，特别是人伦关系。中国文化的要点就在于明人伦，把人和人关系的道理都弄明白，所以致知在格物。

格物："格"有的译为成来也，有的译为成至。物就是事物，包括人和人的关系、做人的道理。格物即穷究事物的原理。明白我做事，孝顺父母，尊敬兄长的道理在什

么地方，整顿家庭的道理在哪里。为什么要振兴，为什么要修心？把这些道理搞清楚，这叫格物。

致知：致是动词，充实，提高；知是知识，认识。致知就是扩展知识，提高对事物，尤其是对人伦关系的认识。当然，不光是认识，还有你做人的道理，做人的本份。

这里的"格物、致知、诚意、正心、修身、齐家、治国、平天下。"就是《大学》的八条目，即八个步骤，一环扣一环，环环相扣。"八条目"的关键是修身，核心是修身。格、致、诚、正、修，是道德修养的内圣学；齐、治、平，是建功立业的外王学。

每个家族都有家谱，我们家的家谱就是从（《大学》）这里来的，一份家谱有60个字，"文革"时抄家找不到家谱了，但是起码知道我们五代的家谱按"正、修、齐、治、平"排辈。我爷爷辈是正字辈，我父亲是修字辈，我这辈就是齐，我哥哥叫郭齐礼、郭齐义，本来我应该叫郭齐廉，因为我二哥一出生就夭折了。那时候，死一个孩子好像很普遍，所以我二哥还没等我出来就走了。我爷爷说不能再接着叫了，我爷爷说就叫齐家吧！80年前，我爷爷给我起的名字叫郭齐家。我的儿子辈是治，孙子辈是平。我孙子叫郭平凯，他5岁的时候就读了《大学》，有一天我从珠海回来，我在珠海教了十几年书。他说他妈妈教了他《大学》，我说咱们一起读一读，我们从头开始读。爷爷和孙子一起把《大学》读了一遍。最后差100多字，说妈妈还没教我，读不下来。那时5岁多，打基础的阶段。我小时候爷爷就教我们读这些东西，每天都读书，每天要写一张大字，写一张小字，做10道算术题。这样自然形成了一个家族，其实就是一所学校，一个家族就是一个私塾，爷爷是校长兼老师管我们。

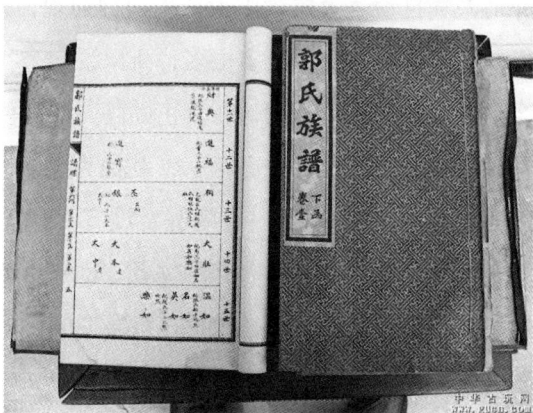

"物格而后知至，知至而后意诚，意诚而后心正，心正而后身修，身修而后家齐，家齐而后国治，国治而后天下平。"

这段话是把"八条目"倒过来再说一遍：事物的道理、特别是人伦关系的道理搞清楚了，知识才能充实，认识才得以提升；知识充实了、认识提升了，意念才能诚实；意念诚实了，心态才能端正；心态端正了，身才能修饬；身修饬了，家族才能整齐；家族整齐了，国家才能治理好；国家治理好了，天下才能太平。

"自天子以至于庶人，壹是皆以修身为本。其本乱而末治者，否矣；其所厚者薄，而其所薄者厚，未之有也。此谓知本，此谓知之至也。"

"壹是"，即一切。"其所厚者薄，而其所薄者厚"：厚：丰厚，引申为重视。薄：淡薄，引申为轻视。所厚者，即"本"也，指修身。所薄者，"末"也，是指身外之物，包括齐家、治国、平天下，相对而言它也是末。

从天子到普通民众，一心所要行的都是把修身看作根本。找到本了，本就是修身，本不是挣钱，本不是挣几千万来见老师，那不叫本。本一乱，末就不能得到治理。身既不修，而要想家齐、国治、天下平，这是一定做不到的。这就叫作知道根本的道理，这就叫作德性之知的极至。

"八条目"分四部分理解，"格物、致知"以道德观念的认识为起点；格物，穷究事物的道理，特别是人和人的关系，达到一个很高的认识、很高的觉悟，这就是格物、致知的道理，以道德观念的认识为起点。"诚意、正心"是以道德信念的建立为中心；讲的是道德的意志，道德的信念，道德的情感。所以道德的认识仅仅停留在认识上，那是没有作用的，一定要把认识上升为情感，上升为意志，最后上升为信念，这就是诚意、正心的道理，以道德信念的建立为中心。最后，"修身"达到慎独，《大学》和《中庸》都讲了慎独，"慎"是慎重，"独"是一个人，只有一个人的时候更要表现高度的觉悟、高度的自觉性。所以，"修身"以道德自觉性的培养为基本要求；"修身"是中心的环节，基础是"格物""致知""诚意""正心"，如果基础不好，修身就达不到高度的自觉。道德一定是自觉的，靠别人强迫你、监督你，那是不管用的。我们现在讲的所谓法治是不得已而为之，主要是要你生命的觉醒、觉悟，我们读国学就是把你生命唤醒，唤醒你沉睡的良知你才有觉悟。最后，以"齐家、治国、平天下"为道德教育的实践目标。

这就是八条目、八过程和八步骤中最主要、最核心的部分。所以"修身"是中心的环节，"修身"要靠"格物""致知""诚意""正心"的功夫才达到，达到高度的自觉。所以我们说儒家是生命的学问，是学问的生命，就在这个地方。

（四）《大学》总论的价值

以上是《大学》的总论，首论三纲领，次论八条目，其中也论及达到至善境界

的方法与顺序：知、定、静、安、虑、得，以及三纲领与八条目的关系。对内修己，格、致、诚、正、修，都是明德之事，最终达到至善的境界；对外治人，齐、治、平，都是亲（新）民之事。

三纲领和八条目是一致的，都围绕"治国以民为本，以修身为本"这一主题展开论证，简洁明了地概述了儒家内圣和外王统一、政治和理论紧密结合的一贯思想。倡导三纲领、八条目的目的，就是主张从提高社会成员的道德素养入手，在中国大地上建立一个和谐、有序的社会，使天下太平、人民安康。这个主张代表了广大人民的愿望，对中华民族的成员具有极强的吸引力，自然会发挥凝聚民族群体的作用。《大学》的"三纲领、八条目"是治国的方略，是建设和谐社会的方略；也是治校的方略，建设和谐学校的方略；还是管理企业的方略，建设和谐企业的方略。

孙中山先生就以此作为治国的方略。孙先生读了很多西方的书，向很多西方的学者请教，但是最后还是推崇《大学》。他说："中国有一段最有系统的政治哲学，在外国的大政治家还没有见到，还没有说到那么清楚，就是《大学》中所说的'格物、致知、诚意、正心、修身、齐家、治国、平天下'那一段话，把一个人从内发扬到外，由一个人的内部做起，推到平天下止。像这样精微开展的理论，无论外国什么政治哲学家都没有见到，都没有说出。这就是我们政治哲学的知识中独有的宝贝，是应该要保存的。"（《民族主义》）孙中山先生到西方苦苦求学，但是最后还是读《大学》读明白了，他的很多建国方略都是在中国文化基础上写的。

被誉为"清华大学之父"的梅贻琦先生1941年4月写了一篇重要的文章——《大学一解》，即用"大学之道，在明明德，在新民，在止于至善"总结清华大学办学30年之经验。那年是清华大学30年校庆，他专门写了一篇很长的文章，1万多字。他说："学子自身之修养为中国教育思想中最基本之部分""大学校对社会秩序与民族文化建树风气"，"大学有新民之道，则大学生都负新民工作之实际责任者也"，"窃以为大学期内，通专虽应兼顾，而重心所寄，应在通而不在专。以无通才为基础之专家临民，其结果不为新民，而为扰民"。大学的校内任务是"明明德"，大学的校外任务是"新民"。

日本有一所松下电器商学院，也是以《大学》作为治校的方略。商学院的研修内容是中国古典《大学》："明德"——竭尽全力身体力行实践商业道德；"亲民"——至诚无欺保持良好的人际关系；"止于至善"——为实现尽善尽美的目标而努力。它熔中国儒家哲学与现代企业管理于一炉，对学员进行严格的教育。

以上是"经一章"，主要讲"三纲领、八条目、修身为本"，这是全文总纲。下面是"传十章"的前四章，即"纲领要旨"，是解释"三纲领"的。由于时间关系，我只讲讲要点。

四、《大学》分论：修己安人的实践路径

传首章——明德：阐明自己的光明（先天、善良）德性。

传二章——新民：改革旧习，日新又新，进步创新。

本章讲道德的力量，《易传》曰："革去故，鼎取新"，"日新之谓盛德"，以古人自新用力之勤，勉励我们进德修业，从近处小处着手，从远处大处着眼，切忌好高骛远。

冯友兰先生 1945 年在西南联大班会之前，刻在西南联大纪念碑上有几句话。他说："盖并世列强，虽新而不古；希腊罗马，有古而无今。惟我国家，亘古亘今，亦新亦旧，斯所谓'周虽旧邦，其命维新'者也。"这句话特别好，改革开放的时候他已经 80 岁了，他写了这样一幅对联"阐旧邦以辅新命，极高明而道中庸。"

关于传二章要多说两句，程朱理学把"亲民"解释为"新民"的根据在这儿。"汤之《盘铭》曰：'苟日新，日日新，又日新。'《康诰》曰：'作新民。'《诗》曰：'周虽旧邦，其命维新。'是故君子无所不用其极。"这就是传二章全文。商汤在盥洗盆上刻有铭文警告自己，"盘"就是一个青铜器，洗脸、洗澡的盆，汤就是商的第一个王。他在洗澡盆上面刻上铭文，刻上"苟日新，日日新，又日新"这 9 个字。洗澡、洗脸就是把浊物都洗掉，形容这个王革新自己，自我革新，不但检查自己浊物，还把自己浊物都洗掉，焕然一新。《盘铭》说："诚然有一天能够获得新的进步，就要一天一天都有新的进步，还要再继续天天有新的进步。"中国人自我革命的意识很浓，习近平主席经常讲我们中国共产党不仅主张社会革命，还主张自我革命，不断革新自己，忏悔自己，这样才有进步。《尚书·康诰》说，振作精神，使商朝遗民改过自新，成为新民。不但自己洗心革面，还让整个民族面貌一心。《诗》说，周虽是一个古老的邦国，但文王能够秉承上天之所命，革新进取。所以，君子是没有什么不尽心尽力的。我们现在经常引用这句话："周虽旧邦，其命维新。"我们是大国，有新的使命，这也

是习近平主席经常讲的。

传三章——至善—归止—境界：安伦尽分（责任）。

本章讲作为人，一定要有选择。不仅要学会择业、择邻、择友，而且要学会选择自己的居所。我们应当选择居住在仁德中，以此为美。不选择仁德的境界，能算是智慧的人吗？仁、敬、孝、慈、信是传统文化核心的价值理念。人的归乡与居所，应当是仁、敬、孝、慈、信等至善的境界。

传三章最突出的就是"为人君，止于仁；为人臣，止于敬；为人子，止于孝；为人父，止于慈；与国人交，止于信。"这就是本章的要点。

传四章——本末：以道德修养、敬畏精神为本，法治为末。

这里讲了一个道理，《大戴礼记·礼察》里讲："礼者禁于将然之前，而法者禁于已然之后。"礼讲的就是教育，是本能，是未然，是靠感化，治未病。而法已经产生，靠暴力，治已病。《黄帝内经》讲我们要治未病，就是以预防为主。已经生了大病了，再治很难，那得用法。所以，法不是本，道是本，心灵是本。

按朱熹说，传五章这章错简掉了，可能移到别的地方去了，所以他补了一章。我们一看跟全文还是有些差别，距离很大，我们就不用它了。

传六章——诚意：诚于己，诚于本性（良知）；慎独（自觉性）：诚身之本。

传六章特别重要，讲了诚意。现在中国社会最大的毛病是不讲诚意，到处都是骗子，说假话。现在，我们在家里都不安定，一接电话全是骗子，电话都不敢接。这个社会到这个程度怎么得了，中国人最讲诚意，我们现在最不讲诚意。

为什么重要呢？诚意是诚于己，诚于本性，诚于你的良知，良心都丢了怎么实现中国梦，怎么实现中华民族伟大复兴呢？那是鬼话。所以，这一章之所以重要就在这儿。诚意，诚于己，诚于本性，诚于你的良知。所以，特别讲慎独（自觉性）——诚身之本。假如中华民族把这个学到家，我们完全可以实现中华民族伟大复兴，如果做不到这点，一切都是假的。

传七章——正心、修身：修心——专心修行、一心向善——存心养性。

传七章讲的是，正心特别重要，心要正，不要歪，不要偏。修身其实就是修心，专心修行、一心向善、存心养性。

本章强调修养自身的关键在端正自己的心灵与心理，人如心无偏私，发之于外，行为自然中节，所以修身者，必先端正其心，所以要正心修身，我们要做到心宽体胖，用仁义礼智信来清除怨恨恼怒烦。假如你天天一肚子怨气，你的脾胃不好；假如你天天恨这个恨那个，你的心不好；假如你老恼别人，恼别人就是嫉妒别人，你的肺不好；你生气，肝不好；你烦别人，肾不好。所以，修身、修心是一致的。要用仁义礼智信来清除怨恨恼怒烦，你脾心肺肝肾就会健全，身心就健康了，哪里还会有病呢？所以，相由心生，境随心转，你的心态决定你的面貌。王院长跟我说不用化妆，不用修饰脸，你只要读国学，读古书，读《大学》《中庸》《论语》和《孟子》，你的相貌就好了，不要买那么多化妆品，多买一些国学书。因为这个相就是你心里的反映，假如你天天骂人，你的相貌很难看，你天天做善事，帮助别人，想着别人，你的脸越来越好看，越来越漂亮。所以，相由心生，境随心转，眉心舒展，身体就健康了，天天照镜子微笑，嘴角往上翘，每天笑15分钟以上，免疫力就提高，身体就健康。所以，面带微笑很重要，不要老哭丧着脸。读国学就是最好的修身、修心。

传八章——修身、齐家：不以感情好恶为标准，把握中道，公平、公正、和谐。

要消除一些成见，当班主任、当领导的，往往有成见。成见就是把事情看作固定不变。所谓偏失是片面狭隘，有成见就看不到发展变化，有偏见就看不到人的本性和善心。

传九章——齐家、治国的道理：一家仁一国兴仁，一家让一国兴让，明立教之本，推而广之

你在家讲孝、讲悌、讲慈，那么在国家就是事君、事长、事众，这是一致的。你在家里孝顺父亲，在社会上你肯定是忠于国家的。"积善之家，必有余庆；积不善之家，必有余殃。"家是成就君子之所，君子风范带动全家。各正名分，各尽其心力，共创和谐家族，就是治国的缩影。所以，把家治好了，国家就好了。你不要走张家走李家，就把你自家治好就行了。《大学》也这么说，《中庸》和《孟子》都这么说，你不要走张家走李家，你把自家治好了，就是对国家的最大贡献。

传十章——治国平天下——絜矩之道（忠恕之道）——得众则得国，失众则失国（得民心者得天下，失民心者失天下）——德本财末（德为治国之本，财为治平之末）——善则得之，不善则失之——忠信以得之，骄泰以失之——仁者以财发身，不仁者以身发财——国不以利为利，以义为利。

这就是儒家的治国理念，现在习近平主席讲话很多都引用这些。

义和利的关系要处理好，义就是国家、民众、长远、根本之利，突出公；利——个人、局部、暂时、狭隘之利，突出私。具有絜矩之道的优秀管理者拥有五个法宝：

- 与民同好恶（得众则得国，失众则失国）
- 散财于民，不与民争利（德本财末）
- 以善为宝，以义为利（善则得之，不善则失之）
- 见贤能举，举而能先；见不贤而能退，退而能远之（忠信以得之，骄泰以失之）
- 生之者众，食之者寡，为之者疾，用之者舒（仁者以财发身，不仁者以身发财）

这五个法宝是儒家思想非常精彩的地方，现在我们廉政建设，治国都按这个，参照这个。

这就是我对《大学》的总结，已经占了很多时间了，谢谢大家！

三 辛意云：《论语》的为师之道

【编者按】钱穆先生说："中华传统文化，最主要的核心是儒学。儒学最主要的核心，乃学'为人之道'。"，而师道之重要，在于传授此道，"教人实践此为人之道。最低限度，不要沦为不算是人。"在此次双名工程培训会上，钱穆先生的弟子辛意云先生开讲《论语》，就是用自身的生命实证这门生命之学。他用自己的生命状态告诉老师们，自己所言不虚。《论语》中蕴含丰富的人生智慧和无尽的宝藏。现场教师或静心聆听，或奋笔疾书，或暗自流泪。那一刻，大家都感受到了圣贤化育人心的力量，感受到了《论语》的为师之道。

《论语》的"为师之道"

辛意云

各位敬爱的老师和校长们，我非常羡慕你们，以你们这样的圣眼看到了中国的崛起跟中国飞跃式的发展。中国人所能创造的奇迹，你们今天是一个见证，同时你们也把握住了一个关键，中国未来的辉煌就在你们负责教育的子弟身上。

我记得李克强总理这两天访问日本。在中日韩会议上他说，我们当用一个新的眼光来看亚洲的事物，来看亚洲和这个世界。我们要发挥亚洲人的智慧为亚洲人的未来开辟一个新的可能、新的希望。同时我也看到习近平主席所说的。他说，我们今天要用一个新的世界性的眼光来看中国传统文化，只有这样我们才能够看得见，中国在学术上的成就，中国在哲学社会科学上的成就，以及中国对这个世界的贡献。由此我们才看得见我们自身的主体性，才看得见我们在这个世界上所占据的特殊地位。

我们都知道美国特朗普对我们中国的要求，他派了大队人马来和我们会谈，在会谈的时候他要求到 2025 年中国科学的发展在技术上需要在美国的允许下进行，同时特朗普也说今天的中国不止在科学上对西方形成了威胁，而且在思想上也对西方的价值形成了威胁。

我今天就这个话题，给老师们做一个我个人心得的报告。

一、师道溯源

（一）何为"道"？

如果我们从真理上来说，西方人好言真理，而且强调绝对真理。古希腊的哲学以及今天的自然科学，都一直在追寻"物本质""物自身"，希望寻找到世界上、物质上单一、不可分割的本质。什么是物的本质？是那个分解到最后不能再分解的部分，所谓构成这个世界的单一的、绝对的、终极的那个本质性的东西。

中国人好言"道"，从孔子开始以及先秦的诸子百家，都高举"道"的旗帜。孔子首谈仁义之道；孟子更进一步，同样讲仁义、讲心，而说这就是道；以致老子总结众人之道而说："道可道，非常道，名可名，非常名"。（老子说）他们所说的"道"

都不对，现在我要提出一个最正确的。我想在座的老师们一定也有人读了《老子》，或许在这里有一个疑问，为什么把老子放在最后，老子不是孔子的老师吗？这是一个学术公案，我们今天没有时间谈。但是，在这里成为孔子老师的那个人是谁其实不确定，说不定有这个人，不过老子的学术之完成在战国的末期。因此，他总结前面诸子百家的所有学说，说你们说的道皆非常道，你们说的道或名或理论皆为常名，你们说的都是一个存在的世界，一个具体存在的世界，可是这个世界的构成除了一切的存在，还有容得下这个存在的那个空，那个无我。请各位老师们注意：这个"空"不是佛门的"空"。在座所有的老师和校长，大家坐在这里，就是坐在"空"的那个地方，不然怎么摆得下那么多桌椅。

到底什么是"道"？今天，我在这里尝试对它做一个新的解释。《说文解字》说："道，所行道也。"这是指人行走的路。又说："一达谓之道。"这是指直通的大马路。所以，古人说："道者，由也。人人之所共由也。"大家都可以来来往往，虽然我们今天说成了这样，可还是用做行走的路。所以，在这个情况下道就是人人可以行走的路，是人人都可以共行共享共有的路。哪怕是真理，也不是绝对的、单一的。它是一个共同而普遍、且人人都可以得到并实践的（东西），所以道是一个整体。

西方所害怕的也就是习近平主席近期在世界性演讲中提到的"人类命运共同体"。它是一个人人共同合作、创造的人类共同命运、共同价值。所以，西方人面对这样一个问题，他们开始意识到这本身是在文化上、价值上和对生命的看法上。中国提出一个观点，这个观点在今天看很新，其实传统里中国在《诗经》中就具有的一个重要观点。

（二）何为"天道"？

西周以来，好言"天道"。《诗经·烝民》说："天生烝民，有物有则，民之秉彝，好是懿德。"上天，也就是宇宙，创造了（我们）这些庶民们，"有物有则"——有一定的秩序，人们秉承这样一个秩序，也就是人们秉承这个宇宙所创造的生之秩序，所以人们天生喜欢这样一种善德。而什么是善？在座的校长和老师们，我们经常说德。什么是善，什么是德？这是传统中国所特有的

（概念）。所谓"善"，我们说"善"字从羊，两只手拿着，这是有利于身，对生命本身是一个正向、正面的推动。这就叫作善。而这个行为称之为德。这里讲的是"天德"，也就是讲"天道"。

"天德"是"天道"的体现，"天道"就是"生生"，就是不断地创生。这在《老子》一书中讲的非常清楚。古人常说："上天有好生之德。"这是生命发展的一个美好，其实也是宇宙的一条规律。

中国古人又说："天、地、君、亲、师。"从明代开始，民间的厅堂、家祠上，都写着这五个大字，和祖宗牌位并列，以示崇敬。（这五个字是想表达）你有三个根源：第一个根源，"天地者，生之本也。"标榜人之所以是人。人到底是什么？这是中国非常特有的。基本上中国的哲学以人作为起步，它不说宇宙，它从人的发展开始说起，所以它强调人性，这非常重要。到今天如果我们问什么是"人"，我想有很多人，尤其是在西方都会说人是一个生物。他仍然是从达尔文进化论的观点来说这个问题。然而，人真的只是生物吗？如果人是生物，人何需谈恋爱，何需结婚？所有人的活动都表现出人与动物的不同，人有一个不同于动物的特殊的发展和要求。

所以，在人的本质上，"先祖者，类之本也。""亲"是指父母亲，也上溯至人的先祖。这是我们生命的来源。先祖是这个人的根源，以致君亲师，其实天地君亲师都可以归为生之本。它们都特别表现出人生命的特质，是人类生活生命的依据，也是人类文明、文化以及创造生生不息的依据。换句话说，人是具有文明性的生物，（这一观点）以"天、地、君、亲、师"这五个（本源）为依据，而天地是一切生命的根源。没有天地，没有生命，没有这个世界。先祖是人类生命的根源。没有父母，没有祖先，就不可能有我们。

第三个根源，"君师者，治之本也。"君师是构成人类赖以生存、生活的基础，没有老师的教导，人类文明的发展必然有限，人类社会的延续必然有限。而这也就是中国人认为老师非常重要，老师被认为是生命的再延续、再创造的根本所在。请老师们特别注意：这里的君不是平常所说的国君。近代以来，我们把一切都归于政治，那是从清代以来对中国学术的一个特定看法，例如道德，清代以来道德是从教条性的道德来看，实际上它和原有的中国传统文化的含义是有差异的。所谓"君者，群也。"这个"群"是"君"的基础，有"群"才有"君"，而"群"指的是社会、国家，是人生存和生活的基础。"君"则是带领国家前进的领导者，

先有了社会、国家，才有了君。如果老师们对这个有兴趣，可以看《墨子》，其论述非常清楚。

至于"师"，是教育启发我们，使我们对生命有所觉察和觉醒的人。人唯有对生命有所觉察和觉醒，才能将每一个人自身的才能发挥出来，走上自我实现，自我完成和自我创造的道路。这是每一个人的第二生命。它使我们能够开发出人所特有的自我意识，让我们再一次苏醒，确定自己、确定这个世界甚至确定一切，进而让我们能够进行一种超越的反省，然后人类走向创造，而所有的这一切来自老师。所以，我们把老师视为人的再生（父母）来尊敬。在座所有的校长和老师们，你们有没有意识到你们在人类、特别是在中国社会所具有的特殊地位？

（三）何为"师道"？

《礼记·学记》说："古之学者，比物丑类。"古代学者把事物分清楚。他们发现"鼓无当于五声，五声弗得不和"。五声中没有鼓的引领，则不得其和。它展现不出它的音乐性和节奏性；同样，水不在五色之中。可是，五色要没有它，真的不能画出花样；而"学无当于五官，五官弗得不治"，金官、水官、木官，各种官职事务部门之中（并没有学习），可是五官没有老师的教导不足以形成现实世界的秩序；如同老师不在五服内，不在我们五服或三服中的伦理、辈分之中，可如果没有老师所教的，我们不知道行礼，不知道表达相应的情感。

也就是说，教师是让人从"动物性"生命提升到属于"人的生命"之关键。这个老师们特别了解，中国是全世界第一个认为人不是动物的（文明），人的人性具有动物性。这个没错，可是人不只有动物性，人还有人之性。我们说，人性基本上要进行这个划分。人本主义心理学家马斯洛不知是不是受中国的这个观念影响，他后来提出人的需要层次理论，下层是本能，包括生理的需要、安全的需要；上层则是精神层面的需要，人的自尊的需要、对归属与爱的需要，甚至自我超越的需要。他说，人如果只满足本能的需要，他不会快乐，人的整个精神性无可展开，人没有办法完完全全活出自己，只有这个精神性得以开展，人才觉得生命是圆满的。所以，中国自古以来，老师所肩负的责任特别重大。老师这个词始于商周，原本用于军师，这个师就是大旗，挥舞大旗，在军队指挥作战用。而后用于官名，《左传·昭公十七年》说："昔者黄帝氏以云纪，故为云师而云名。"就是以云作为图腾，作为他们这个族群的标志，以云作为他们的官名，故为云师而云名。

下面依此类推，《尚书·泰誓》说："天佑下民，作之君，作之师。惟其克相上帝，宠绥四方。"（上天）给百姓创造了领导者，带领他们过有秩序的生活，一个所有人都能发展的生活；同时，也给他们创造了老师教导他们，只因为他能帮助这个上帝，他才能实现对人的爱，对人的安抚。《礼记·文王世子》说："出则有师，是以教喻而德成也。师也者，教之以事而喻诸德者也。"只有一个国君是以教喻而成，他才能获得教导，明白事理，才能把实际的事物教给学生，同时让他们明白道理，使之成德，成生命之德，生生之德。

《礼记·学记》说："君子知至学之难易，而知其美恶，然后能博喻，能博喻然后能为师。"等到君子真正了解事物的难易，以及知道事物的美恶，才能做出精准的说明、明白道理所在，然后才能为师。所以，为师最重要的是要讲清楚道理，教物理的把物理讲清楚，教化学的把化学讲清楚，教人文的把人说明清楚、人世间该有的道理讲清楚。"能为师然后能为长。"这样才能够领导这个世界，能为长才能成为真正的君。这里有两层含义：第一层含义是能为长才能成为国君，第二层含义是能为长才能真正让所学者成为君、成为一个领导者。

"故师也者，所以学为君也，是故择师不可不慎也。记曰：'三王四代唯其师。'此之谓乎！"三王四代的辉煌完全取决于老师，我们也可以说今天中国的崛起，中国的再造的基础也都应该是落实在各位老师身上，是在座的各位老师教出了能够真正重新站起来的学生。《玉篇》说："师者范也，教人以道者之称。"不过这些文献都是记述上古以来教授贵族国君的"君师"。

中国自古重视教育，在古文献上，夏商就设有学校教授贵族子弟，西周对教育事项的记载更为清楚。《诗经·文王有声》说："镐京辟雍，自西自东，自南自北，无思不服。"当年，北京建立了国立大学，辟雍就是国立大学。辟，当时的国立大学四周都有一条护城河一样的河，大学就建在那里。雍就是水环，在这个水环中有一所国立大学。所以，因为有了教育，"自西自东，自南自北，无思不服。"没有一个人不心悦诚服的，因为开发了文明、开发了智慧，人对生命、生活有了更深层的认识。

《礼记王制》说："天子曰辟雍，诸侯曰泮宫。"就是这个水环只有一半，在这里有大学。汉班固《白虎通》说："天子立辟雍何？所以行礼乐、宣德化也。"辟雍的作用是教育人们使其更深刻的的认识生命。"辟雍"就是天子所辖，中央政府设立的国

立大学；"泮宫"是诸侯国内的地方大学。此外，各地还有庠序。

孟子说："修庠序之教。"一个理想的政治一定要有好的教育，孟子说庠序的时候是指一般民众的教育，地方教育。又说"设为庠序学校以教之。庠者养也，校者教也，序者射也。夏曰校，殷曰序，周曰庠，学则三代共之，皆所以明人伦也"，讲人该有的那些关系和秩序。古人强调的那份人伦偏重于人与人之间的情感，以及由情感所建立起来的一种和谐。这并不是只有这一个情感的和谐，这里也还包括了知识性。换句话说，人所学的知识的前提基本上是如何促成人类的幸福，古代中国有关知识的认知，不单纯是一个技巧性的学习，还包含这个技巧能不能促成人类走向真正幸福。不过，这些教育还都是贵族教育。

二、孔子：伟大的导师

第一位把贵族教育推广到民间，建立平民教育，让人人都有受教育的机会的，是孔子。孔子也是中国自古以来重视师道的关键人物，称之为"至圣先师"。《论语》有这么几个故事说到其弟子对孔子的尊崇：

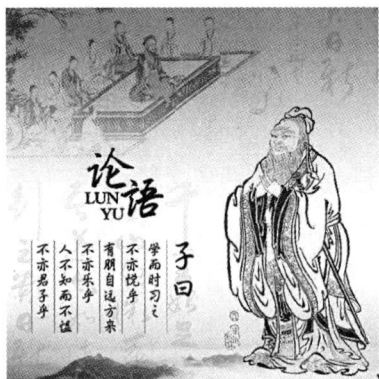

> 叔孙武叔语大夫于朝，曰："子贡贤于仲尼。"子服景伯以告子贡。子贡曰："譬之宫墙，赐之墙也及肩，窥见室家之好。夫子之墙数仞，不得其门而入，不见宗庙之美，百官之富。得其门者或寡矣，夫子之云，不亦宜乎！"

子贡在这里有一个比喻：宫殿就好像一所学校，宫墙有高低。我是墙矮的学校，是走在外面的路人，回头一看就可以看到这所学校；可是夫子之墙有好几丈高，如果不从门进去、不从正确的门进去的话，看不到当中的建筑那样的辉煌，它的社会那样的齐全。一般来说，能进去的人肯定不多，所以会有这个看法。这也是非常自然应该的。

> 陈子禽谓子贡说："子为恭也，仲尼岂贤于子乎？"子贡说："君子一言以为知，一言以为不知，言不可不慎也。夫子之不可及也，犹天之不可阶而升也。夫子之得邦家者，所谓立之斯立，道之斯行，绥之斯来，动之斯和。其生也荣，其死也哀，如之何其可及也。"

陈子禽对子贡说："你说这个话太谦虚了，仲尼怎么可能比你好呢？"，子贡提醒他说，君子——一个高级知识分子，"一言以为知，一言以为不知"，一开始人们就会判定，你是不是有知。"言不可不慎也。"所以说话不可以不小心。"夫子之不可及也。"我们没有办法取得他（孔子）那样的成就，这就好像我们登天，借着楼梯想到天上去是不可能的。"夫子之得邦家者"，如果他能够治理天下，"所谓立之斯立，道之斯行。"他能够让人全都站起来。他引导大家，大家自然向前走，"绥之斯来"。他让大家安静下来，大家自然地就按他的要求做。"动之斯和"带动他们向前走、向前冲，就能够在极其和谐的状态中逐步做到。所以，他活着是我们人类的尊荣，他死了是我们国民的悲哀，他哪里是我们可以轻易就超越的呢？请老师们特别注意：孔子为什么能得到弟子这样一种赞叹？请老师们即使怀疑也可有所保留。怎么可能？我们今天当老师的，有没有得到学生对我们这样的肯定跟赞扬，他怎么会得到，为什么？哪怕学生吹牛，他为什么会这样吹呢，什么原因？

> 叔孙武叔毁仲尼。子贡曰："无以为也，仲尼不可毁也。他人之贤者，丘陵也，犹可逾也。仲尼，日月也，无得而逾焉。人虽欲自绝，其何伤于日月乎？多见其不知量也。"

叔孙武叔听了子贡的话，还是批评孔子不如子贡。子贡就说他这样没有用，我们夫子无法比较，别人所展现出来的贤能就好像一座小丘陵，我们每个人都能跨越过去。可仲尼（的贤能）就像日月，我们没办法超越。人不要拒绝承认、拒绝接受，这样只能体现出我们自己没有真正地看清楚。所以，我再请问老师们，为什么这样？

我们接着来讲颜渊：

> 颜渊喟然叹曰:"仰之弥高,钻之弥坚;瞻之在前,忽焉在后。夫子循循然善诱人,博我以文,约我以礼。欲罢不能,既竭吾才,如有所立卓尔。虽欲从之,末由也已。"

（孔子）好像一座高山,我们要爬上去,确实不容易。我们看他在前面,我们好像就要赶上去了,他却又走了。请问老师们,这是一个什么样的成果,而什么样的教学法才能取得这个成果,我要现在就说答案呢,还是卖个关子?

他（颜渊）说,我们老师展现出这样的引导和教育,却不是在忽悠我们,他循循善诱、逐步引导,不但丰富我们的知识,这个"文"就是知识。也提纲挈领、将我们的知识集中。这是孔子对于礼所赋予的一个新的涵义,让我们在知识的追求中,在心灵的开放上欲罢不能,想停停不下来,让我们发挥自身全面的才华,全力追求,让我们觉得我们的生命真的站起来了、真的开展了。我们希望就跟着老师从这条路上开展生命,可是又觉得自己力不从心。再次请问老师们,他的教学法到底是怎么回事,他是从什么地方切入的,单纯的知识吗?

> 仪封人请见,曰:"君子之至于斯也,吾未尝不得见也。"从者见之,出曰:"二三子,何患于丧乎?天下之无道也久矣,天将以夫子为木铎。"

仪封的守门人,是一个贤德的隐士。他要求拜见孔子。他说,到这里来的人他未尝不得见,从来没有人不见他。他跟孔子见了面,出来以后跟跟随在孔子身边的学生们说,你们不要担心会有什么损失,不要担心你们会得不到任何机会发展,不要担心这个。我们失去理想已经很久了,老天爷是派夫子来做重建生命理想的传道者。这里的木铎是指宣教用的木铎。它是一个铃,舌头是木材制作的,敲的时候舌头颤动,意为说教。

弟子们何以如此推崇孔子?孔子死后,弟子们以"心丧"为孔子服丧3年,子贡服丧6年,以致曲阜而成市。外出讲学者,或成君师,或为人师,传扬孔子仁爱大道,走进新的时代,诸子百家因此而起。有人说,他们何以能这么做?除了孔子教导了他们之外，有的弟子死的时候，孔子按自己的孩子去世一样来行丧，也是心丧，因为毕竟不是自己孩子。在这里特别提供老师们了解，孔子是中国诸子百家第一人，严格讲不是老子，为什么？即使真有老子，老子那个时代的学术性尚未完成。我想，老师和校长们都知道，所谓的学术和一般的知识不一样，而孔子是中国学术的开创者。

三、《论语》：生命之学

（一）自我生命的觉醒

孔子教导自我生命的觉醒。这也是为什么"学而篇"是《论语》20篇的开篇。从 19 世纪到 20 世纪初，西方学者说中国没有科学，因为科学得有逻辑，而中国没有。因此，中国所集聚的东西只是一些散乱的经验，包括《论语》也是东一条、西一条，自由集聚。其实不是，《论语》是一部依据中国式逻辑所建构出来的具有体例的著作。

什么是体例？它不讲系统，但不是没有系统。它的重点在体例，即生命体的事例。换句话说，我们从这些事例可以看到一个完整生命的展现。这就是《学而篇》作为《论语》开篇的原因，因为生命的展开以学为始。今天我们都说，学就是学习。可是，学习只不过是学的基本含义之一。人为什么要学？我们也在教学中遇到一些学生真的不肯学，有些真的肯学。何以肯学？你问他，他一定告诉你，我要求好，我希望上大学。你何以要上大学？我希望有个工作。他自己需要什么？我要改善我的家庭，或者我要改善我的农村。这就是一种觉，也就是西方人本心理学所说的自我意识的展现。觉之后才有学习，《论语》中有的"学"泛指知识，但《学而篇》的"学"是指觉，战国以来"学"就是觉，此外还有一个意思是孝，就是当一个人觉了以后进行实践，也就是王阳明所讲的知行合一的基础。所以孔子之所教，是教导所有弟子自我生命的自觉。

我曾经在艺术大学担任一门公共必修课的老师，当时我出了一道题：什么是生命？让学生们通过艺术表现手法，包括电影摄制，去访问在校的同学和所有老师。

当他们访问出来的时候，有些老师说，荒唐，还问我这个问题，我现在不就是有生命的吗！有学生问一个大画家，说老师你几十年都画这个东西，你为什么没有再走向创造。这个老师说，不懂事，你不知道我画一幅画就是 100 万台币，我干嘛去创造，让自己走向一个不确定的路，我一画就是 100 万，我一年画几张可以了。那个学生就再问，那你这样满足吗？不不，这只是一个过渡，等我赚够了再来寻找我真正要发挥、要创造的东西。如此他的学生再问，老师那你的生命发展在未来，不在现在了？他说对呀，当然了。学生就把这些都记录下来了，我想在座校长跟各位老师或许理解什么是生命。如果您是最好学校的校长，到了退休的年龄，您真的觉得这一生就满足了？还是提前退休，我还可以再做一些事，真正发挥我自己，那才是我所要的。（所以，孔子提出自我生命的觉醒，这个"学"就是觉，当我们自觉之后，开始意识到我真正想干嘛，我生命的开展从什么地方开始。）"习"字是实践的意思，不是复习。为什么是实践？你看"习"字上面是鸟的羽毛，下面如果是鸟的脸，那么这是一个象形字，就是小鸟在巢里，羽毛丰满，想要展现它的生命；如果是日，代表空间，它飞到一个无限的空间去。所以，朱子说"鸟数飞"也，鸟觉得自己的生命充实起来后，它开始不断想要展翅高飞，进入它所要发展的道路上和生命中去。如果真的如此，当我们去发展而真有一个好的体验，"不亦乐乎？"，我们是不是从内心真正的高兴，这是不是比我们吃最好的东西来得快乐？其实，这是人的自信的基础。

可是，人是活在群体之中的，人天生就有进入社会、在社会里发展这样一种生命的愿望和冲动。所以，"有朋自远方来"，在自我建立的过程中有了朋友，是不是非常快乐的事？孔子没有说一定快乐，他循循善诱。他不断地问，你快乐吗？记得我听钱穆先生上课的时候，他问学生，你们快乐吗？有的同学说，不快乐。他说，那么好，你会不会想你为什么不快乐？他问其他学生，你们快乐吗？其他学生说快乐。他说，其他学生快乐，孔子快乐，你何以不快乐？你会不会自己回过头来想一想，自己找找原因。这就是自我觉察。

同时，我谈到这是人的自我建立之后的一个自我发展。"人不知而不愠"，我们总觉得自己没有获得自己的朋友们的认同。可是，你不因此而沮丧，并不因此而丧失了生命的喜乐，因为活着有无限的希望。这不就是一个独立自主的人吗？到这里就是孔子给予君子的一个新的含义。他不但是贵族，而且是一个独立自主的个体。我们所说的个体建立，我想老师们了解心理学的都知道当代人生命的基础在于个体的建立，

有了真正的个性，一个人的生命才开始展现，不是不要群体，不过在群体中先要有自己个体性的确立。

在这个情况下，第二条有子曰："其为人也孝悌"他说的是个人与社会的关系。"而好犯上者，鲜矣；不好犯上，而好作乱者，未之有也。君子务本，本立而道生，孝弟也者，其为仁之本也。"我们每个人的性情都是充满爱的，我们对这个世界充满了爱，我们能够意识到父母对我们的那份爱，以致我们带着这份爱，面对自己的兄弟，乃致整个社会。它可以引申为一股正向力量，我们内心充满了正向力量的爱，那是来自家庭。古代经典凡言孝悌一定说家庭，因为这个心理来自家庭的培养。没有家庭的培养，要想形成这种充满正向力量的爱不容易。只有有了家庭的培养，他在行事时才不会去冲撞、不会去破坏。所以，"君子务本，本立而道生。"这样充满爱的力量的展现，在人的自觉、充满正向力量的展现之后，一个适当的人的生命之道便自然产生了，"孝悌也者，其为仁之本与。"它是一切达到仁的根本。

老师们都熟悉这个"仁"字。什么是仁？我先说一下，待会儿还会再说。有没有老师接触过一点佛学，我们经常说佛，什么是佛？佛是觉醒圆满者。那么，什么是仁？仁也是孔子所言觉醒圆满者。为什么仁是觉醒圆满者？我们待会儿再说。佛学以"佛"作为觉醒圆满者的代称，传统中国之所以好言仁，因为仁是儒家、是孔子所提觉醒圆满的代称。其实，我特别强调儒家，并不是排斥道家。其实，道家之发展，庄子的逍遥或老子的大道，都是建立在这个觉醒圆满之上的道。没有这个觉醒圆满，人不容易孝，人也不容易开展出那个大道，同时人也不容易有能力认识大道。

1. 孔子教导自我生命的觉醒：

- 子曰："学而不思则罔，思而不学则殆。"

- 子曰："攻乎异端，斯害也已。"

- 子曰："由，诲女知之乎？知之为知之，不知为不知，是知也。"

同时，在循循善诱中，子贡说："贫而无谄，富而无骄，何如？"什么是生命之乐，我们能不能感受到活着真好？活着是一种享有，是上天最大的赐福。子曰："可也。未若贫而乐，富而好礼者也。""富而好礼"是指有钱却有分寸。如果马云跟你们是同学，每一次请你们吃饭，吃完饭，不用付钱，你们都吃最好的。你们说，我来点菜。一次可以，两次可以，大家高兴，三次，还不错，四次，有点不太好意思。可是，如果马云坚持，我有的是钱，我想一般人到时候总还是有些不好意思，如果马云说这次你们请，我请你们五个人，你们五个人请我，这就是分寸。没给人以压力，有权势的、有财富的，就如同我们拥有最好的武器，容易给人以压力。我们要懂得，我们容易给人以压力，包括老师、包括校长，你站出去学生自然怕。所以，无需强制让别人怕，这就是那个适当的分寸。子贡听了高兴极了，他说："诗云：'如切如磋，如琢如磨。'"触及人的心灵需要以这个方式逐步深入。孔子听了以后说，我可以跟你谈诗、谈生命的学问，我把过去的经验提供给你作为参考，你马上就有所发展。

此外，（孔子）教导大家，只有一个外在的学习，不进行深入内在的思考，有时候在知识上会迷失。可是，我们只有内在的思考，而没有外在知识的学习会让我们之所得有所不确定。同时，对于不同于自己的我们能研究它，这个攻是研制、研究。我们能够研究不同于我们的言论，"斯害"自然清除。这个害是固陋之害，也是固执之害，这个"害"会清除。所以，孔子教大家什么是知，我们能明确知道自己所知道的。同时，我们也明确知道哪些部分是我们不确定的，我们才能够拥有全知。所谓全知不是什么都知道，而是我们知道自己所知道的，也知道自己有所不知道的。这才是我们在知能的发展中全面地开展，我们有能力自我分辨。

刚才说的是理论，现在说的是现实，子张学干禄。子曰："多闻阙疑，慎言其余，则寡尤；多见阙殆，慎行其余，则寡悔。言寡尤，行寡悔，禄在其中矣。"（子张问）

老师，我去寻找职业，我该怎么做，原则是什么？孔子说到一个新环境，今天把自己不确定不懂的留在那儿，对自己所知道的也很谨慎地处理，不容易犯错；同时，多观察，对自己所知道的仍然慎重，我们就不会冲破头。我们刚开始做事的时候总想求表现，说得多、做得多，有时候冲昏了头。而如果我们能"言寡尤，行寡悔"，我们在职业的寻找上自然会顺畅很多。

所以，在这里（孔子）是让我们要具有分辨力。即使仁是一个觉醒的圆满，可是如果我们没有真正地学习，我们没有真正地觉悟，这个学既是觉悟又是学习。很多西方哲学家、很多人说中国人在知识论上就是一塌糊涂，中国人的思维就是一团糨糊、一塌糊涂，一个字有那么多的意思。确实如此，可这不是糊涂，这是针对我们知识的主体和主题而产生的不同。

我忍不住要找一个小青年，我想请问，你可以不告诉我们真实的，今年贵庚？

（女）回答：25。

辛意云：20 岁时候跟你今天完全没有不一样，没有变化吗？

回答：不一样。

18 岁的时候呢？更不一样。15 岁呢？更更不一样。10 岁呢？5 岁呢？生命每一个阶段都不同，我们怎么可以拿物质性完全不变的那个客观事物来论述生命呢？

人是生命之学，以人为主体的生命之学，多重多层多元多阶段，它是复杂的，由此而构成的语言文字也具有多重性、多层次。所以，我们谈中国学问的时候一定要学学文字学，了解到它的本义、延伸义、展现义，等等。这样，我们才能掌握这么多意识中它的基本含义，以及在这个阶段中最恰当的时机。

所以，如果好仁而不好学，他的缺陷会让人笨；好知不好学，其实这个就展现在我们清代，以致清末罗素到中国来，提出他最赞扬这样一种生命态度，（他认为）这样一种生命哲学应该成为人类未来的哲学。什么意思？他说中国人对生命的享有已经内化到无需思考并已及所有人的身上，哪怕是个苦力。他看到那时候中国经济崩溃后那么多苦力，拉黄包车的，拉到这个地方汗流浃背，歇下来，就到井口打一桶水洗洗脸，凉一凉，然后从自己的腰包掏出一个干瘪的黑馒头，自己哼着曲子吃起来。他说，中国人怎么可以这样？当下即刻就可以享受到生命，他回去也写了一本书，后来影响他的好朋友毛姆。毛姆到中国来，他同意罗素的看法。可是，我们那时候没有知识，我们只看到鲁迅先生所写的那个时代人们的问题。"好勇不好学，其蔽也乱。"

没有真正的觉醒，没有知识的觉醒，一个好勇者喜欢帮人忙，其实是给人添乱，"好刚不好学，其蔽也狂"，没有真正能够懂得一个适当的分寸。

孔子教导生命中自我的觉醒。我们都知道，孩子从12岁开始不断地问为什么，如果我们的老师说："等你长大就知道了。"他自然会展现出原本就有的智慧，"三十而立"，到了30岁能确定自己，"四十而不惑"，经过40年的反省，"五十而知天命"，什么是天命？请老师们注意：命者立也，上天给你的命令，不可违抗。这个性格包括你的才华，包括你的特殊性。今天你是个好校长，是个好老师，你的这个特殊性到了五十岁，你有没有想我希望做点别的？可是经过反省自觉，虽然我希望做点别的，可是我真的是一个好老师，我放弃所有好奇就把自身这份特有的、上天所赐专心致志地全都发挥出来。

我在教书的时候，教到某一个阶段，台湾和祖国大陆现在一样，经济起飞了，我的同学纷纷走了，都投身于事业，我眼看着他们发达而发财。这个时代你们会不会看到这个机会，要不要去，你想不想去？当我了解他们每天都在紧张之中，看着股指每天上下波动，我不喜欢，我就回过头来专心作为一个老师，全力以赴展现上天所给予我的这份天赋。这看起来消极，实际上更为积极。"六十而耳顺"，内外兼通，耳朵听进来的，心里走出去，没有冲突。到"七十而从心所欲"，这是天道，什么是天道？一个人的生命规律。

我听说，昨天的林大师、心理学家，78岁，我也差不多了，76岁了。有老师说，今天讲完课让我讲一讲养生之道，其实就是有规律，生活和身体有规律。养生之道大家都可以做，但是你得察觉你自身的特质，从这里才是你真正养生的出发点，而不是按照外面的标准去做。

（二）自我觉醒从何开始？

自我觉醒从什么地方开始？其实是从反省。"吾日三省吾身：为人谋而不忠乎？"我们从跟别人一起做事回看自己，我们有没有全力以赴？为什么要从这里开始思考呢？是要看看我们做事是不是还受制于动物性中有关生存的利害关系。一件对我们自身无利的事情，我们是否还愿意帮别人尽力谋划？这是一个本质性的思考，一个人越超越利害，就越有自我性。"与朋友交而不信乎？"你真的交朋友了，是不是敢真实？你说我努力表现得最好是给别人看的。这也是本质性，你对自己有没有真正的自信、敢不敢展现那个也许不完美但最真实的自己。"传不习乎？"，我们听到、学习到、感悟到什么东西最好，我们会不会实践？这个传（chuán），现在好多老师在写笔记，也可以念传（zhuàn），就是老师所教。

此外，我们能不能从情感中认识自己，敢于面对我们的情感？"一言以蔽之，曰'思无邪'。"思无邪就是一切出于内心，《诗经》是人类情感的总记录，好的文学基本上都是通过文学认识情感，面对自己的。

孔子说，小朋友们、年轻人们，你们学诗了没有？我们从诗中了解人类的情感，可以跟人们和谐相处，同时我们也能抒发自己情感上的遗憾，也懂得怎么孝敬自己的爸爸妈妈。我们能了解爸爸妈妈的情感，爸爸妈妈牙都没有了，可是我们看到那个苹果这么美，买个苹果给爸爸妈妈吃。我们经常在孝敬爸爸妈妈的时候，因为我们不能了解老人在想什么，不能了解老人与我们的不同，因而只将我们认为最好的给爸爸妈妈，然后爸爸妈妈骂我。

昨天，我随赵老师逛了一圈校园，觉得北京天气真好，凉风习习，我还看到月季，这么多颜色、这么美，台湾的月季好小。所以，孔子问他的儿子，"女为周南召南矣乎？人而不为周南召南，其犹正墙面而立也与？"如果没有读（周南召南），人生就好像面壁一样，"关关雎鸠，在河之洲。窈窕淑女，君子好逑"。人谈恋爱自然自私，只是你怎样才能让你的恋爱圆满呢？你要找到真的谈得来，真的在生命之路上可以一齐走的人，步履一致。不然，再爱可能也得分手。所以，分手是因为爱，因为理解。如果能够懂得周南召南，了解人类的情感、伴侣的情感，"君子好逑"，今天我们有这么多女同志，都是不服丈夫的禁锢。所以，女君子之好逑，女性的伴侣不也同样是"窈窕淑男"嘛！窈窕不是美丽，是懂事、是体贴，窈窕讲是心地细腻，能体贴。

对不起，在这里以王院长举例。王院长这几天都在这儿，大会结束王院长回到家，王院长的先生："你回来了，辛苦了，来来，先喝杯水"。如果王院长的另一半："你这三天又哪去了？只管外面的事情，你难道不记得你是我的妻子了吗？"你说哪一个伴侣好，"关关雎鸠，在河之洲。窈窕淑女，君子好逑。"说的是谈情说爱那一个最美好的状态。

"觚哉，觚哉！"我们真正生命觉察后，我们的个性、我们的自我潜在力量就像一个有棱有角的杯子，如果这个杯子没有了棱角，还是觚吗？我们在教育上能把孩子压成罐头吗？只为升学率，其实我们会造就一堆庸才。

（三）"仁"：圆满的觉醒

什么是"仁"，什么是圆满？"里仁为美。""不仁者不可以久处约，不可以长处乐。仁者安仁，知者利仁。"在这里工作的老师们告诉我，我们进行了调查，参加这个大会的校长和老师，有的读《论语》读了五遍以上，他们最熟悉，最喜欢的是《论语》。"苟志于仁矣，无恶也。"为仁者，真正生命有所觉醒，而达到圆满，我们才能真正地清楚知道自己所不喜欢的事。

什么是"仁"？子曰："参乎，吾道一以贯之。"学生们不知道，问曾子。曾子说："夫子之道，忠恕而已矣。"什么是忠？刚才我们说了就是尽己。当我们淋漓尽致地了解我们自己，由此而知道我们自己是什么样的特殊状况；而后推己及人，我们去了解别人，至少要知道他有他的个性，我们要尊重他的个性，也因此"己所不欲，勿施于人"。所以，我们对人的尊重，对人的爱，就是"己所不欲，勿施于人"。在这里我提供给老师和校长们一个新的思考，什么是不欲？就日常的经验而言就是自己不要的就不要给别人讲，可我自己不要不见得别人不要。我们凭什么自己不要就不给别人？

什么是不欲？"不欲"是中国传统的一个心理学名词。好多地方说到"不欲"，除了解释为不要这一基本意思，其实它是指一个人的底线。在心理学看来，人的底线就是"觚哉觚哉"。这个"觚"称之为底线，也就是那个我。这个我不可跨越。如果最后我们发现这个爱要破坏我自己，我们也就自然而然地走开了。因为没有那个底线，不能成为我，我不能全面施展我的生命。在这个情况下，当我们看到自己的不欲时，我们决不轻易地去干涉，强加在别人头上。

这才是爱人，我们都知道中国哲学太简单了。爱人是什么意思？真的不是我们把爱人就像剪纸一样剪开，就是实现或者完成了对人的爱。我们对孩子忍不住溺爱，我们对孩子忍不住过分强烈地爱，以致我们对我们的爱人也过分强烈地爱。在这里再问问老师、校长们，你们和伴侣是一见面就一见钟情，然后结伴到今天，还是经过几次见面？有老师已经点头了，经过几次见面，而不是在恋爱初期一见面，就因为爱，想强烈地占有、热烈拥抱、强烈想要通过爱去改变他（她）。所以，真正的爱，能达到仁的爱，是在人的觉醒中的适当的爱。"己所不欲，勿施于人。"爱出于尊重，爱出于关怀，爱出于体贴，这才能完成对人的爱。

在博学笃志中，在我们自身的活动中，在我们内在的情感中，我们仔细想想，自然就能完成这个圆满的爱。子曰："恒公杀公子纠，召忽死之，管仲不死。"（这是）还没有达到一个圆满的觉醒，还没有真正的爱。孔子说："桓公九合诸侯，不以兵车，管仲之力也，如其仁，如其仁。"可是，我们看到国际新闻上报道中国逐步在南海的发展，在商业贸易上对全世界的压力逐步消除，对东北亚问题的解决，不以兵戎相见。过年的时候印度人跑到尼泊尔附近去，要打、要打，海外关心祖国的人都说要打、要打，中国都没有动，最后印度自己撤兵，到今天印度主动要和中国修好，在经济上共同合作，不以兵戎相见，所以从这个角度讲这是一个仁道。

子贡说："管仲非仁者与?"子曰："管仲相桓公，霸诸侯，一匡天下，民到于今受其赐。"在动荡时局中重建，没有他我会完全被匈奴占领，所以他是一个仁的完成者。当我们有了这份爱的理解，我们才能有适当的表达。

子曰："克己复礼为仁，一日克己复礼，天下归仁焉，为仁由己，而由人乎哉?"在觉醒中各个世界适当地回归到我们的内在，"非礼勿视，非礼勿听，非礼勿言，非礼勿动。"

孔子教导我们一切要从根本去认识，同时这个根本处就是进一步不断地问为什么，并把握一个适当的分寸。从这些地方可以看到，礼是规律。这个请老师们自己看。当我们知仁才知有礼，这就告诉我们尽孝没有一定的规律，要看实际情况。而礼的根本用途就在和谐，自我和谐、与人和谐、与天地和谐，这就是礼。这里得有一个自觉性，"动之不以礼，未善也"，有礼方能有智，所以"三人行必有我师"，这才有一个大智慧。同时我们也能保持我们的清廉，有智方能成君子。君子，成德之人也。这样才能成为真君子。当我们真正走上自悟之道，我们不会让自己耽搁在只要好的、只吃好的、只睡好的，等等。我们希望能够遇到真正觉醒者，所以"君子怀德，小人怀土，君子怀刑，小人怀惠。"一个君子随时随地想到觉察之后而成为典型的人，可是小人斤斤计较能得到什么样的利益。

这就是真正自我的独立。

所以，要成为君子儒，君子是完全的生命觉察者，而小人斤斤计较获取利益，他还是在生物性、动物性的生存基础上的。

四、师道传承

孔子说的这一切，自己都实际去做，所以才会感动所有弟子，孔子的师道也由此展现。即使是一个放牛的孩子，天地也不会舍弃他，包括对学生的死，对他的那种痛心疾首。（孔子）本身具有绝对的才华，甚至对每一个弟子特殊的性格也清清楚楚。不仅如此，甚至公治长被关在牢里，他也把自己的女儿嫁给了公治长。

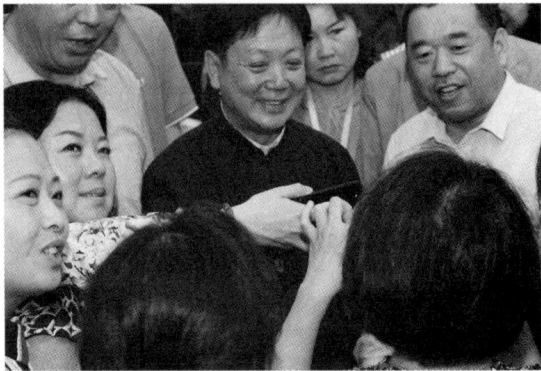

所以，孔子在教育人类上面，首先提出了教育的理想，树立了教育的精神，树立了师道的典型。他坚持"有教无类""循循善诱""因材施教"等教育原则，使弟子各依自己的性情，展现各自的才华与能力，开发出各自的学术、文化和政治的事业。弟子们跟在孔子身边学习，或随孔子周游列国，即使遭遇各种打击，也都坚持理想，坚信唯有"为政以德"，才能实现孔子所说"老者安之，朋友信之，少者怀之"的大同理想。抗战时期，日本人打进来，每个地方的乡村学校的老师和校长带着孩子们逃难，到大树下就坐着读书。台湾有一个作家——龙应台，有一本书说不知道这些先生在干什么，忙着逃难还带着学生，每个人带着小板凳到树下读书。她不知道，这是中国文化的延伸，民族的生命就是这样传下来的。

教师应该义不容辞地担负起国家民族的教育责任，延续民族的传统文化，为中华民族的振兴、国家的永续发展提供坚实的基础与动力。唐朝韩愈提出"师者，所以传道，授业，解惑也。"宋张载说："为天地立心，为生民立命，为往圣继绝学，为万世开太平。"明清之际顾炎武说："天下兴亡，匹夫有责。"这都是师道和师教的传承，这也是中华民族绵延不绝，振衰起蔽的重要原因。

我今天的演讲就到这里，谢谢大家！

第四节

学员家书

【编者按】中华传统文化是"为己之学"，强调"学以为己"。无论学多少理论知识、读多少经典、听多少讲座，最终都要以这些手段"反求诸己"，通过反省、改过，使自己达到"明明德"的光明境界。因而，我们在课程中精心设置了"写家书"这一环节。希望老师们在写家书的过程中真诚地面对自己的内心，将自己丢失已久的心找回来。所以，在本书的最后，我们为大家精心呈现一些老师参加学习之后写的家书。有的写给妻子，感谢她多年的付出与包容；有的写给子女，表达自己的希望与期许；有的写给自己，反省自己的过错、立志改过自新；有的写给自己热爱的教育事业，立志为中国的教育事业奋斗终生。一篇篇至诚感人的家书，彰显了一颗颗被唤醒的心灵，既已觉醒，便坚定向前。

【家书一】

写给自己焕然一新的教育生命

河北衡水中学　信金焕

（一）

　　参加教育部"双名项目"的每一天，我一直被一些东西震撼着，思想的潮水在放纵奔流。

　　儒学是生命的学问，教育是生命的唤醒。我不断叩问自己的内心：你具有唤醒生命的能力吗？需要唤醒的只是学生吗？一个人自己都睡着了，怎么唤醒别人？作为生命的个体，教师自身也应是最大的生长者。什么是好老师？好老师应该是一部行动着

的生命教材。林崇德教授、辛意云教授、郭齐家教授、王文静院长、杜霞教授乃至那群可亲可爱可敬的志愿者，他们都是用生命做教材开课的老师，他们就是新时代好老师的典范。

所以，立志分享环节时，我勇敢地走上台，面向全国的名师和名校长，大声说出了自己的志向：做一辈子老师，做好老师，坚定地行走在成为教育家的道路上。那一刻庄严而神圣。过后，我一遍遍问自己：你是向在座的人宣告，还是对自己的生命承诺？我的回答是：都是又不完全是。我是怕岁月打磨掉我的教育梦想，我是怕自己以后会因懈怠、满足而停下来。那时，我会理直气壮地逼问自己：你难道忘记那个充满仪式感的庄严立志了吗？

我从哪里来，要到哪里去？2011年，我在第六届中国卓越校长峰会上的演讲再次在耳际响起："谁也不能阻挡小角色有大梦想，可能我永远成不了教育家，但我永远行走在成为教育家的道路上。"是啊，行走才是最美的风景，肩负新的使命，我又站在新的起点，踏上新的征程。

(二)

曾经的我身上充满"戾气"，那是当年级主任那几年。

2007年，在一个全国德育研讨会上，我上了一堂名为《牵手》的公开班会课，当到了"说说你的老师"这一环节时，一个男生主动站起来说："我从网上一看到分到信主任班里就吓坏了，而其他同学也都笑话我，说：'分到信主任班，你死定了！'我以前的班就在信主任班的隔壁，我经常听见信主任对着他们班的学生大声吼，一听见信主任的声音我就心里一颤。"要知道，当时台下坐着1400余名来自全国各地的教育同仁，这个学生这么一说，台下就一阵哄堂大笑。虽然这个可爱的孩子想"欲扬先抑"，想说其实老师也很温柔，并不像传说中的那么可怕。但我知道，他前面的"抑"是真实的——在学生的眼里我是一个令人感到恐怖的老师。后来，还有一个女孩子对我说："老师，你知道吗？你的眼睛能杀人。"其实，何止是学生呢？有一天，我查完晚自习拖着疲惫的身子回到家里，发现爱人还在玩电脑，一下子怒火中烧，冲过去，抢过鼠标，关上电脑，嘴上还不依不饶："这么晚了，还玩这玩意儿，有时间为什么不多读读书啊？"爱人目瞪口呆，我摔门而去，到另一个房间睡觉了。第二天早上5点半我起床去看学生做早操，发现爱人在的房间灯还亮着，原来他为了表示抗议，玩

214

了一晚上电脑。但是，后来爱人说了一句话："玩会儿电脑，不就是想让你回家的时候能够看到家里那盏亮着的灯吗？"我顿时泪奔，羞愧难当。

我的内心曾经充满"怨气"，那是妹妹突然离世那年。我无法接受年仅35岁的她突然离世，怨恨上天不公，怨恨本地医院大夫无能，尤其怨恨自己。妹妹打电话说身体不舒服让我给她找个好大夫时，我说："明天行吗？我今天太忙了。"虽然后来我想尽一切办法，用尽所有人脉，让妹妹终于住进了301医院呼吸科，但是全国顶尖呼吸科专家一看片子，说："你们回去吧，没有用了。"那一刻，我瞬间崩溃了。办完妹妹的后事，回到学校的那天晚上正好有班会课，我让学生们关掉教室所有的灯，在黑暗中唱班歌《倔强》，学生们很认真地唱了一遍。我没有让他们坐下，说："同学们都知道老师近段时间遭遇亲人离世，我想请你们再唱一遍班歌《倔强》，唱的时候要想着把这首歌送给老师，因为老师也需要你们的鼓励，就像歌中所唱的那样：我和我最后的倔强，握紧双手绝对不放，不管下一站是不是天堂，就算失望也不能绝望。好不好？"同学们又大声地唱了一遍，很明显比第一遍更用情。学生唱完，我还是没有让他们坐下，我说："我还想请大家再唱一遍，因为甭管是谁，都会在成长路上遇到或这或那的不幸和坎坷，我们的班级近段时间也处于低迷状态，把这首歌献给我们的班级、献给我们每一个人、献给自己，好不好？"于是学生们又唱了一遍，唱到最后，教室依稀听见同学们的抽泣声。就这样，一节班会只唱了三遍班歌。第二天，班上一个非常逆反的女孩子给我写了一封信。信的最后说："说实话，我讨厌过您，但我不反对在讨厌一个人的同时喜欢上她。我想安慰您，但不知道该说什么。如果全世界约定下雨，就让我们约定在心里放晴吧！"读到最后，我特别感激我所从事的事业是一项生命的事业，在我的生命遭遇寒冬时，有那么多的生命给我温暖，给我力量。

慢慢地，学生和亲人对我生命的滋养，让我消除了戾气和怨气，内心充满了"和气"。

去年春节前，母亲病重，我向学生请假："我想放下你们一段时间，专心照顾我那弥留之际的母亲，可以吗？"懂事的孩子们大声说"可以"。那段时间他们非常懂事，非常努力，而且在期末成了优秀班集体。今年正月初十，我那患老年痴呆5年、近3年不会说话的母亲离世，我抱着她的头，握着她的手，看着她咽下最后一口气，竟没有撕心裂肺地号啕大哭，而是出奇的平静。我终于明白了史铁生所说的：死亡是一个必然降临的节日。办完母亲的后事，回到学校，最先见到的是我的女班长。她说：

"信妈，您瘦了，抱一抱吧！"她张开双臂给了我一个热烈的拥抱，那一刻我的心特别温暖、踏实和宁静。

现如今，参加教育部"双名项目"，短短几天的学习，我身上又长出了"志气"。因为几天的课让我对自己的教育生命不断反思，让我真正明白了我想要的是什么。很多身边的朋友不止一次劝我：你早早的就什么都有了，名师、特级教师、正高级教师、全国三八红旗手，等等，你还这么辛苦干什么？你还想要什么？如果再有人问我，我会大声说：我想要的是最好的教育——师生生命的彼此成就。为了我最好的教育，我会一直走下去。

【家书二】

孩子，让我们撂下手机，诵读经典！
——写给儿子、准儿媳的一封家书

宁夏银川市教科所　仇千记

旭升、旭辉、洋洋（准儿媳）：

给你们写信，其实是我在"名师领航班"的一项作业。大凡作业，都是奉命为之。这是一项任务。但这项作业不同以往，它正好撞到了我的意愿上。

早在一周前的一天——我在北京参加"全国名师领航班"培训的第四天，我就迫不及待地想给你们打电话、发微信，或者花时间写一封信，郑重地和你们做一个约定："今后，我们一同撂下手机，诵读经典。"

之所以有这样的约定，源于那天经历的一场非同一般的培训。

那天上午，非常有幸聆听了台湾著名学者、国学大师、台北艺术大学教授、76岁的辛意云先生给我们解读《论语》。

开课前，几位教育部官员、数位大学教授，以及现场300多位中国当下最优秀的名师、名校长全体起立，手执《论语》，端身正仪，齐声诵读《论语·学而篇》，气氛庄严神圣，声音雄浑高亢，文言文那独特的韵味在每个朗读者的胸中起承转合，中华文化固有的精魂在偌大的会场里飘涌回荡。

那时那刻，这个中国教育人组成的朗读方阵如同国庆阅兵式中走过天安门广场的将军方阵，神情庄重，气贯长虹。

这种朗读经典带来的精神享受，我几十年来从未有过。

平时，自己独自观看极好的风景名胜，兴奋之余总有一丝遗憾，遗憾于家人没能共赏这样的美景。这次也一样。只不过这次观看的不是风景，而是比风景更加养人的国学经典。

我曾经粗略读过一遍《论语》，感觉语言晦涩难懂，内容不合逻辑，也就只记住了其中的几句话，在平时的说话、写作中偶尔引用一下，仅此而已。这次，听了辛意云教授对《论语》系统而细致的解读，才比较全面地了解了孔子的教育思想、治世理念和人格修养。原来，"半部《论语》"真能"治天下"呀！

下午，培训班为我们请来了北师大教授、当代教育名家、78 岁高龄的郭齐家教授为大家讲《〈大学〉与教师修身》。课前，也是几百人同读经典的壮观场面；课上，又是一次齐享经典文化的饕餮盛宴。

一天培训结束，享受之余却是极度的羞愧。羞愧于自己一个当老师的，还是一个所谓的特级教师，用咱们老家老百姓的话说，自己就是"孔夫子门里的人"，竟然连留存于世的非常有限的孔子学说都未曾系统地诵读和理解过，到底算是"门里人"还是"门外汉"？

以前，曾多次给自己制订过阅读、背诵四书五经的计划，但工作一忙就逐渐忘了。现在想来，忙，是事实，更多的是借口。尤其是有了手机微信后，原先每晚读书或查看字典的习惯就慢慢被欣赏娱乐节目和阅读八卦新闻代替了。

孩子们，迷恋手机，做"低头一族"，你们比我有过之而无不及。曾经多少次提醒你们，但收效甚微。实不相瞒，在向你们说教的时候，我是下决心从我做起的，但晚上睡觉前还是拿起手机看微信了——手机微信这玩意，就是"电子鸦片"，一旦染上，就无法抗拒了。

一分为二地说，微信里确有好文章，但大多是"看了题目想阅读，读了之后无收益"的文章。昨天，我的一位老领导传来一段话，对"微信"的点评非常精准——

微信微信，只能微信，不能全信——

拜读了太多的人生警句，突然发现不知咋活了，

了解了太多的养生之道，突然发现不知咋吃了。

这"绝密"，那"绝密"，其实都是胡说八道，

这"惊人消息"，那"惊人消息"，原来都是小道消息。

"快来阅读""马上就删"，原来都是扯淡，

明星现身机场，大腕吃喝拉撒，关注他们有点浪费时间。

……

相信你们对微信也有这样的感觉，相信你们对中华经典文化也有好感。那天晚上，我从北京培训归来，迫不及待地给你们说了自己的感受，建议你们从背诵古诗开始。当时，你们三人互相出题，共同回忆学生时代背过的古诗，很多古诗你们依然记得，令我欣慰。更让我慰藉的是，就像这样在家里一同读背经典的场景，是我多少年来非常期盼和奢望的。

如果在今后的日子里，咱们一家人能够走出微信的碎片阅读，坚持诵读经典，这个家就是我理想中的"书香之家"了。

告诉你们，从培训归来的第二天起，我就已经开始实施自己的阅读计划了：这几天早上出门走步，悄悄拿着书本，将已经遗忘的近百首古诗又追了回来，我还在工作之余仔细阅读和理解了一部分《论语》。这样的诵读，我一定要坚持下去，请你们监督。同时，我也想带领和监督你们，每人给自己制订一个长期诵读计划，走进经典文化，取代手机微信。

不知你们准备好了吗？

你们的父亲

【家书三】

给妻子王翠莲的一封信

山东省青岛第二中学　郝敬宏

（这里不知该怎样称呼，想了许多都不足以表达感情。）

也许是生命中太过熟悉，也许是距离太近，也许是守望太久，所以我从来都不曾认真面对过你、观察过你，也从来没有对自己进行过任何反思。直到今天，就在你睡下之后，我第一次去看你，第一次侧过身来认真地观察你。这时我才发现，已经睡着的你，眉心也是皱着的。甚至在我轻轻抚平你的眉头之后，当我把手收回的时候，那个皱纹还在，这是深深的"川"字。我不知道是什么让你如此愁容，甚至连睡觉的时候都放不下。是你身边这个让你不省心的我吗？

当内心深处开始了第一次的自我发问时，如烟往事开始渐渐清晰，丝丝缕缕、清清晰晰地浮现在我的眼前。

我们认识的时候是在大四，不久就是毕业分配。我们两个人一起来到一个陌生的县城，一起做起了教育。你在大学学的是英语，而且过了专业八级。在那个时代，专业八级是很好的水平，你完全可以不做教育，甚至继续考研（虽然工作后你也有两次想考研，都因我而放弃了），但是为了迁就我，你还是跟我一起来到了县城。工作中，你处处迁就我。当时，为了更好地发展，我们没有在一所学校，每天奔波在路上的大多是你。但是，我却体味不到你的辛苦。那年的成人高考，你去参加考试。考后因为和别人在一起吃饭回来晚了一些。当你回到我那里时，你却没有想到面对的是一个怎样的我。我冷冷地不理你，而且语调异乎寻常的平静，让你回去。你不想走，我开始吼。怒火一下子爆出来，让你害怕。那天你默默地离开了我，骑自行车回到几里外的学校。

后来，在你的日记里，我读到了你自己回来的那个情形：那天正在下雨，从我的学校到你的学校路程有3公里。你没有带伞，也没有穿雨披，而且是刚刚考完试，十分疲惫。你一个人骑着自行车，一边是天上的雨，一边是伤心的泪。你说，你已分不清是雨是泪。但就是这样，你都没有想过和我分手。

其实，那天你去考试，我一直盼你回来，盼你满心欢喜来。但是，时间却消磨了我的耐心，长久的等待也开始让美好的温情一点一点消逝，慢慢变质，怨气开始出现，开始聚集，甚至开始愤怒，开始不够理智，等到终于见到你时，我才会表现出不近人情的一面。

可是，我却从来没有反思过，从你的心态来说，考了一天，终于回来了，回到自己的爱人身边，你需要的是一个等待的温情来抚平你的劳累。但是你却没有得到任何安慰，但是你并没有抱怨。而且那个时候，我们认识不久，但是你并没有想过要分手。

人们都说："家有贤妻，没有横祸。"你就是这样，这样地包容我，才让我把工作、生活，甚至同事中的很多怨气，都发在了你身上。也正是因为发在了你身上，所以我走出家门才可以平心静气地对待工作，对待生活，对待同事。同事、学生都说我是好老师，但是他们又怎能知道我的好，是因为我把所有的负面情绪都释放到了你的身上。我经常想，如果家里有一个激我的妻子，而不是像你这样

包容我，我每天回到家谈起工作中的一点不顺，你就反面相激"在家里发牢骚算什么，有本事去找别人理论去"，那将会是一个怎样的结果，我甚至都不能想象，以我这样的脾气将会怎样对待同事、对待学生？甚至会做出什么过激的行为而造成终身遗憾。

我这些年平平静静地走过来，我要感谢你，感谢你这么多年的包容。如果说我有一点点的成功，那都是因为你的付出。你用你最大的宽容，包容了我所有的负面情绪，让我每天能以健康阳光的心态面对工作，面对生活的不顺。每天回来之后，我都会把每天工作生活的负面向你倾诉，然后你就会用你的宽慰让它消失殆尽。但是，我却从来没有想过，对你来说，和我一样的工作、一样的压力，你也一样的好强，甚至一样的优秀。我就从来不曾想到过你要是对我倾诉这些负面情绪，我又会是一个什么样子？今年，就在前几天，你给我提及你们这次一模考试，你所负责的学科成绩不是很好，尤其是你带的那个班级，是个理科班，孩子们不太看重英语的学习，成绩特别不好。从言语中我才第一次察觉、感受到你的压力。而之前，你可能无数次想向我表达，我却都忽视了。虽然你最后也说尽了最大努力，能想得开，但是我第一次意识到，你放不下。直到那时，也就是我们工作20多年以后，我才第一次意识到，其实你在工作中和我一样，是那样看重你的教学成绩，是那样看重你自己的工作。但是，你却在我面前很少提及工作，很少提及你自己的事业。你也有自己的课题，也有自己的工作室，但是好像在家里听到的总是我这边的事情，我甚至很少过问、很少关心你的事情。

所以，我在这里要表达我对你的第一个感谢，感谢你对我工作的无私支持。

我兄妹六个，所以父母才对我离开老家在外工作相对开明，没有什么要求，因为他们膝下还有五个孩子。但是，也正因为这样，我对家里老人的牵挂也没有别人那么强烈。很多的时候，我甚至很长时间都不给父母打一个电话。但是，不知从什么时候开始，父母开始给你打电话，而且就连妯娌之间有些事情，也开始把电话打给你。今年母亲节，也就前两天，我母亲打来电话找的还是你。老人家先是问了你的情况，你问她老人家身体怎样，药还正常吃吗？父亲年纪大了，做买卖要注意身体。之后把电话给我，让我说一说问一问，之后又把电话给儿子，让儿子给爷爷奶奶说说自己的情况。老人家心满意足聊了一圈。后来，我再打开家里的微信群，才知今天是母亲节，姐姐哥哥弟弟都在祝福母亲，而我却没有祝福老人，老人有可能在这个特殊的日子，子孙都给她祝福，这时她想起来还有一个在外面工作的孩子，没有给她打电话，所以老人才打电话来，但是却给你打电话。我没有吃醋，而是开始反思，是什么让父母把你看得比我更重要。这些年，我一心扑在工作上，却淡忘了这些，淡忘了家中的亲情。我兄妹六个，侄女侄子一大堆，外甥一大堆，每年春节，我们都要给每家每户买礼品，每年你都一一列出礼品名录，然后一件一件地买。以致每次我们回家，后备箱都是满满的。到家之后串门儿的也是你，与妯娌们闲扯家常的也是你。人们常说，兄弟关系好处，难处的是妯娌关系。妯娌关系又反作用于兄弟关系。所以，兄弟嫂子这些年对我这么好，甚至买房时借款毫不犹豫，其实原因都是因为你对他们好。侄女在青岛工作，打电话也常常是打给你。甚至有一天，我突然想，如果没有了你，我的家庭关系该怎么维系。

所以，我要向你表示我的第二个感谢，感谢你把我们这个家处理得如此融洽。

在家庭生活上。自从你开通了银行卡，自从你开通了手机银行，家里的账户就开始离我远去。后来有了微信，你给我说，微信绑定你的信用卡吧！这样两个人用一张信用卡，相对安全一些。于是我们两个人的微信共用一张信用卡。从此，我对钱财的最后一个概念也变得模糊。我每天只管消费，只管微信刷卡，却从来没有想过，我每个月能花费多少。家里买房，还有贷款，每个月发工资，你第一件事就是把贷款还上，然后在我的微信上存上钱，交上水电暖物业一切费用。从今年开始，因为你离单位远，开始开车，于是汽车加油，甚至维修、洗车这样的事情，也由你来做。有时，我真的难以想象，如果有一天，你不在我身边，我甚至连到哪去交费，怎样交费，都可能不知道。

所以，我要向你表示我的第三个感谢，感谢你在生活上无微不至的付出。

但是，无论你如何维系我的工作，生活和我的家庭。你却不知，你在不知不觉之中助长了我的很多毛病。就拿昨天的事情来说，因为要到北京学习几天，放学校里休息用的被子有些潮，我上午把被子晒在了外面，下午参加孩子成人礼，忘了收被子。早晨你提醒我说要下雨，你就急着开车走了。等我突然想起被子还在学校外面时，才意识到下雨意味着什么。那时，我没有反思自己的大意，却开始迁怒于你。我想，谁让你把车开走的，我怎么能在这么短的时间内去收被子，马上就要下雨了。我一边发疯似的往学校跑，一边任怒火燃烧，以致跑在路上还给你打了电话。你接了电话，我再狠狠地挂断，以此表达我的气恼。但是，当我到校门口的时候，雨已经哗哗地下了

起来，我只能眼睁睁地看着。雨停之后，我走上无数的台阶，来到晒被子的地方，却没有看见被子。原来是生活管理员帮我收了起来。我真的是无限地感恩。但就在那时，我才想到：你又何错之有？我凭什么把满腔的怨气撒到你身上。王阳明说，做人修身就起心动念修身，如果在这个念头刚开始出现的时候，我就应该想到这不能怨你，你根本都不知道我什么时候晒的被子，你根本不知道我的被子没有收，但是我却把一切的一切怪到你身上。所以，我要改，我要做好自己，善待最值得我珍惜的你，也请你提醒。

当然，我还有一个不情之请，请你在看完这封信后，请你在我变好之后，依然能一如既往地容忍我、包容我。我离不开你的包容，我甚至希望你把我宠坏。只是，我不会再任由自己变坏了。

【家书四】

请原谅我评课时尖锐不当的言辞

四川省泸州市特殊教育学校　肖敏

不知道从哪年开始，我在互学课评课时进入了一个误区："略过优点，只谈建议。"还美其名曰"关起门来就是一家人，没必要客套。"甚至说"只有追悼会上才尽说好话。"不知道是不是在这样的逻辑下，让我越来越绝口不说好话了？

有一次听茉莉的课，启慧班的生活语文。现在回想起来，这堂课其实总体很不错，学生参与活动和教学支持策略也挺恰当的。当茉莉充满期盼的眼睛忐忑不安地看着我时，我却说："一节课都是是非题和选择题，学生只要回答是不是、好不好、对不对，我很反感这样的提问方式。"茉莉哭了，我却一脸愕然，不知道自己说错了什么。

无独有偶，在给苗苗第二次磨课的时候，发现她制作的时钟教具有问题，貌似因为是跟我师徒结对的老师，要求更为严苛。我说："教学先要把教材吃透，绝不允许出现知识性错误，这会闹笑话的。"苗苗哭了，我很诧异，难道我说得不对吗？

为什么评课时，我总把她们说哭？是现在的年轻人太脆弱吗？还是我不该这么严厉？经过这两次眼泪，我尽量小心翼翼。毕竟，说心里话，我不愿意伤害她们。

有一次跟梦菡聊天，说起她第一次见我，是一起听课。她刚去，就听授课老师着急地说："坏了，坏了，肖老师今天要来听课，我觉得还没准备好。怎么办？我好紧张。"梦菡刚来，还未见过我，便问："哪个肖老师？""就是我们学校最凶的那个。"旁边的老师告诉她。"可是一年接触下来，我觉得你很温柔啊！一点都不凶。"梦菡说，我忍不住笑了。心里却一阵打鼓，原来我给她们带来了这么大的心理压力，我真是该注意了。

后来每次评课，我尽量做到语气委婉一点，态度温和一点，貌似有很大的改善。然而，有一次受临市之邀去做他们市特教课堂教学展评的点评嘉宾，本来按事先准备的思路说着，点评到小静的语文课时，不知怎么的脑子一岔神，脱口而出："我个人觉得永远一个自然段一个自然段地串讲课文，很是无趣。"虽然之后与小静有很深入的交流和探讨，她也说这是她一直困惑无解的症结，说不介意我"响鼓用重捶"。但是在那样的场合说这句话，确实太重了。我很后悔，可是没法收回说过的话。

很长一段时间我都很惶恐，尤其是越深入特教课堂，尤其是培智课堂，一堂课老师们必须使尽浑身解数才能应付得过来。仔细想想，点评时的一些建议，真是有点站着说话不腰疼的意味。子曰："敏于事而讷于言。"我觉得自己过于心直口快，稍不留神就会陷人于尴尬境地。于是，每当教学竞赛有人邀请我去评课，我都以各种理由婉拒。

有一次跟周彬教授谈听课与评课，他说如果你不知道这堂课之前发生了什么，这堂课之后将发生什么，说不清楚课堂上发生了什么，不能谈评课。

读周彬教授的《课堂密码》《课堂方法》《叩问课堂》系列，谈到评课时，他说评课时，应该发现授课教师的亮点，并根据亮点来提优化建议，帮助他的优势发挥得更明显，风格更突出。评课时，我们大抵习惯从自我经验出发，思考如果是我上课，会采用怎样的方法，某个细节如何处理，并以此为据提出建议。但是，这样的建议不一定是符合授课教师的风格和思路的，因为即便你提的建议看起来很有道理，很高明，别人不一定能接受。但凡有别的老师听课，授课教师必定会倾尽全力。如果提出的建议超出了他的能力，会造成负面的效果。

至此，我才清楚自己以往的错误，并非心直口快，也并非要求严苛，而是缺少一种体恤的胸怀和利他的视角。换言之，是没有足够的欣赏他人、成全他人之心。方向错了，越用力，离自己的目标就越远。因此，才会自以为待人以真、评课以诚，却没

有真正帮到别人，只是让她们感到沮丧、失落，觉得自己所有的辛苦付出被轻易地否定，甚至怀疑自己"是不是不会上课了？"我总算懂得了茉莉和苗苗的眼泪，懂得了小静的尴尬，并向她们真心地说一声，请原谅我评课时那些尖锐不当的言辞。

是的，研课与评课的目的，是帮助授课教师成为更好的自己，而并非复制别人的思维做他人的影子；是帮助授课教师放大自己的优势并不断地强化和优化，形成自己的风格，而并非用貌似先进的理念和方法来绑架他人，强迫他人邯郸学步却跌跌撞撞四处碰壁。用心看见老师的努力，善于发现他的长处，准确研判他的努力方向，在做好这些功课的基础上，才给予评价和建议。更重要的是，多倾听老师的想法，多帮助解决他尝试而难解的困惑，多一些支持和陪伴。

【家书五】

写给自己和同样境况的草根教师

河北省南和县第一中学　李俊芳

我写这一封家书，并不是因为我自私得眼里只有自己，而是我心里感到一种强烈的使命担当：我必须写给自己和同样境况的老师——来自普通县城中学的草根教师，是一株株沐浴阳光雨露迫切渴望成长的野草。

第一篇章　致困境中毅然求学的自己

20世纪70年代伊始，一个特殊社会背景下异常贫寒的家庭里，又多了一个张嘴要吃饭的女孩，作为家里第5个孩子，一般家庭再也不会让一个女孩去读书。幸运的是，她生长在一个坚信教育和努力可以改变命运的家庭，文化程度不高的母亲是农村里少有的眼光长远之人。默默奉献的父亲，坚强担当的母亲，毅然决然地把5个孩子全都送进了学校。

70年代末，众人酣睡的黎明，漆黑寒冷的夜晚，在一个远离河北省南和县县城偏远农村小学的教室里，总有一个孤独弱小的身影在昏黄的煤油灯下如饥似渴地读书；80年代初，通往小镇的乡间小路上，浓浓晨雾中，月明星稀下，小雨弥漫中，大雨滂沱时，总有一个瘦小的女孩在坚定独行。她沉浸在手中书的世界，浑然忘我，喧闹的环境，叮当的车铃，打断不了她的幸福遐想；80年代中，通往县城高中20里的乡间小路上，多了一个 15 岁女孩更加坚定的身影。冬日漆黑夜幕里坚定前行，夏日灿烂阳光下恣意呼吸，秋天魅力晚霞中信然漫步，夏天滂沱大雨里毅然独行；80 年代末，她考上了大学，有了自己的交通工具——二哥的旧自行车。她视为珍宝，一人幸福地骑行在通往大学的柏油马路上，几十里路在知识遐想中飞快而过，到了学校，如饥似渴地畅游在知识的海洋里，上课聚精会神听讲，积极和老师同学探讨，下课一头扎进从未见过的硕大图书馆，畅游在美妙的英语世界。

来自一个不知名城市的不知名县城的偏远农村女孩，在家人的支持下和厚望中，独自毅然走出农村、走出乡镇、走到县城，一路上没有超过 5 年的同学，没有众多同学相伴，练就了独行的习惯和敢拼敢闯的勇气。

第二篇章 致井底之蛙荒诞不经的自己

知天命之年，回想往事，井底之蛙的我有颇多的荒诞不经：小学初中懵懵懂懂过来的我，到了高一才会说三岁孩子就会的"人"字，那时一个同学笑话我，读音竟然"人""银"不分，我才恍然大悟：来自偏远农村的我乡音如此之浓，发音如此之差；上师专期间学校组织学生干部讨论专升本方案，但是没完全实施起来。两年后才有了英语专业专升本，而且是在报名的最后一天，陪同语文同事报考语文专升本时，才惊喜地发现那一年有英语专升本，就这样误打误撞在最后一天报了名，参加专升本考试；专升本考试入学后，和宿舍的人交谈才知道，还可以报名参加考试辅导班，才听说市级优秀教师这个荣誉称号，毕业时才知道学位这个词；年近 30 岁辅导儿子的时候才听说还有整体认读音节，才知道我们小学课堂的 zh–i，ch–i 是多么荒唐；1998 年去北京开会才自费买到第一批珍贵的教学书籍，才知道自以为是三个独创的教学法，在书上都有更系统、更深入的介绍；2000 年参加微机考试的我从没用过微机，靠对微机教材的生硬理解勇闯考试关；2002 年才知道用微机和上网的区别；2008 年省教育厅一次活动中才知道有特级老师、骨干教师一说；2015 年才知道作为外语名师，在教学原著、心理原著、外语原著的阅读方面竟做得很差；2018 年的名师工程班上，才开始系统学悟《论语》。

来自一个不知名的城市的不知名县城的偏远农村女孩，历经诸多荒诞不经之事，练就一番胆识，敢于显露很浅薄的学识，勇于展现有待提升的素养，期待专家指点，渴望名师引领。

第三篇章　致黑暗中摸索并不懈追求的自己

1990 年，我到一所农村中学任教，那是一个没有理论书籍、没有网络查阅的闭塞年代，那是一所全校仅有我一个英语老师的学校。在一个"春风不度玉门关"的地方，没有专家引领，没有名师指点，没有同伴研磨。初上讲台，我可以"恣意"地选用任何教学方法。就这样我开始了自己的教学生涯，我上的课完全是"自己"做主。

在这样一个背景，这样一个时代，这样一所孤立无援的学校，自己一直摸索前行。但是，我有一个坚定的信念，我要让我的学生改变学习方法、效率，改变学习习惯和为人之道。1991 年，调入南和一中后，还是一个没有教研没有书籍，没有专家引领、没有同伴点评的时代。教师都是孤军奋战，只求教学不论教法。我自己摸索适合不同学生特色的课堂，摸索适合自己的教学方法，探索自己荒唐认为很先进、独创的，但是教学法理论书上早就有的教学方法。

前 8 年的教学就是一个黑暗中摸索的历程，在一个黑暗中独行的时代。我们没有教学研究会议可以参加，没有优质课探讨活动，没有教研活动。直到 1997 年市教研室来视察，我才听说市教研员这个工作，才开始走上专家指引的教学生涯；1998 年市观摩课上，我才知道什么是课件，才听说照片可以 PS。

2011 年，我引进全县第一个课题时，我们甚至都不知道什么是课题，需要怎么实施，当时在我能查到的网站上这些课题资料微乎其微。我拿出"知之为知之，不知为不知"的谦和之心，向人请教。然而，周围没人帮得了我，于是采用最笨的办法，组织成员学习课题有关的理论，研磨课例，听课评课，搜集课例，改进教学方法，积累课例进行反思，最后结题不知什么有用，就带着满满一行李箱的课题资料去结题，省厅课题专家竟然破例给 120 个课题小组中唯一一个按时进行课题工作的小组结了题。

2015 年，我决心物化我们课题小组的研究成果，于是我们将我们的课例进一步研磨。教学理论特别欠缺，找大学同学，到图书馆、网络搜索，学习了一系列理论才完成初稿；和出版社不认识，找在省里工作的朋友帮忙引荐；没有出版经费，从自己家里拿出 3 万元垫付；校对没有时间，用了半年的业余时间，终于历经一年半出版了我的处女作。

2018 年，北师大经典国学班里，学到"朝闻道夕死可矣"。于是，在首师大名师基地督促我们阅读教育学、心理学专著时，我开始意识到自己的心理学基础薄弱，买了心理学理论专著学习，并报名参加心理咨询师考试。

来自一个不知名的城市的不知名县城的草根教师，在探索中度过了 28 年的教学岁月，从无到有，从无知到略知，从懵懂到逐渐感悟，一路欢歌一路走，硕果累累，幸福满满。

第四篇章　致偶遇连连奇迹不断的自己

来自一个不知名的城市的不知名县城的偏远农村女孩，一生偶遇无数生命中最重要的人，一生奇迹不断：初二时遇到一位温尔文雅、出口成章的英语女老师，开始对英语着迷，英语从原来的成绩平平开始提升，到了初三在全校遥遥领先，更加坚定了志在教育的母亲对自己的寄托——做一个优秀的英语老师；高中时二哥用他的实习费给我买了一台小收音机，对收音机里英语广播开始如醉如痴，英语到了一种无师自通地步，课外时间不学英语却在学校遥遥领先；大学毕业之际，高中老校长亲登家门，诚恳请我去一个村庄和他一起创办村中，我们招收了县中、乡镇都不要的第一届学生，结果一下子创造了语文、英语、植物三科全县第一的奇迹，第二年招生全县学生争着去；1991 年县一中整顿，因为成绩原因，被破格调进，接了两个普通班，两年后成绩逆袭重点班；1997 年市里来调研听课，因课堂教学方法独特，被当场定为市优质课，当时被人狂议：小破县城小年轻人能讲授市级公开课？1998 年被聘为市级兼职教研员，2004 年成为全国优秀英语教师，2008 年成为从小县城出来的省高考质检员，2014 年从小县城出来的全国模范教师，在全市掀起轩然大波，而且一直任教高三班主任无缘市级优秀班主任的自己竟然被市局向教育厅推荐，成了全国优秀班主任；2016 年特级正高双喜临门；2017 年任职省名师工作室主持人，2018 年进入双名工程班。

来自一个不知名的城市的不知名县城的草根教师，偶遇连连，奇迹不断，感恩生命中的每一个重要人物。

第五篇章　致酒不醉人人自醉的自己

来自一个不知名的城市的不知名县城的草根教师，默默无闻沉浸教学探索 20 年，无畏无惧地展示自我的不足，无时无刻不在提升自我，给一点阳光就灿烂地生长着：我深爱的家人全心全意支持我，我尽最大可能促使每一朵花盛开，我心爱的学生给我

提供了展示自己的机遇，我成长的学校为我提供了成长所需的沃土，我敬重的各级领导给我提供种种展示平台，我所遇到的无数贵人为我指明了方向。

我感受着家族对教育的浓厚情感，承载着各级领导对自己的厚望，享受着自己的教育追梦之旅，酒不醉人人自醉的教育生涯令我难以忘怀。

来自一个不知名的城市的不知名县城的草根教师，尽情享受着一路教育风光，陶醉其中。

【家书六】

致让我学会坚强的轮椅学生

黑龙江省伊春市桃山林业局中学　蒋守玲

那年，你成了我当班主任的第一届学生，一名特殊的学生。记得当初分班的时候，所有的老师一听是坐在轮椅上的女学生都面露难色，新当班主任的我不怕困难愿意要你，你被分到了我所教的班级。那年，我儿子不到一岁，我就当了你的班主任。孩子从出生就体质不好，经常半夜发高烧去医院输液。没教你之前，初为人母的我一边抱着孩子输液一边哭，经常是第二天双眼红肿去上班。自从教了你，我变了。

学校考虑到你上下楼不方便，同年级只有我们班在一楼。开学第一天，你的妈妈和妹妹一起推着你来到了班上。也许是你户外待的时间少，长期见不到阳光，脸色苍白，一点儿血色也没有，面无表情。从你妈妈那里知道你本是一个健康快乐的小天使，在6岁的时候去姥姥家，途中发生车祸，经过几天的抢救，你的命是保住了，然而双下肢却失去了知觉，从此只能坐在轮椅上了。你在小学时不爱去上学，总怕别人用异样的眼光看你，小小的年纪就经历了这样残酷的现实，我不知道你的内心有多大的承受力。作为一个毫无经验的新班主任，我每天考虑最多的是如何让你快乐地融入新的集体，让你度过一个快乐的初中。早上你没来的时候我们就悄悄地商量帮助你的方案，早晚上学放学，同学们自发组成接送你的小组，课间同学们争先恐后地推你去到操场参加由你当裁判的各种小游戏，慢慢地你适应了这个充满爱的集体，脸上逐渐露出了笑容。你天资聪慧，学习成绩优异，当上了班级的学习委员。自从当了班级的学习委员，我看到了你身上那份强烈的责任感。你特别乐于帮助同学，课间经常给程度低的同学不厌其烦地讲题。

　　学校举办金秋音乐会，每个班必须出节目。作为班干部的你和我们一起商量演出节目，突然有一名同学提议，希望你能参加。当这名同学提议让你参加的时候，我惊呆了，不知道如何表态。首先是排练的辛苦，其次是节目一旦选上，你将面对全校师生近千人的好奇目光，我不知道你内心有多大的承受力。短暂的沉思之后你马上答应了，接下来就是每天放学后的排练，身体健全的同学每天都累得满头大汗，你要自己摇着轮椅和他们一起走位。练了一天后，我坚决反对你继续参加。我实在看不了你咬牙坚持的样子，然而你却笑着对我说："老师，没事的，我是班干部，我应该带头参加班级活动，我一定能行。"于是，我千叮咛万嘱咐，希望大家排练时间不要太长，只要感觉你累了就要停下来。演出当天，你们的节目掀起了全校演出的高潮。全体师生不自觉地全体起立，会场响起了雷鸣般的掌声。大家都被你坚强的毅力、出色的表演而感动。在你的眼神中，我看到了坚毅、执着与自信。演出结束后，我们班所有参加演出的同学一起照了一张合影。这张珍贵的照片成了鞭策我前行的动力。每当我遇到困难时、在我消极的时候我就会看看照片上的你。

　　最让我看到你坚强的一面是那个寒冬。北方的冬天经常是零下三十七八摄氏度，最冷的时候是零下40多摄氏度。那个冬天似乎出奇的冷，尤其是在一楼的我们更加能够感觉到，本来学校供暖就不好，一楼的气温就更低了。早晨同学们刚擦完走廊地面，地上马上结起一层冰，如同在冰场上行走，大家都小心翼翼，后来我宣布走廊以后只扫地不擦地。许多同学都感冒发烧了。上课的时候，如果不需要写字，我让你们戴着棉手套儿围着厚厚的围巾，只要露出眼睛和耳朵就行。即便这样，不幸的事情还是发生了，学校的供暖设备被冻坏了。于是，每个班搭了一个简易的小炉子，每天自己烧炉子。全班同学主动让你坐在离简易炉子最近的座位上。即便这样因为你的双腿没有知觉，血液循环慢，腿冻伤了。看着你的腿，我潸然泪下。我的左手也冻坏了，知道生冻疮的滋味，热一点奇痒无比，看着表面结痂要好了，实际里面全是连脓带血，总是反复。我坚决不让你来学校上课。你却极力反对。你说，最大的幸福是和同学们一起坐在教室里上课。你我又一起走在治疗冻疮的道路上，经常是我把治疗冻疮药给你，你把你妈妈得到的治疗冻疮的新偏方告诉我，我们越来越像一对母女，时刻牵挂着彼此。但是，更多的时候是你用坚强乐观的心态感染我。在那个寒冷的冬天，因为你的榜样作用，生病的同学都坚持来上课。围绕我们班的是一股坚强向上的力量，是满满的正能量。3年来，我们班成了

全校最团结的班，无论是学习还是学校的各项活动都名列前茅，你也成了班上的精神领袖，看到你没有人能选择倦怠。

毕业时，许多老师说，我为你付出了太多太多，比为自家孩子付出还多。我却可是，庆幸当初选择了你，能在第一届当班主任就遇上你。这是我最大的幸运，从你的身上我学到了许多许多。

现如今，老师被选为双名工程的一员，从北京培训回来了。我焦虑不安，深感自己像一只井底之蛙，和全国的优秀教师相比差距太大了。你知道，老师最擅长的是做数学题，即使出差乘火车，我都会拿一套中考试卷做试题。面对大家异样的目光，我却乐在其中。现在，老师又参加了"双名百日线上学习经典班"，更感到差距之大。现在老师每天早上第一件事就是听辛教授的讲解、王院长精彩的点评，老师们的学习体会，反复听，直到晚上交作业的时间要到了，才能写出自己寥寥数语的心得体会，和其他老师相比差距实在太大了。现在老师每天除了写作业就是看书，没有一点娱乐时间。身边的老师都说我病了，都说："你已经是全国模范教师，全国教育系统巾帼建功标兵，特级教师了，还这么累，值得吗？再说，你一个来自山沟里的穷老师，各方面都那么落后，拿什么和那些优秀的教师比？"每当我消极想放弃的时候，我就想到了你那坚定执着而又自信的眼神！

做党和人民满意的好老师

——习近平同北京师范大学师生代表座谈时的讲话（全文）

各位老师，同学们：

明天是我国第三十个教师节，很高兴来到北京师范大学，同大家共度教师们的节日。首先，我祝在座各位教师和未来的教师节日好！借此机会，我向全国所有教师，致以崇高的节日敬礼！大家辛苦了，党和人民感谢你们！

北京师范大学是百年名校，是我国最早的现代师范教育高等学府，学校"学为人师、行为世范"的校训十分精练地诠释了"师范"的意义。112年来，北师大为国家、为民族培养了一大批优秀老师和各类人才，也曾拥有过李大钊、鲁迅、梁启超这样的一代名师。这是北师大的光荣和骄傲。

刚才，我听了有关教师节和你们学校基本情况的介绍，参观了庆祝教师节30周年展览，考察了心理学院的心理学实验室，观摩了中小学教师国家级培训计划教学现场，同老教授们见了面。这对我来说是一次很好的学习。

见到你们，我就回想起自己的学生时代。教过我的老师很多，至今我都能记得他们的样子，他们教给我知识、教给我做人的道理，让我受益无穷。学生时代是人一生最美好的时光，长身体、长知识、长才干，每天都有新收获，每天都有新期待。我希望在座的同学们，也希望全国2.6亿在校学生，珍惜学习时光，多学知识，多学道理，多学本领，热爱劳动，身心健康，茁壮成长。

各位老师、同学们！

教育是提高人民综合素质、促进人的全面发展的重要途径，是民族振兴、社会进步的重要基石，是对中华民族伟大复兴具有决定性意义的事业。教师是人类历史上最古老的职业之一，也是最伟大、最神圣的职业之一。人们常说："教师是太阳底下最崇高的职业。"自古以来，中华民族就有尊师重教、崇智尚学的优良传统，正所谓"国将兴，必贵师而重傅；贵师而重傅，则法度存"。在古代，孔子被推崇为"大成至圣先师"，被誉为"万世师表"。在中华民族5000多年文明发展史上，英雄辈出，大师荟萃，都与一代又一代教师的辛勤耕耘是分不开的。

新中国成立 65 年来，党和国家高度重视教育事业，建成了世界最大规模的教育体系，保障了亿万人民群众受教育的权利，极大提高了全民族素质，有力推动了经济社会发展。长期以来，广大教师自觉贯彻党的教育方针，教书育人，呕心沥血，默默奉献，为国家发展和民族振兴作出了巨大贡献，赢得了全社会广泛赞誉和普遍尊重。

当今世界，科技进步日新月异，国际竞争日趋激烈。特别是经历了历史上罕见的国际金融危机，各国纷纷调整发展战略，更加注重科技进步和创新驱动。当今世界的综合国力竞争，说到底是人才竞争，人才越来越成为推动经济社会发展的战略性资源，教育的基础性、先导性、全局性地位和作用更加突显。"两个一百年"奋斗目标的实现、中华民族伟大复兴中国梦的实现，归根结底靠人才、靠教育。源源不断的人才资源是我国在激烈的国际竞争中的重要潜在力量和后发优势。希望广大教师认清肩负的使命和责任，努力为发展具有中国特色、世界水平的现代教育，培养社会主义事业建设者和接班人作出更大贡献！

各位老师、同学们！

邓小平同志曾经指出："一个学校能不能为社会主义建设培养合格的人才，培养德智体全面发展、有社会主义觉悟的有文化的劳动者，关键在教师。"教师重要，就在于教师的工作是塑造灵魂、塑造生命、塑造人的工作。一个人遇到好老师是人生的幸运，一个学校拥有好老师是学校的光荣，一个民族源源不断涌现出一批又一批好老师则是民族的希望。国家繁荣、民族振兴、教育发展，需要我们大力培养造就一支师德高尚、业务精湛、结构合理、充满活力的高素质专业化教师队伍，需要涌现一大批好老师。

那么，怎样才能成为好老师呢？今天，我想就这个问题同大家做个交流。

每个人心目中都有自己好老师的形象。做好老师，是每一个老师应该认真思考和探索的问题，也是每一个老师的理想和追求。我想，好老师没有统一的模式，可以各有千秋、各显身手，但有一些共同的、必不可少的特质。

第一，做好老师，要有理想信念。陶行知先生说，教师是"千教万教，教人求真"，学生是"千学万学，学做真人"。老师肩负着培养下一代的重要责任。正确理想信念是教书育人、播种未来的指路明灯。不能想象一个没有正确理想信念的人能够成为好老师。唐代韩愈说："师者，所以传道授业解惑也。""传道"是第一位的。一个老师，如果只知道"授业""解惑"而不"传道"，不能说这个老师是完全称职的，充其量只能是"经师""句读之师",而非"人师"了。古人云:"经师易求,人师难得。"一个优秀的老师,应该是"经师"和"人师"的统一,既要精于"授业""解惑",更要以"传道"为责任和使命。好老师心中要有国家和民族,要明确意识到肩负的国家使命和社会责任。

我们的教育是为人民服务、为中国特色社会主义服务、为改革开放和社会主义现代化建设服务的,党和人民需要培养的是社会主义事业建设者和接班人。好老师的理想信念应该以这一要求为基准。广大教师要始终同党和人民站在一起,自觉做中国特色社会主义的坚定信仰者和忠实实践者,忠诚于党和人民的教育事业,自觉把党的教育方针贯彻到教学管理工作全过程,严肃认真对待自己的职责。要注重加强中国特色社会主义理论体系的学习,加深对中国特色社会主义的思想认同、理论认同、情感认同,不断增强道路自信、理论自信、制度自信,积极引导学生热爱祖国、热爱人民、热爱中国共产党。好老师应该做中国特色社会主义共同理想和中华民族伟大复兴中国梦的积极传播者,帮助学生筑梦、追梦、圆梦,让一代又一代年轻人都成为实现我们民族梦想的正能量。

广大教师要用好课堂讲坛,用好校园阵地,用自己的行动倡导社会主义核心价值观,用自己的学识、阅历、经验点燃学生对真善美的向往,使社会主义核心价值观润物细无声地浸润学生们的心田、转化为日常行为,增强学生的价值判断能力、价值选择能力、价值塑造能力,引领学生健康成长。

第二,做好老师,要有道德情操。老师的人格力量和人格魅力是成功教育的重要条件。"师也者,教之以事而喻诸德者也。"老师对学生的影响,离不开老师的学识和能力,更离不开老师为人处世、于国于民、于公于私所持的价值观。一个老师如果在是非、曲直、善恶、义利、得失等方面老出问题,怎么能担起立德树人的责任?广大教师必须率先垂范、以身作则,引导和帮助学生把握好人生方向,特别是引导和帮助青少年学生扣好人生的第一粒扣子。

"师者,人之模范也。"教师的职业特性决定了教师必须是道德高尚的人群。合格的老师首先应该是道德上的合格者,好老师首先应该是以德施教、以德立身的楷模。师者为师亦为范,学高为师,德高为范。老师是学生道德修养的镜子。好老师应该取法乎上、见贤思齐,不断提高道德修养,提升人格品质,并把正确的道德观传授给学生。

师德是深厚的知识修养和文化品位的体现。师德需要教育培养，更需要老师自我修养。做一个高尚的人、纯粹的人、脱离了低级趣味的人，应该是每一个老师的不懈追求和行为常态。好老师要有"捧着一颗心来，不带半根草去"的奉献精神，自觉坚守精神家园、坚守人格底线，带头弘扬社会主义道德和中华传统美德，以自己的模范行为影响和带动学生。

好老师的道德情操最终要体现到对所从事职业的忠诚和热爱上来。好老师应该执着于教书育人。我们常说干一行爱一行，做老师就要热爱教育工作，不能把教育岗位仅仅作为一个养家糊口的职业。有了为事业奋斗的志向，才能在老师这个岗位上干得有滋有味，干出好成绩。如果身在学校却心在商场或心在官场，在金钱、物欲、名利同人格的较量中把握不住自己，那是当不好老师的。

现在，很多地方做老师还比较清苦，特别是农村基层小学老师很辛苦，收入不高，物质生活不是很宽裕，有些家庭负担较重的老师生活还比较困难。各级党委和政府都要关心广大老师特别是生活工作有困难的老师，努力为他们排忧解难。同时，老师要有"衣带渐宽终不悔，为伊消得人憔悴"的精神，兢兢业业做好工作。做老师，最好的回报是学生成人成才，桃李满天下。想想无数孩子在自己的教育下学到知识、学会做人、事业有成、生活幸福，那是何等让人舒心、让人骄傲的成就。

第三，做好老师，要有扎实学识。老师自古就被称为"智者"。俗话说，前人强不如后人强，家庭如此，国家、民族更是如此。只有我们的孩子们学好知识了、学好本领了、懂得更多了，他们才能更强，我们的国家、民族才能更强。

扎实的知识功底、过硬的教学能力、勤勉的教学态度、科学的教学方法是老师的基本素质，其中知识是根本基础。学生往往可以原谅老师严厉刻板，但不能原谅老师学识浅薄。"水之积也不厚，则其负大舟也无力。"知识储备不足、视野不够，教学中必然捉襟见肘，更谈不上游刃有余。

国外有教育家说过："为了使学生获得一点知识的亮光，教师应吸进整个光的海洋。"在信息时代做好老师，自己所知道的必须大大超过要教给学生的范围，不仅要有胜任教学的专业知识，还要有广博的通用知识和宽阔的胸怀视野。好老师还应该是智能型的老师，具备学习、处世、生活、育人的智慧，既授人以鱼，又授人以渔，能够在各个方面给学生以帮助和指导。

陶行知先生说："出世便是破蒙，进棺材才算毕业。"这就要求老师始终处于学习状态，站在知识发展前沿，刻苦钻研、严谨笃学，不断充实、拓展、提高自己。过去讲，要给学生一碗水，教师要有一桶水，现在看，这个要求已经不够了，应该是要有一潭水。

第四，做好老师，要有仁爱之心。教育是一门"仁而爱人"的事业，爱是教育的灵魂，没有爱就没有教育。好老师应该是仁师，没有爱心的人不可能成为好老师。高尔基说："谁爱孩子，孩子就爱谁。只有爱孩子的人，他才可以教育孩子。"教育风格可以各显身手，但爱是永恒的主题。爱心是学生打开知识之门、启迪心智的开始，爱心能够滋润浇开学生美丽的心灵之花。老师的爱，既包括爱岗位、爱学生，也包括爱一切美好的事物。

有人说，好老师的眼神应该是慈爱、友善、温情的，透着智慧、透着真情。好老师对学生的教育和引导应该是充满爱心和信任的，在严爱相济的前提下晓之以理、动之以情，让学生"亲其师""信其道"。好老师要用爱培育爱、激发爱、传播爱，通过真情、真心、真诚拉近同学生的距离，滋润学生的心田，使自己成为学生的好朋友和贴心人。好老师应该把自己的温暖和情感倾注到每一个学生身上，用欣赏增强学生的信心，用信任树立学生的自尊，让每一个学生都健康成长，让每一个学生都享受成功的喜悦。

有爱才有责任。好老师应该懂得，选择当老师就选择了责任，就要尽到教书育人、立德树人的责任，并把这种责任体现到平凡、普通、细微的教学管理之中。正是因为爱教育、爱学生，我们很多老师才有了用一辈子备一堂课、用一辈子在三尺讲台默默奉献的力量，才有了在学生遇到危难时挺身而出的勇气，才有了敢于攻克新知新学的锐气。老师责任心有多大，人生舞台就有多大。

老师还要具有尊重学生、理解学生、宽容学生的品质。离开了尊重、理解、宽容同样谈不上教育。"学而不厌、诲人不倦"，有教无类，因材施教，教也多术，就是要求老师具有尊重、理解、宽容的品质。这本身就是一种伟大的教育力量。受到尊重、得到理解、得到宽容，是每一个人在人生各阶段都不可缺少的心理需要，儿童和青少年更是如此。一些调查材料反映，尊重学生越来越成为好老师的重要标准。好老师应该懂得既尊重学生，使学生充满自信、昂首挺胸，又通过尊重学生的言传身教教育学生尊重他人。

世界上没有两片完全相同的树叶，老师面对的是一个个性格爱好、脾气秉性、兴

趣特长、家庭情况、学习状况不一的学生，必须精心加以引导和培育，不能因为有的学生不讨自己喜欢、不对自己胃口就冷淡、排斥，更不能把学生分为三六九等。对所谓的"差生"甚至问题学生，老师更应该多一些理解和帮助。老师在学生心目中具有重要位置，老师无意间的一句话，可能造就一个天才，也可能毁灭一个天才。好老师一定要平等对待每一个学生，尊重学生的个性，理解学生的情感，包容学生的缺点和不足，善于发现每一个学生的长处和闪光点，让所有学生都成长为有用之才。

我看了不少优秀教师的事迹，很多老师一生中忘了自己、把全部身心扑在学生身上，有的老师把自己有限的工资用来资助贫困学生、深恐学生失学，有的老师把自己的收入用来购买教学用具，有的老师背着学生上学、牵着学生的手过急流、走险路，有的老师拖着残疾之躯坚守在岗位上，很多事迹感人至深、催人泪下。这就是人间大爱。我们要在广大教师中、在全社会大力宣传和弘扬优秀教师的先进事迹和高尚品德。

好老师不是天生的，而是在教学管理实践中、在教育改革发展中锻炼成长起来的。衷心祝愿每个教师都能成为符合党和人民要求、学生喜欢和敬佩的好老师，希望每个孩子都能遇到好老师。

各位老师、同学们！

我国人口多、国土广、地区差异大，有2.6亿学生和1400万教师，搞好教育事业任务艰巨。党和政府高度重视教育，2012年以来我国财政性教育经费支出占当年国内生产总值比例达到4%，这是很大的一件事。我国经济总量虽然已经是世界第二，但我国还是世界上最大的发展中国家，还处在社会主义初级阶段，各种教育资源历史积累不足，地区之间教育发展不平衡，教育总体条件还不是很理想，教师特别是基层教师收入总体水平不高，办学条件标准不高，教育管理水平亟待提高。这就要求我们坚持科教兴国战略和人才强国战略，坚持把教育放在优先发展的战略位置，继续大力推动教育改革发展，使我国教育越办越好、越办越强。

百年大计，教育为本。教育大计，教师为本。努力培养造就一大批一流教师，不断提高教师队伍整体素质，是当前和今后一段时间我国教育事业发展的紧迫任务。

各级党委和政府要从战略高度来认识教师工作的极端重要性，把加强教师队伍建设作为基础工作来抓，满腔热情关心教师，改善教师待遇，关心教师健康，维护教师权益，充分信任、紧紧依靠广大教师，支持优秀人才长期从教、终身从教，使教师成为最受社会尊重的职业。要制定切实可行的政策措施，鼓励有志青年到农村、到边远地区为国家教育事业建功立业。要加强教师教育体系建设，加大对师范院校的支持力度，找准教师教育中存在的主要问题，寻求深化教师教育改革的突破口和着力点，不断提高教师培养培训的质量。要让全社会广泛了解教师工作的重要性和特殊性，让尊师重教蔚然成风。

这些年，媒体报道了个别老师道德败坏、贪赃枉法的事，对这些害群之马要清除出教师队伍，并依法进行惩处，对侵害学生的行为必须零容忍。

各位老师、同学们！

"三寸粉笔，三尺讲台系国运；一颗丹心，一生秉烛铸民魂。"今天的学生就是未来实现中华民族伟大复兴中国梦的主力军，广大教师就是打造这支中华民族"梦之队"的筑梦人。希望全国广大教师把全部精力和满腔真情献给教育事业，在教书育人的工作中不断创造新业绩。

《中共中央 国务院关于全面深化新时代教师队伍建设改革的意见》
（2018 年 1 月 20 日）

百年大计，教育为本；教育大计，教师为本。为深入贯彻落实党的十九大精神，造就党和人民满意的高素质专业化创新型教师队伍，落实立德树人根本任务，培养德智体美全面发展的社会主义建设者和接班人，全面提升国民素质和人力资源质量，加快教育现代化，建设教育强国，办好人民满意的教育，为决胜全面建成小康社会、夺取新时代中国特色社会主义伟大胜利、实现中华民族伟大复兴的中国梦奠定坚实基础，现就全面深化新时代教师队伍建设改革提出如下意见。

一 坚持兴国必先强师，深刻认识教师队伍建设的重要意义和总体要求

1. 战略意义。教师承担着传播知识、传播思想、传播真理的历史使命，肩负着塑造灵魂、塑造生命、塑造人的时代重任，是教育发展的第一资源，是国家富强、民族振兴、人民幸福的重要基石。党和国家历来高度重视教师工作。党的十八大以来，以习近平同志为核心的党中央将教师队伍建设摆在突出位置，作出一系列重大决策部署，各地区各部门和各级各类学校采取有力措施认真贯彻落实，教师队伍建设取得显著成就。广大教师牢记使命、不忘初衷，爱岗敬业、教书育人，改革创新、服务社会，作出了重要贡献。

当今世界正处在大发展大变革大调整之中，新一轮科技和工业革命正在孕育，新的增长动能不断积聚。中国特色社会主义进入了新时代，开启了全面建设社会主义现代化国家的新征程。我国社会主要矛盾已经转化为人民日益增长的美好生活需要和不平衡不充分的发展之间的矛盾，人民对公平而有质量的教育的向往更加迫切。面对新方位、新征程、新使命，教师队伍建设还不能完全适应。有的地方对教育和教师工作重视不够，在教育事业发展中重硬件轻软件、重外延轻内涵的现象还比较突出，对教师队伍建设的支持力度亟须加大；师范教育体系有所削弱，对师范院校支持不够；有的教师素质能力难以适应新时代人才培养需要，思想政治素质和师德水平需要提升，

专业化水平需要提高；教师特别是中小学教师职业吸引力不足，地位待遇有待提高；教师城乡结构、学科结构分布不尽合理，准入、招聘、交流、退出等机制还不够完善，管理体制机制亟须理顺。时代越是向前，知识和人才的重要性就愈发突出，教育和教师的地位和作用就愈发凸显。各级党委和政府要从战略和全局高度充分认识教师工作的极端重要性，把全面加强教师队伍建设作为一项重大政治任务和根本性民生工程切实抓紧抓好。

2. 指导思想。全面贯彻落实党的十九大精神，以习近平新时代中国特色社会主义思想为指导，紧紧围绕统筹推进"五位一体"总体布局和协调推进"四个全面"战略布局，坚持和加强党的全面领导，坚持以人民为中心的发展思想，坚持全面深化改革，牢固树立新发展理念，全面贯彻党的教育方针，坚持社会主义办学方向，落实立德树人根本任务，遵循教育规律和教师成长发展规律，加强师德师风建设，培养高素质教师队伍，倡导全社会尊师重教，形成优秀人才争相从教、教师人人尽展其才、好教师不断涌现的良好局面。

3. 基本原则

——确保方向。坚持党管干部、党管人才，坚持依法治教、依法执教，坚持严格管理监督与激励关怀相结合，充分发挥党委（党组）的领导和把关作用，确保党牢牢掌握教师队伍建设的领导权，保证教师队伍建设正确的政治方向。

——强化保障。坚持教育优先发展战略，把教师工作置于教育事业发展的重点支持战略领域，优先谋划教师工作，优先保障教师工作投入，优先满足教师队伍建设需要。

——突出师德。把提高教师思想政治素质和职业道德水平摆在首要位置，把社会主义核心价值观贯穿教书育人全过程，突出全员全方位全过程师德养成，推动教师成为先进思想文化的传播者、党执政的坚定支持者、学生健康成长的指导者。

——深化改革。抓住关键环节，优化顶层设计，推动实践探索，破解发展瓶颈，把管理体制改革与机制创新作为突破口，把提高教师地位待遇作为真招实招，增强教师职业吸引力。

——分类施策。立足我国国情，借鉴国际经验，根据各级各类教师的不同特点和发展实际，考虑区域、城乡、校际差异，采取有针对性的政策举措，定向发力，重视专业发展，培养一批教师；加大资源供给，补充一批教师；创新体制机制，激活一批教师；优化队伍结构，调配一批教师。

4. 目标任务。经过 5 年左右的努力，教师培养培训体系基本健全，职业发展通道比较畅通，事权人权财权相统一的教师管理体制普遍建立，待遇提升保障机制更加完善，教师职业吸引力明显增强。教师队伍规模、结构、素质、能力基本满足各级各类教育发展需要。

到 2035 年，教师综合素质、专业化水平和创新能力大幅提升，培养造就数以百万计的骨干教师、数以十万计的卓越教师、数以万计的教育家型教师。教师管理体制机制科学高效，实现教师队伍治理体系和治理能力现代化。教师主动适应信息化、人工智能等新技术变革，积极有效开展教育教学。尊师重教蔚然成风，广大教师在岗位上有幸福感、事业上有成就感、社会上有荣誉感，教师成为让人羡慕的职业。

二 着力提升思想政治素质，全面加强师德师风建设

5. 加强教师党支部和党员队伍建设。将全面从严治党要求落实到每个教师党支部和教师党员，把党的政治建设摆在首位，用习近平新时代中国特色社会主义思想武装头脑，充分发挥教师党支部教育管理监督党员和宣传引导凝聚师生的战斗堡垒作用，充分发挥党员教师的先锋模范作用。选优配强教师党支部书记，注重选拔党性强、业务精、有威信、肯奉献的优秀党员教师担任教师党支部书记，实施教师党支部书记"双带头人"培育工程，定期开展教师党支部书记轮训。坚持党的组织生活各项制度，创新方式方法，增强党的组织生活活力。健全主题党日活动制度，加强党员教师日常管理监督。推进"两学一做"学习教育常态化制度化，开展"不忘初心、牢记使命"主题教育，引导党员教师增强政治意识、大局意识、核心意识、看齐意识，自觉爱党护党为党，敬业修德，奉献社会，争做"四有"好教师的示范标杆。重视做好在优秀青年教师、海外留学归国教师中发展党员工作。健全把骨干教师培养成党员，把党员教师培养成教学、科研、管理骨干的"双培养"机制。

配齐建强高等学校思想政治工作队伍和党务工作队伍，完善选拔、培养、激励机制，形成一支专职为主、专兼结合、数量充足、素质优良的工作力量。把从事学生思想政治教育计入高等学校思想政治工作兼职教师的工作量，作为职称评审的重要依据，进一步增强开展思想政治工作的积极性和主动性。

6. 提高思想政治素质。加强理想信念教育，深入学习领会习近平新时代中国特色

社会主义思想，引导教师树立正确的历史观、民族观、国家观、文化观，坚定中国特色社会主义道路自信、理论自信、制度自信、文化自信。引导教师准确理解和把握社会主义核心价值观的深刻内涵，增强价值判断、选择、塑造能力，带头践行社会主义核心价值观。引导广大教师充分认识中国教育辉煌成就，扎根中国大地，办好中国教育。

加强中华优秀传统文化和革命文化、社会主义先进文化教育，弘扬爱国主义精神，引导广大教师热爱祖国、奉献祖国。创新教师思想政治工作方式方法，开辟思想政治教育新阵地，利用思想政治教育新载体，强化教师社会实践参与，推动教师充分了解党情、国情、社情、民情，增强思想政治工作的针对性和实效性。要着眼青年教师群体特点，有针对性地加强思想政治教育。落实党的知识分子政策，政治上充分信任，思想上主动引导，工作上创造条件，生活上关心照顾，使思想政治工作接地气、入人心。

7. 弘扬高尚师德。健全师德建设长效机制，推动师德建设常态化长效化，创新师德教育，完善师德规范，引导广大教师以德立身、以德立学、以德施教、以德育德，坚持教书与育人相统一、言传与身教相统一、潜心问道与关注社会相统一、学术自由与学术规范相统一，争做"四有"好教师，全心全意做学生锤炼品格、学习知识、创新思维、奉献祖国的引路人。

实施师德师风建设工程。开展教师宣传国家重大题材作品立项，推出一批让人喜闻乐见、能够产生广泛影响、展现教师时代风貌的影视作品和文学作品，发掘师德典型、讲好师德故事，加强引领，注重感召，弘扬楷模，形成强大正能量。注重加强对教师思想政治素质、师德师风等的监察监督，强化师德考评，体现奖优罚劣，推行师德考核负面清单制度，建立教师个人信用记录，完善诚信承诺和失信惩戒机制，着力解决师德失范、学术不端等问题。

三 大力振兴教师教育，不断提升教师专业素质能力

8. 加大对师范院校支持力度。实施教师教育振兴行动计划，建立以师范院校为主体、高水平非师范院校参与的中国特色师范教育体系，推进地方政府、高等学校、中小学"三位一体"协同育人。研究制定师范院校建设标准和师范类专业办学标准，重点建设一批师范教育基地，整体提升师范院校和师范专业办学水平。鼓励各地结合实际，适时提高师范专业生均拨款标准，提升师范教育保障水平。切实提高生源质

量，对符合相关政策规定的，采取到岗退费或公费培养、定向培养等方式，吸引优秀青年踊跃报考师范院校和师范专业。完善教育部直属师范大学师范生公费教育政策，履约任教服务期调整为 6 年。改革招生制度，鼓励部分办学条件好、教学质量高院校的师范专业实行提前批次录取或采取入校后二次选拔方式，选拔有志于从教的优秀学生进入师范专业。加强教师教育学科建设。教育硕士、教育博士授予单位及授权点向师范院校倾斜。强化教师教育师资队伍建设，在专业发展、职称晋升和岗位聘用等方面予以倾斜支持。师范院校评估要体现师范教育特色，确保师范院校坚持以师范教育为主业，严控师范院校更名为非师范院校。开展师范类专业认证，确保教师培养质量。

9. 支持高水平综合大学开展教师教育。创造条件，推动一批有基础的高水平综合大学成立教师教育学院，设立师范专业，积极参与基础教育、职业教育教师培养培训工作。整合优势学科的学术力量，凝聚高水平的教学团队。发挥专业优势，开设厚基础、宽口径、多样化的教师教育课程。创新教师培养形态，突出教师教育特色，重点培养教育硕士，适度培养教育博士，造就学科知识扎实、专业能力突出、教育情怀深厚的高素质复合型教师。

10. 全面提高中小学教师质量，建设一支高素质专业化的教师队伍。提高教师培养层次，提升教师培养质量。推进教师培养供给侧结构性改革，为义务教育学校侧重培养素质全面、业务见长的本科层次教师，为高中阶段教育学校侧重培养专业突出、底蕴深厚的研究生层次教师。大力推动研究生层次教师培养，增加教育硕士招生计划，向中西部地区和农村地区倾斜。根据基础教育改革发展需要，以实践为导向优化教师教育课程体系，强化"钢笔字、毛笔字、粉笔字和普通话"等教学基本功和教学技能训练，师范生教育实践不少于半年。加强紧缺薄弱学科教师、特殊教育教师和民族地区双语教师培养。开展中小学教师全员培训，促进教师终身学习和专业发展。转变培训方式，推动信息技术与教师培训的有机融合，实行线上线下相结合的混合式研修。改进培训内容，紧密结合教育教学一线实际，组织高质量培训，使教师静心钻研教学，切实提升教学水平。推行培训自主选学，实行培训学分管理，建立培训学分银行，搭建教师培训与学历教育衔接的"立交桥"。建立健全地方教师发展机构和专业培训者队伍，依托现有资源，结合各地实际，逐步推进县级教师发展机构建设与改革，实现培训、教研、电教、科研部门有机整合。继续实施教师国培计划。鼓励教师海外研修访学。

加强中小学校长队伍建设，努力造就一支政治过硬、品德高尚、业务精湛、治校有方的校长队伍。面向全体中小学校长，加大培训力度，提升校长办学治校能力，打造高品质学校。实施校长国培计划，重点开展乡村中小学骨干校长培训和名校长研修。支持教师和校长大胆探索，创新教育思想、教育模式、教育方法，形成教学特色和办学风格，营造教育家脱颖而出的制度环境。

11. 全面提高幼儿园教师质量，建设一支高素质善保教的教师队伍。办好一批幼儿师范专科学校和若干所幼儿师范学院，支持师范院校设立学前教育专业，培养热爱学前教育事业，幼儿为本、才艺兼备、擅长保教的高水平幼儿园教师。创新幼儿园教师培养模式，前移培养起点，大力培养初中毕业起点的五年制专科层次幼儿园教师。优化幼儿园教师培养课程体系，突出保教融合，科学开设儿童发展、保育活动、教育活动类课程，强化实践性课程，培养学前教育师范生综合能力。

建立幼儿园教师全员培训制度，切实提升幼儿园教师科学保教能力。加大幼儿园园长、乡村幼儿园教师、普惠性民办幼儿园教师的培训力度。创新幼儿园教师培训模式，依托高等学校和优质幼儿园，重点采取集中培训与跟岗实践相结合的方式培训幼儿园教师。鼓励师范院校与幼儿园协同建立幼儿园教师培养培训基地。

12. 全面提高职业院校教师质量，建设一支高素质双师型的教师队伍。继续实施职业院校教师素质提高计划，引领带动各地建立一支技艺精湛、专兼结合的双师型教师队伍。加强职业技术师范院校建设，支持高水平学校和大中型企业共建双师型教师培养培训基地，建立高等学校、行业企业联合培养双师型教师的机制。切实推进职业院校教师定期到企业实践，不断提升实践教学能力。建立企业经营管理者、技术能手与职业院校管理者、骨干教师相互兼职制度。

13. 全面提高高等学校教师质量，建设一支高素质创新型的教师队伍。着力提高教师专业能力，推进高等教育内涵式发展。搭建校级教师发展平台，组织研修活动，开展教学研究与指导，推进教学改革与创新。加强院系教研室等学习共同体建设，建立完善传帮带机制。全面开展高等学校教师教学能力提升培训，重点面向新入职教师和青年教师，为高等学校培养人才培育生力军。重视各级各类学校辅导员专业发展。结合"一带一路"建设和人文交流机制，有序推动国内外教师双向交流。支持孔子学院教师、援外教师成长发展。

服务创新型国家和人才强国建设、世界一流大学和一流学科建设，实施好千人计划、万人计划、长江学者奖励计划等重大人才项目，着力打造创新团队，培养引进一批具有国际影响力的学科领军人才和青年学术英才。加强高端智库建设，依托人文社会科学重点研究基地等，汇聚培养一大批哲学社会科学名家名师。高等学校高层次人才遴选和培育中要突出教书育人，让科学家同时成为教育家。

四 深化教师管理综合改革，切实理顺体制机制

14. 创新和规范中小学教师编制配备。适应加快推进教育现代化的紧迫需求和城乡教育一体化发展改革的新形势，充分考虑新型城镇化、全面二孩政策及高考改革等带来的新情况，根据教育发展需要，在现有编制总量内，统筹考虑、合理核定教职工编制，盘活事业编制存量，优化编制结构，向教师队伍倾斜，采取多种形式增加教师总量，优先保障教育发展需要。落实城乡统一的中小学教职工编制标准，有条件的地方出台公办幼儿园人员配备规范、特殊教育学校教职工编制标准。创新编制管理，加大教职工编制统筹配置和跨区域调整力度，省级统筹、市域调剂、以县为主，动态调配。编制向乡村小规模学校倾斜，按照班师比与生师比相结合的方式核定。加强和规范中小学教职工编制管理，严禁挤占、挪用、截留编制和有编不补。实行教师编制配备和购买工勤服务相结合，满足教育快速发展需求。

15. 优化义务教育教师资源配置。实行义务教育教师"县管校聘"。深入推进县域内义务教育学校教师、校长交流轮岗，实行教师聘期制、校长任期制管理，推动城镇优秀教师、校长向乡村学校、薄弱学校流动。实行学区（乡镇）内走教制度，地方政府可根据实际给予相应补贴。

逐步扩大农村教师特岗计划实施规模，适时提高特岗教师工资性补助标准。鼓励优秀特岗教师攻读教育硕士。鼓励地方政府和相关院校因地制宜采取定向招生、定向培养、定期服务等方式，为乡村学校及教学点培养"一专多能"教师，优先满足老少边穷地区教师补充需要。实施银龄讲学计划，鼓励支持乐于奉献、身体健康的退休优秀教师到乡村和基层学校支教讲学。

16. 完善中小学教师准入和招聘制度。完善教师资格考试政策，逐步将修习教师教育课程、参加教育教学实践作为认定教育教学能力、取得教师资格的必备条件。

新入职教师必须取得教师资格。严格教师准入，提高入职标准，重视思想政治素质和业务能力，根据教育行业特点，分区域规划，分类别指导，结合实际，逐步将幼儿园教师学历提升至专科，小学教师学历提升至师范专业专科和非师范专业本科，初中教师学历提升至本科，有条件的地方将普通高中教师学历提升至研究生。建立符合教育行业特点的中小学、幼儿园教师招聘办法，遴选乐教适教善教的优秀人才进入教师队伍。按照中小学校领导人员管理暂行办法，明确任职条件和资格，规范选拔任用工作，激发办学治校活力。

17. 深化中小学教师职称和考核评价制度改革。适当提高中小学中级、高级教师岗位比例，畅通教师职业发展通道。完善符合中小学特点的岗位管理制度，实现职称与教师聘用衔接。将中小学教师到乡村学校、薄弱学校任教 1 年以上的经历作为申报高级教师职称和特级教师的必要条件。推行中小学校长职级制改革，拓展职业发展空间，促进校长队伍专业化建设。

进一步完善职称评价标准，建立符合中小学教师岗位特点的考核评价指标体系，坚持德才兼备、全面考核，突出教育教学实绩，引导教师潜心教书育人。加强聘后管理，激发教师的工作活力。完善相关政策，防止形式主义的考核检查干扰正常教学。不简单用升学率、学生考试成绩等评价教师。实行定期注册制度，建立完善教师退出机制，提升教师队伍整体活力。加强中小学校长考核评价，督促提高素质能力，完善优胜劣汰机制。

18. 健全职业院校教师管理制度。根据职业教育特点，有条件的地方研究制定中等职业学校人员配备规范。完善职业院校教师资格标准，探索将行业企业从业经历作为认定教育教学能力、取得专业课教师资格的必要条件。落实职业院校用人自主权，完善教师招聘办法。推动固定岗和流动岗相结合的职业院校教师人事管理制度改革。支持职业院校专设流动岗位，适应产业发展和参与全球产业竞争需求，大力引进行业企业一流人才，吸引具有创新实践经验的企业家、高科技人才、高技能人才等兼职任教。完善职业院校教师考核评价制度，双师型教师考核评价要充分体现技能水平和专业教学能力。

19. 深化高等学校教师人事制度改革。积极探索实行高等学校人员总量管理。严把高等学校教师选聘入口关，实行思想政治素质和业务能力双重考察。严格教师职业准入，将新入职教师岗前培训和教育实习作为认定教育教学能力、取得高等学校教

师资格的必备条件。适应人才培养结构调整需要，优化高等学校教师结构，鼓励高等学校加大聘用具有其他学校学习工作和行业企业工作经历教师的力度。配合外国人永久居留制度改革，健全外籍教师资格认证、服务管理等制度。帮助高等学校青年教师解决住房等困难。

推动高等学校教师职称制度改革，将评审权直接下放至高等学校，由高等学校自主组织职称评审、自主评价、按岗聘任。条件不具备、尚不能独立组织评审的高等学校，可采取联合评审的方式。推行高等学校教师职务聘任制改革，加强聘期考核，准聘与长聘相结合，做到能上能下、能进能出。教育、人力资源社会保障等部门要加强职称评聘事中事后监管。深入推进高等学校教师考核评价制度改革，突出教育教学业绩和师德考核，将教授为本科生上课作为基本制度。坚持正确导向，规范高层次人才合理有序流动。

五 不断提高地位待遇，真正让教师成为令人羡慕的职业

20. 明确教师的特别重要地位。突显教师职业的公共属性，强化教师承担的国家使命和公共教育服务的职责，确立公办中小学教师作为国家公职人员特殊的法律地位，明确中小学教师的权利和义务，强化保障和管理。各级党委和政府要切实负起中小学教师保障责任，提升教师的政治地位、社会地位、职业地位，吸引和稳定优秀人才从教。公办中小学教师要切实履行作为国家公职人员的义务，强化国家责任、政治责任、社会责任和教育责任。

21. 完善中小学教师待遇保障机制。健全中小学教师工资长效联动机制，核定绩效工资总量时统筹考虑当地公务员实际收入水平，确保中小学教师平均工资收入水平不低于或高于当地公务员平均工资收入水平。完善教师收入分配激励机制，有效体现教师工作量和工作绩效，绩效工资分配向班主任和特殊教育教师倾斜。实行中小学校长职级制的地区，根据实际实施相应的校长收入分配办法。

22. 大力提升乡村教师待遇。深入实施乡村教师支持计划，关心乡村教师生活。认真落实艰苦边远地区津贴等政策，全面落实集中连片特困地区乡村教师生活补助政策，依据学校艰苦边远程度实行差别化补助，鼓励有条件的地方提高补助标准，努力惠及更多乡村教师。加强乡村教师周转宿舍建设，按规定将符合条件的教师纳入当地住房保障范围，让乡村教师住有所居。拿出务实举措，帮助乡村青年教师解决困难，

关心乡村青年教师工作生活，巩固乡村青年教师队伍。在培训、职称评聘、表彰奖励等方面向乡村青年教师倾斜，优化乡村青年教师发展环境，加快乡村青年教师成长步伐。为乡村教师配备相应设施，丰富精神文化生活。

23. 维护民办学校教师权益。完善学校、个人、政府合理分担的民办学校教师社会保障机制，民办学校应与教师依法签订合同，按时足额支付工资，保障其福利待遇和其他合法权益，并为教师足额缴纳社会保险费和住房公积金。依法保障和落实民办学校教师在业务培训、职务聘任、教龄和工龄计算、表彰奖励、科研立项等方面享有与公办学校教师同等权利。

24. 推进高等学校教师薪酬制度改革。建立体现以增加知识价值为导向的收入分配机制，扩大高等学校收入分配自主权，高等学校在核定的绩效工资总量内自主确定收入分配办法。高等学校教师依法取得的科技成果转化奖励收入，不纳入本单位工资总额基数。完善适应高等学校教学岗位特点的内部激励机制，对专职从事教学的人员，适当提高基础性绩效工资在绩效工资中的比重，加大对教学型名师的岗位激励力度。

25. 提升教师社会地位。加大教师表彰力度。大力宣传教师中的"时代楷模"和"最美教师"。开展国家级教学名师、国家级教学成果奖评选表彰，重点奖励贡献突出的教学一线教师。做好特级教师评选，发挥引领作用。做好乡村学校从教30年教师荣誉证书颁发工作。各地要按照国家有关规定，因地制宜开展多种形式的教师表彰奖励活动，并落实相关优待政策。鼓励社会团体、企事业单位、民间组织对教师出资奖励，开展尊师活动，营造尊师重教良好社会风尚。

建设现代学校制度，体现以人为本，突出教师主体地位，落实教师知情权、参与权、表达权、监督权。建立健全教职工代表大会制度，保障教师参与学校决策的民主权利。推行中国特色大学章程，坚持和完善党委领导下的校长负责制，充分发挥教师在高等学校办学治校中的作用。维护教师职业尊严和合法权益，关心教师身心健康，克服职业倦怠，激发工作热情。

六 切实加强党的领导，全力确保政策举措落地见效

26. 强化组织保障。各级党委和政府要满腔热情关心教师，充分信任、紧紧依靠

广大教师。要切实加强领导，实行一把手负责制，紧扣广大教师最关心、最直接、最现实的重大问题，找准教师队伍建设的突破口和着力点，坚持发展抓公平、改革抓机制、整体抓质量、安全抓责任、保证抓党建，把教师工作记在心里、扛在肩上、抓在手中，摆上重要议事日程，细化分工，确定路线图、任务书、时间表和责任人。主要负责同志和相关责任人要切实做到实事求是、求真务实，善始善终、善作善成，把准方向、敢于担当，亲力亲为、抓实工作。

各省、自治区、直辖市党委常委会每年至少研究一次教师队伍建设工作。建立教师工作联席会议制度，解决教师队伍建设重大问题。相关部门要制定切实提高教师待遇的具体措施。研究修订教师法。统筹现有资源，壮大全国教师工作力量，培育一批专业机构，专门研究教师队伍建设重大问题，为重大决策提供支撑。

27. 强化经费保障。各级政府要将教师队伍建设作为教育投入重点予以优先保障，完善支出保障机制，确保党和国家关于教师队伍建设重大决策部署落实到位。优化经费投入结构，优先支持教师队伍建设最薄弱、最紧迫的领域，重点用于按规定提高教师待遇保障、提升教师专业素质能力。加大师范教育投入力度。健全以政府投入为主、多渠道筹集教育经费的体制，充分调动社会力量投入教师队伍建设的积极性。制定严格的经费监管制度，规范经费使用，确保资金使用效益。

各级党委和政府要将教师队伍建设列入督查督导工作重点内容，并将结果作为党政领导班子和有关领导干部综合考核评价、奖惩任免的重要参考，确保各项政策措施全面落实到位，真正取得实效。

2018年全国教育大会（2018.9.10—11）新闻通稿

在我国第34个教师节这样的日子里，全国教育大会在北京召开。高规格代表了中央对会议的重视程度，此次会议除了出访朝鲜的栗战书缺席外，总书记和其他5位常委同志都出席了会议，中央政治局委员、中央书记处书记，全国人大常委会有关领导同志，国务委员，最高人民法院院长，最高人民检察院检察长，全国政协有关领导同志出席大会。中央教育工作领导小组成员，各省区市和计划单列市、新疆生产建设兵团，中央和国家机关有关部门、有关人民团体，军队有关单位，部分高校负责同志参加大会。

习近平对教育工作做出了最新指示，他曾多次用"百年大计，教育为本"来强调教育的重要性，此次大会习近平首次将其称之为"国之大计、党之大计"。

全国教育大会10日在北京召开。中共中央总书记、国家主席、中央军委主席习近平出席会议并发表重要讲话。他强调，在党的坚强领导下，全面贯彻党的教育方针，坚持马克思主义指导地位，坚持中国特色社会主义教育发展道路，坚持社会主义办学方向，立足基本国情，遵循教育规律，坚持改革创新，以凝聚人心、完善人格、开发人力、培育人才、造福人民为工作目标，培养德智体美劳全面发展的社会主义建设者和接班人，加快推进教育现代化、建设教育强国、办好人民满意的教育。

9月10日是我国第34个教师节，习近平代表党中央，向全国广大教师和教育工作者致以节日的热烈祝贺和诚挚问候。他强调，长期以来，广大教师贯彻党的教育方针，教书育人，呕心沥血，默默奉献，为国家发展和民族振兴作出了重大贡献。教师是人类灵魂的工程师，是人类文明的传承者，承载着传播知识、传播思想、传播真理，塑造灵魂、塑造生命、塑造新人的时代重任。全党全社会要弘扬尊师重教的社会风尚，努力提高教师政治地位、社会地位、职业地位，让广大教师享有应有的社会声望，在教书育人岗位上为党和人民事业作出新的更大的贡献。

李克强在会上讲话。汪洋、王沪宁、赵乐际、韩正出席会议。

【 教育是国之大计、党之大计 】

习近平在讲话中指出，党的十九大从新时代坚持和发展中国特色社会主义的战略高度，作出了优先发展教育事业、加快教育现代化、建设教育强国的重大部署。教育是民族振兴、社会进步的重要基石，是功在当代、利在千秋的德政工程，对提高人民综合素质、促进人的全面发展、增强中华民族创新创造活力、实现中华民族伟大复兴具有决定性意义。教育是国之大计、党之大计。

习近平强调，党的十八大以来，我们围绕培养什么人、怎样培养人、为谁培养人这一根本问题，全面加强党对教育工作的领导，坚持立德树人，加强学校思想政治工作，推进教育改革，加快补齐教育短板，教育事业中国特色更加鲜明，教育现代化加速推进，教育方面人民群众获得感明显增强，我国教育的国际影响力加快提升，13亿多中国人民的思想道德素质和科学文化素质全面提升。

【 教育改革中的 "9 个坚持" 】

习近平指出，在实践中，我们就教育改革发展提出一系列新理念新思想新观点，主要有以下几个方面，坚持党对教育事业的全面领导，坚持把立德树人作为根本任务，坚持优先发展教育事业，坚持社会主义办学方向，坚持扎根中国大地办教育，坚持以人民为中心发展教育，坚持深化教育改革创新，坚持把服务中华民族伟大复兴作为教育的重要使命，坚持把教师队伍建设作为基础工作。这是我们对我国教育事业规律性认识的深化，来之不易，要始终坚持并不断丰富发展。

习近平强调，新时代新形势，改革开放和社会主义现代化建设、促进人的全面发展和社会全面进步对教育和学习提出了新的更高的要求。我们要抓住机遇、超前布局，以更高远的历史站位、更宽广的国际视野、更深邃的战略眼光，对加快推进教育现代化、建设教育强国作出总体部署和战略设计，坚持把优先发展教育事业作为推动党和国家各项事业发展的重要先手棋，不断使教育同党和国家事业发展要求相适应、同人民群众期待相契合、同我国综合国力和国际地位相匹配。

【把培养社会主义建设者和接班人作为根本任务】6个下功夫

习近平指出，培养什么人，是教育的首要问题。我国是中国共产党领导的社会主义国家，这就决定了我们的教育必须把培养社会主义建设者和接班人作为根本任务，培养一代又一代拥护中国共产党领导和我国社会主义制度、立志为中国特色社会主义奋斗终生的有用人才。这是教育工作的根本任务，也是教育现代化的方向目标。

习近平强调，要在坚定理想信念上下功夫，教育引导学生树立共产主义远大理想和中国特色社会主义共同理想，增强学生的中国特色社会主义道路自信、理论自信、制度自信、文化自信，立志肩负起民族复兴的时代重任。

要在厚植爱国主义情怀上下功夫，让爱国主义精神在学生心中牢牢扎根，教育引导学生热爱和拥护中国共产党，立志听党话、跟党走，立志扎根人民、奉献国家。

要在加强品德修养上下功夫，教育引导学生培育和践行社会主义核心价值观，踏踏实实修好品德，成为有大爱大德大情怀的人。

要在增长知识见识上下功夫，教育引导学生珍惜学习时光，心无旁骛求知问学，增长见识，丰富学识，沿着求真理、悟道理、明事理的方向前进。

要在培养奋斗精神上下功夫，教育引导学生树立高远志向，历练敢于担当、不懈奋斗的精神，具有勇于奋斗的精神状态、乐观向上的人生态度，做到刚健有为、自强不息。

要在增强综合素质上下功夫，教育引导学生培养综合能力，培养创新思维。

要树立健康第一的教育理念，开齐开足体育课，帮助学生在体育锻炼中享受乐趣、增强体质、健全人格、锤炼意志。

要全面加强和改进学校美育，坚持以美育人、以文化人，提高学生审美和人文素养。

要在学生中弘扬劳动精神，教育引导学生崇尚劳动、尊重劳动，懂得劳动最光荣、劳动最崇高、劳动最伟大、劳动最美丽的道理，长大后能够辛勤劳动、诚实劳动、创造性劳动。

习近平指出，要努力构建德智体美劳全面培养的教育体系，形成更高水平的人才培养体系。要把立德树人融入思想道德教育、文化知识教育、社会实践教育各环节，贯穿基础教育、职业教育、高等教育各领域，学科体系、教学体系、教材体系、管理

体系要围绕这个目标来设计，教师要围绕这个目标来教，学生要围绕这个目标来学。凡是不利于实现这个目标的做法都要坚决改过来。

【让教师安心从教、热心从教】

全党全社会要弘扬尊师重教的社会风尚，努力提高教师政治地位、社会地位、职业地位，让广大教师享有应有的社会声望，在教书育人岗位上为党和人民事业作出新的更大的贡献。习近平强调，建设社会主义现代化强国，对教师队伍建设提出新的更高要求，也对全党全社会尊师重教提出新的更高要求。人民教师无上光荣，每个教师都要珍惜这份光荣，爱惜这份职业，严格要求自己，不断完善自己。做老师就要执着于教书育人，有热爱教育的定力、淡泊名利的坚守。随着办学条件不断改善，教育投入要更多向教师倾斜，不断提高教师待遇，让广大教师安心从教、热心从教。对教师队伍中存在的问题，要坚决依法依纪予以严惩。

【教育评价坚决克服"五唯"】

习近平指出，要深化教育体制改革，健全立德树人落实机制，扭转不科学的教育评价导向，坚决克服唯分数、唯升学、唯文凭、唯论文、唯帽子的顽瘴痼疾，从根本上解决教育评价指挥棒问题。

要深化办学体制和教育管理改革，充分激发教育事业发展生机活力。

要提升教育服务经济社会发展能力，调整优化高校区域布局、学科结构、专业设置，建立健全学科专业动态调整机制，加快一流大学和一流学科建设，推进产学研协同创新，积极投身实施创新驱动发展战略，着重培养创新型、复合型、应用型人才。

要扩大教育开放，同世界一流资源开展高水平合作办学。

习近平强调，加强党对教育工作的全面领导，是办好教育的根本保证。教育部门和各级各类学校的党组织要增强"四个意识"、坚定"四个自信"，坚定不移维护党中央权威和集中统一领导，自觉在政治立场、政治方向、政治原则、政治道路上同党中央保持高度一致。

各级党委要把教育改革发展纳入议事日程，党政主要负责同志要熟悉教育、关心教育、研究教育。各级各类学校党组织要把抓好学校党建工作作为办学治校的基本功，把党的教育方针全面贯彻到学校工作各方面。

思想政治工作是学校各项工作的生命线，各级党委、各级教育主管部门、学校党组织都必须紧紧抓在手上。要精心培养和组织一支会做思想政治工作的政工队伍，把思想政治工作做在日常、做到个人。

【家庭是人生的第一所学校】

习近平指出，办好教育事业，家庭、学校、政府、社会都有责任。家庭是人生的第一所学校，家长是孩子的第一任老师，要给孩子讲好"人生第一课"，帮助扣好人生第一粒扣子。教育、妇联等部门要统筹协调社会资源支持服务家庭教育。全社会要担负起青少年成长成才的责任。各级党委和政府要为学校办学安全托底，解决学校后顾之忧，维护老师和学校应有的尊严，保护学生生命安全。

李克强在讲话中指出，要认真学习领会和贯彻落实习近平总书记重要讲话精神，以习近平新时代中国特色社会主义思想为指导，准确把握教育事业发展面临的新形势新任务，全面落实教育优先发展战略，在经济社会发展规划上优先安排教育、财政资金投入上优先保障教育、公共资源配置上优先满足教育和人力资源开发需要。

坚持改革创新，坚持教育公平，推动教育从规模增长向质量提升转变，促进区域、城乡和各级各类教育均衡发展，以教育现代化支撑国家现代化。要着力补上短板，夯实义务教育这个根基，强化农村特别是贫困地区控辍保学工作，完善城乡统一、重在农村的义务教育经费保障机制，着力改善乡村学校办学条件、提高教学质量，注重运用信息化手段使乡村获得更多优质教育资源，在提速降费、网络建设方面给予特别照顾。把更多教育投入用到加强乡村师资队伍建设上，不折不扣落实现行的补助、奖励和各类保障政策，对符合条件的非在编教师要加快入编、同工同酬。前瞻规划布局城镇学校建设，增强容纳能力，加快实现随迁子女入学待遇同城化。同时，要重视发展学前教育、高中阶段教育和民族教育、特殊教育、继续教育等各类教育。

李克强强调，要增强教育服务创新发展能力，培养更多适应高质量发展的各类人才。优化高校区域布局、学科结构、专业设置，坚持以教学为中心，突出创新意识和实践能力，培养更多创新人才、高素质人才。更加重视、充分发挥高校在强化基础研

究和原始创新、突破关键核心技术中的重要作用。大力办好职业院校，坚持面向市场、服务发展、促进就业的办学方向，推进产教融合、校企合作，培养更多高技能人才。提高技术技能人才的社会地位和待遇。

李克强要求，要深化教育领域"放管服"改革，充分释放教育事业发展生机活力。尊重教育发展规律，充分发挥学校办学主体作用，大幅减少各类检查、评估、评价，加强对办学方向、标准、质量的规范引导，为学校潜心治校办学创造良好环境。积极鼓励社会力量依法兴办教育。鼓励各级各类学校与时俱进创新教育理念和人才培养模式，发展"互联网＋教育"，完善吸引优秀人才从事教育的体制机制，提升教师社会地位，让尊师重教蔚然成风。

中共中央政治局委员、中央书记处书记，全国人大常委会有关领导同志，国务委员，最高人民法院院长，最高人民检察院检察长，全国政协有关领导同志出席大会。

中央教育工作领导小组成员，各省区市和计划单列市、新疆生产建设兵团，中央和国家机关有关部门、有关人民团体，军队有关单位，部分高校负责同志参加大会。

争做"四有"好老师，当好学生引路人

——教育部中小学名师名校长领航班学员致全国中小学幼儿园教师的倡议书

教师是太阳底下最光辉的职业。和您一样，在万千职业门类中，我们选择了"教师"作为终身职业。这样一种选择，于个人，是职业；于国家，是使命。在新时代，党和国家事业的发展，对教师群体提出了新的期待。习近平总书记要求我们做有理想信念、有道德情操、有扎实学识、有仁爱之心的"四有"好老师，做政治素质过硬、业务能力精湛、育人水平高超的高素质教师。习近平总书记的要求是对"好老师"形象的准确描述，是对广大教师的谆谆嘱托和殷切期望。

教师，以教书育人为本。一位好老师，要助力学生健康成长，做好学生锤炼品格、学习知识、创新思维、奉献祖国的引路人，要成为青少年学生人生航船的优秀领航人。今天，300多位教育部中小学名师名校长领航班学员齐聚北京，参加北京师范大学举办的"中华文化涵养师德"专题培训。在此，我们向全国中小学幼儿园教师发出倡议并率先做到以下三点：

第一，坚定理想信念，做师德表率。理想信念是指路明灯。在教书育人的岗位上，我们要爱国、励志、求真、力行，自觉践行社会主义核心价值观，肩负起国家使命和社会责任，将远大的理想追求与具体的教育教学工作相结合，在平时工作中，一言一行，都要遵循师德规范；一举一动，都要做好学生榜样。要将师德师风作为评价教师素质的第一标准，做有教育情怀、有道德情操、有理想追求、受人尊重的精神文化传播者。

第二，提升专业能力，做育人能手。教师学养厚实、育人得法、教艺精湛，是担当教书育人重任的基本前提。在教育教学工作中，我们教师要勤勉奋进，海纳百川学习新知识、新技能，在实践中丰富教育智慧，潜心钻研，在研究中成就专业精彩。以培养创新型人才为己任，以新理念新要求倾情打造魅力课堂，全力投身教学改革。在实践中锻炼能力，走好专业发展之路。

第三，满怀博大爱心，做心灵使者。没有爱就没有教育。任何知识的传播、德行的熏习，都需要通过我们为人师者一颗博大的爱心，传递到学生心灵，成为他们人生

成长的精神养分。在教书育人中，我们要时刻牢记"育人育心"的基本方法，给受教者抵达心灵的教育、砥砺精神的滋养。

教师同仁们，为祖国培养合格的社会主义事业建设者和接班人，是我们肩负的神圣使命。远大的理想，光荣的使命，重大的责任，都需要落实到我们每一堂课的教学，每一次的师生互动，每一项具体的教育实践活动中去。我们要"从大处想，从小处做"，在三尺讲台上，为指引学生前进领航导向；在一方校园里，为培养祖国人才尽心尽力。我们立志做新时代"四有"好老师，不忘初心，牢记使命，传承师道，立德树人，以实际行动为教育事业奉献终生！

北京师范大学

全国中小学名师名校长领航班全体学员

2018 年 5 月 11 日